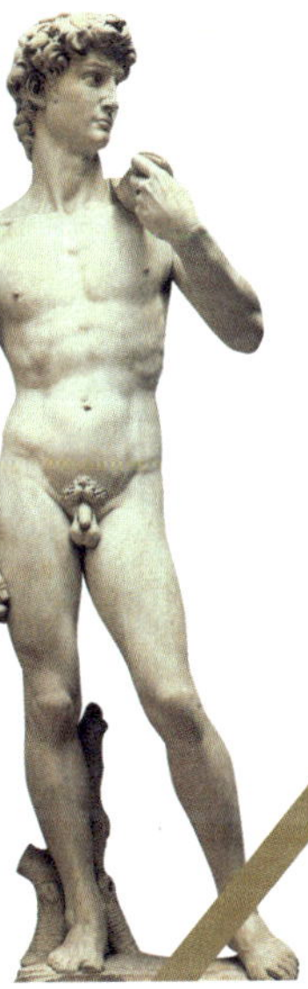

미술로 읽는 유럽문화

헬레니즘과 헤브라이즘의 변주

김홍섭 지음

HELLENISM AND HEBRAISM

신아사

머리말

흔히 헬레니즘과 헤브라이즘은 유럽문화의 두 기둥으로 간주된다. 이러한 이분법은 19세기 영국의 시인이자 비평가인 매슈 아널드 Matthew Arnold가 『교양과 무질서』(1869)에서 제기한 것이다. 그는 헬레니즘과 헤브라이즘이 '인간의 완성과 구원'이라는 최종 목표에서는 동일하지만 목표를 추구하는 경로는 매우 다르다고 보았다. 헬레니즘에서 최고의 이념이 사물을 있는 그대로 보려는 것이라면, 헤브라이즘에서 최고의 이념은 실행과 복종이다. 따라서 헬레니즘은 인간의 지적 충동에 기초한 의식의 자발성을 중시하고, 헤브라이즘은 인간의 도덕적 충동에 기초한 양심의 엄격성을 중시한다는 것이다. 아널드는 이러한 헬레니즘과 헤브라이즘을 '세계라는 제국을 양분하는 맞수'라고 보았다.

아널드의 이분법은 19세기 이른바 '새로운 과학'으로 등장한 민족학 Ethnology에 기반을 두고 있다. 당시 민족학은 인도유럽 민족의 정신과 역사를 셈족의 그것과 대비시켰는데, 이를 바탕으로 아널드는 헬레니즘은 인도유럽의 발전에서 나온 것이고 헤브라이즘은 셈족의 발전에서 나온 것이라고 규정하였다. 따라서 그에게 있어 헬레니즘은 인도유럽 민족의 정수인 그리스 정신을 의미하고, 헤브라이즘은 유대 정신을 의미했다. 그리고 이 두 힘은 각각 일정 기간 정점을 이루면서 유럽문화를 지배했다는 것이다. 헤브라이즘은 중세를 거치면서 기독교의 발전을 통해 승리했지만, 15세기 르네상스와 더불어 헬레니즘이 다시 일어나 헤브라이즘과 맞서게 되었고, 그 후 다시 종교개혁을 통해 헬레니즘에 대한 헤브라이즘의 반작용이 나타났다고 본 것이다.

이 책에서는 아널드의 헬레니즘과 헤브라이즘의 개념을 받아들이되, 약간 바꿔서 사용하기로 한다. 이 책에서 헬레니즘은 그리스 문화와 그리스에서 비롯된 세계관과 가치관에 기초해 생성된 문화를 지칭하고, 헤브라이즘은 기독교와 기독교적 세계관과 가치관에 기초해 생성된 문화를 지칭한다. 이를 좀 더 단순화하면 헬레니즘은 유럽문화에 있어서 그리스적 전통을 의미하고, 헤브라이즘은 기독교적 전통을 의미한다고 할 수 있다.

헬레니즘은 그 근원이 되는 그리스 문화로부터 시작된 반면, 헤브라이즘은 로마에 기독교가 전파되면서 시작되었다고 할 수 있다. 헬레니즘이 인간중심주의에 기초한 그리스 로마의 고전주의를 통해 꽃을 피웠다면, 헤브라이즘은 신중심주의에 기초한 중세의 로마네스크와 고딕을 통해 꽃을 피웠다. 그리고 이 둘은 르네상스에 이르러 서로 만나 새로운 꽃을 피우게 된다.

르네상스의 지적 이상을 한마디로 정리하면 휴머니즘이라고 할 수 있는데, 이는 다름 아닌 헬레니즘 전통의 부활을 의미한다. 그러나 르네상스가 고대의 인간중심주의를 되살렸다고는 하지만, 이 시기는 여전히 기독교가 중심이 되는 시대였다. 그런 의미에서 르네상스는 기독교적 전통의 바탕 위에 그리스 로마적 전통이 더해지면서 헤브라이즘과 헬레니즘의 융합이 이루어진 시대라고 할 수 있다. 그리고 이렇게 융합된 문화는 바로크와 로코코 시대를 거치면서 오늘날 유럽문화의 기초를 형성하게 된다.

일반적으로 바로크는 이어지는 로코코와 함께 유럽문화에서 최후의 보편양식으로 간주된다. 로코코가 바로크의 연속이라고 할 때 바로크를 마지막으로 유럽 전역에 통용될 수 있는 일반적인 양식의 개념이 끝나게 되고, 이후 19세기에는 이렇다 할 통일된 양식 없이 수많은 '이즘 –ism'의 시대가 도래했기 때문이다. 유럽은 바로크와 로코코를 거치면서 사실상 오늘날의 모습이 대부분 형성되었다고 할 수 있다.

이 책은 유럽 미술사를 중심으로 그리스 시대로부터 바로크 시대에 이르기까지 유럽문화의 정수를 다루고 있다. 이를 위해 유럽문화의 두 기둥이라 일컬어지는 헬레니즘과 헤브라이즘이라는 두 키워드를 중심으로 유럽문화의 생성과 발전 과정을 살펴본다. 이 책은 크게 세 장으로 이루어져 있다. 제1장 헬레니즘의 형성과 발전에서는 그리스와 로마의 문화를 다룬다. 제2장 헤브라이즘의 형성과 발전에서는 초기 기독교 문화와 중세 문화를 다룬다. 제3장 헬레니즘과 헤브라이즘의 융합에서는 르네상스와 바로크 문화를 다룬다.

김홍섭

미술로 읽는 유럽문화

차 례

II. 헤브라이즘의 형성과 발전

III. 헬레니즘과 헤브라이즘의 융합

I. 헬레니즘의 형성과 발전

1. 원반 던지는 사람 / 창을 맨 남자

헬레니즘

'헬레니즘 Hellenism'은 고대 그리스 문화에 뿌리를 두고 있다. 고대 그리스인들은 기원전 8세기 무렵부터 '폴리스 Polis'라는 도시국가를 건설했다. 각 폴리스들은 이집트를 비롯한 오리엔트로부터 문명을 받아들이면서 독자적으로 발전했지만, 언어와 종교, 문화를 통해 서로 연결되어 있었다. 델피(델포이)나 올림피아 같은 범 그리스 성지에서 주기적으로 만나 올림픽이나 축제 등을 통해 서로의 유대감을 유지하고 정체성을 확인하였다. 그리스인들은 스스로를 '헬레네스 Hel-

고대 그리스의 주요 폴리스, 기원전 6세기

lenes'라 부르고, 다른 사람들을 '바바리안 Babarian(야만인)'이라 불렀다. '헬레네스'는 헬렌 Hellen의 자손이라는 의미로, 그리스인들이 자신들을 헬렌의 자손이라고 생각한 것은 그들의 자부심을 반영한 것이라 할 수 있다.

헬렌은 프로메테우스의 손자이다. 프로메테우스는 제우스가 감추어 둔 불을 훔쳐 인간에게 내줌으로써 인간에게 맨 처음 문명을 가르친 장본인으로 알려져 있다. 인간의 사악함이 극에 달해 신에 도전하려고 하자 제우스가 큰 홍수를 일으켜 인류를 멸망시키려 했을 때, 프로메테우스가 미리 알고 아들 데우칼리온과 그의 아내 퓌라에게 방주를 만들어 두라고 해서 둘만 살아남게 된다. 그 후 데우칼리온과 퓌라는 제우스에게 제물을 바치고 새로운 인간의 탄생을 간청하게 되는데, 그 때 "어머니의 뼈를 등 뒤로 버려라!" 하는 말이 들려왔다. 그들은 돌을 어머니인 대지의 뼈라고 해석하고 등 뒤로 돌을 던지는데, 데우칼리온이 던진 돌에서는 남자 아이가, 퓌라가 던진 돌에서는 여자 아이가 태어났다고 전한다. 그래서 얻은 맏아들이 헬렌이다. 헬렌은 3형제(토로스, 아이올리스, 쿠스토스)를 낳았는데, 이들이 그리스 주요 부족

데우칼리온과 퓌라

의 선조가 된다. 이 때문에 고대 그리스인들은 자신들을 헬레네스, 자신들이 사는 땅을 '헬라스 Hellas'라고 불렀다.

헬레니즘은 그리스인, 즉 헬레네스의 문화에 뿌리를 두고 있다. 헬레네스의 문화, 즉 그리스 문화는 서양 고전문화의 정수로서 근대에 이르기까지 유럽의 사상과 학문, 예술 등 모든 분야에서 모범이 되었고, 현대에도 지대한 영향을 미치고 있다. 특히 예술적인 측면에서 보면 그리스 고전주의는 서양 미술의 영원한 개념으로, 모든 세대에 걸쳐 끊임없이 추구해야할 모범이자 반드시 극복해야 할 경쟁 상대이기도 했다. 그런 점에서 그리스 문화는 유럽문화의 출발점이자 유럽문학의 근간을 형성하고 있다고 할 수 있다.

그리스 미술의 환영론

그리스 미술은 '환영론'에 바탕을 두고 있다. 여기서 '환영'이란 사실이 아닌 것이 사실처럼 보이는 환각현상을 말한다. 고대 그리스 미술사는 예술작품을 실제와 착각한 이야기로 가득하다. 아펠레스 Appelles라는 화가는 말을 너무나 실물처럼 그렸는데, 그가 그린 암말을 보고 수말이 흥분했다고 한다. 프로토게네스 Protogenes가 그린 메추라기 그림을 보고는 메추라기들이 떼 지어 날아들었다든가, 붓으로 그린 뱀을 보고 새들이 일시에 지저귐을 멈췄다는 이야기도 전해진다. 그중에서도 가장 압권은 파라시우스 Parrhasius와 제욱시스 Zeuxis가 경쟁했다는 일화이다. 제욱시스가 한 소년이 포도를 들고 있는 그림을 그렸는데, 포도를 너무 사실적으로 그려 새들이 그 포도를 쪼아 먹으려 할 정도로 잘 그린 것이었다. 이 그림을 본 파라시우스가 제욱시스를 자기 화실로 초대한다. 제욱시스가 파라시우스의 그림에 휘장이 쳐진 것을 보고 다가가 걷으려고 했을 때 그 휘장이 그려진 것이라는 사실을 알게 된다. 제욱시스 자신은 동물을 속였지만 파라시우스는 사람을, 그것도 예리한 눈을 가진 화가를 속인 것이다. 결국 제욱시스는 파라시우스의 승리를 인정했다고 한다.

제욱시스의 포도 상상도

이러한 일화들은 무엇을 말해 주는가? 우리는 이런 일화들을 통해 그리스 미술에서 작품의 사실성이 무엇보다 중요했다는 사실을 알 수 있다. 그리스 미술에서 작품이 얼마나 실물에 가까운가 하는 것은 작품을 제작하는 데 있어서나 평가하는 데 있어 중요한 기준이 되었던 것이다.

그리스 미술은 엄격한 형식적 규범을 강조한 이집트 미술로부터 절대적인 영향을 받았다. 그럼에도 왜 그리스 미술은 사실성을 중시했을까? 이는 무엇보다도 그리스인들이 현세적이고 물질주의적이었기 때문이다. 따라서 그들의 예술 또한 자연주의적이었다. 초기 그리스 문명인 크레타의 미노스 문명을 보면 그들이 일찍부터 자연주의적 예술을 추구했다는 것을 알 수 있다. 미노스의 벽화 〈곡예〉(기원전 1500년경)는 이를 잘 보여준다. 벽화에는 황소를 뛰어넘는 젊은이들의 모습이 자연주의적 입장에서 자유분방하고 경쾌하게 묘사되어 있다. 그리스인들이 현세적이고 물질주의적이었다는 것은 소피스트들의 등장에서도 잘 알 수 있다. 소피스트들은 전체적으로 현실주의적이며 상대주의적이었다. 그들은 절대적 가치를 인정하지 않았고 보편적 진리에 대한 가능성도 믿지 않았다. 그들의 세계관에서 예술은 자연주의적일 수밖에 없었다. 이러한 사회적 분위기로 인해 그리스 미술은 기본적으로 사실성을 중시했다.

그리스 이래 근대에 이르기까지 서양 미술의 역사는 어떻게 하면 진짜처럼 만들고 그릴까하는 역사였다. 물론 중세는 예외였다. 중세 미술은 눈에 보이지 않는 초월적인 세계를 표현하고자 했기 때문이다. 그러나 중세 미술 역시 초기에서 말기에 이르는 과정을 살펴보면 점차 사실성을 추구해 간 역사라고 할 수 있다.

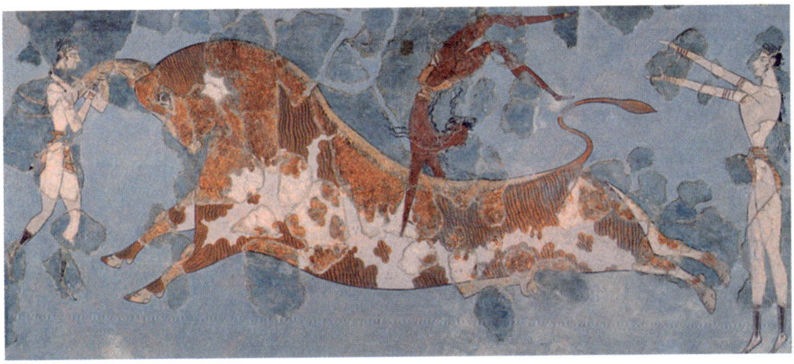

곡예

예술에 대한 플라톤의 입장

플라톤

플라톤 Platon(기원전 427-347)은 이러한 환영주의 예술에 대해 부정적이었다. 그는 예술이 현실을 모방한다는 그리스의 일반 개념을 받아들였다. 그러나 그에게 있어 현실은 본질적인 세계인 '이데아 Idea'를 모방한 것이고, 예술은 그러한 현실을 재 모방한 것이다. 즉 예술은 모방의 모방이기 때문에 본질적인 세계와는 멀다. 따라서 아무리 그럴듯한 작품을 만든다 하더라도 본질적인 아름다움과는 거리가 멀기 때문에 화가나 조각가는 목수만도 못하다고 하였다. 예를 들어 목수가 만든 침대는 이데아와 관련이 있고 쓸모라도 있지만, 화가가 그린 침대는 이데아가 아닌 목수가 만든 침대와 관련이 있고, 그것은 겉모습에 불과할 뿐만 아니라 전체를 다 그리지도 못했고, 무엇보다 쓸모가 없다는 것이다. 요컨대 예술은 현실을 모방한다는 점에서 본질적인 것과도 거리가 멀고, 더구나 유용성도 없다. 이점에서 플라톤은 예술이 모방 기예, 즉 모방술로서 '일종의 놀이'에 불과하다고 하면서 예술을 저급한 것으로 간주하고 경멸하기까지 하였다.

이상주의 예술

그리스 미술은 현실을 그대로 모사한다는 의미에서 '모방론'에 기초하고 있다. 그러나 현실을 모사하는 것 자체가 목적이 아니라, 사실적이면서도 본질적이고 이상적인 아름다움을 추구하고자 하였다. 그리스 예술가들은 대상을 사실적으로 묘사하는 것도 중요하지만 그것이 아름다워야 한다고 생각했다. 이 때문에 그들은 자연을 그 자체로서 해석하는 네에 관심을 갖기보다는 그것이 가지고 있는 본질적이고 이상적인 아름다움을 추구하는데 더욱 관심을 기울였다. 자연의 모습을 재현하되 '있는 그대로'가 아니라 '있어야 할' 모습으로 재현하고자 했다는 점에서 그리스 미술은 이상주의 예술이라고 할 수 있다.

이상주의 예술의 토대는 비례론이다. 비례론의 기본원칙은 미란 부분과 전체의 조화와 균형이라는 것이다. 고대 그리스에서 미란 여러 부분들이 모여 전체적으로 조화를 이루고 균형을 이루는 것, 그것이 미, 아름다움이었다. 미란 하나가 아닌 여러 개를 전제로 한다. 그리고 그것들이 수학적 비례관계를 통해 적절히 조정되고 배열되었을 때 전체적으로 조화를 이루면서 아름다움을 만들어낸다는 것이다. 예를 들어 그리스 신전의 경우 신전 기둥 하나하나가 아름다운 것이 아니라 여러 개가 적당한 간격과 적당한 높이로 적절히 배치되었을 때 전체적으로 보아 아름답다는 것이다.

비례론의 효시는 기원전 5세기, 피타고라스 학파로까지 거슬러 올라간다. 피타고라스 학파는 음악을 통해 '조화 Harmonia'의 개념을 발견했고, 조화란 부분들의 수학적 관계에 달려있다는 것을 알아냈다.

예를 들어 리라 같은 현악기는 현의 길이에 따라 음이 다른데, 이 현들의 길이가 수학적으로 잘 조정되면 조화로운 음을 내기 때문이다.

리라를 든 무사, 기원전 350년경

피타고라스 학파는 이러한 조화의 개념을 일반화시켜 우주로까지 확대하였다. 우주는 완벽한 질서를 이루고 있는데 이런 상태가 '코스모스 Cosmos'이고, 이런 우주의 형식적 완전성을 '조화'라고 한 것이다. 피타고라스 학파는 이러한 조화가 음악에서 가장 잘 구현되어 있다고 보았다.

청각 영역에서 비롯된 '조화'의 개념이 시각 영역으로 점차 확대 적용된 것이 '균형 Symmetria'이라는 개념이다. 하나의 전체 안에서 각 부분들의 조화로운 배열 관계, 즉 수학적 비례관계를 통해 적절하게 배치됨으로써 하나의 전체적인 조화를 이루는 것이 시메트리아, 균형이다. '시메트리아'라는 개념은 나중에 '하나의 전체 안에서 부분들이 갖는 대칭적인 관계'라는 개념으로 단순화된다. 이후 유럽 미술에서 조화와 균형이라는 말은 곧 대칭을 의미할 정도로 널리 통용된다.

이와 같이 조화나 균형, 대칭 등 고대 그리스의 미 개념은 기본적으로 수의 개념과 연결되어 있다. "질서와 비례는 아름답고 적합한 것"이며 "만물은 수로 인해 아름다워 보인다"고 한 피타고라스 학파의 미의식은 플라톤과 아리스토텔레스 Aristoteles(기원전 384-322)를 거쳐면서 비례론으로 보편화된다. 그리고 이러한 비례론은 인체를 묘사하는데 있어서는 물론이고 건축을 비롯한 모든 예술 분야에 절대적인 영향을 미치게 된다.

인간중심주의

그리스 미술은 인체 표현을 중심으로 진개되었는데, 그 중심 개념은 인간과 신이 같은 형상을 지니고 있다는 이른바 '신인동형주의 Anthropomorphism'였다. 인간이 신과 닮았다고 하는 생각은 역으로 신을 닮고자 했던 고대인들의 사고를 반영한 것이라 할 수 있다. 피타고라스 이래 그리스 철학자들은 '신과의 동화'를 인간 삶의 목적이라고 생각했다. 그리고 이러한 목적을 위해서는 지혜를 갖추고 '덕 Arete'을 실천해야 한다고 보았다. 이때 덕, '아르테'란 일반적으로 사람이나 사물이 가지고 있는 탁월성, 유능성, 기량, 뛰어남 등을 의미하는 말로, 나중에는 도덕적인 의미에서의 덕목이나 덕성에 적용되어 어떤 일에 최선을 다하는 것을 의미하게 된다. 그리스인들이 최선을 다해 신과의 동화를 추구한다고 할 때, 여기서 신은 구체적인 형상을 가진 존재라기보다 우주의 질서를 부여하고 배열하는 존재를 의미한다.

따라서 신을 닮고자 하는 그리스인들의 바람은 신의 형상을 인간의 모습으로 구현하되, 거기에 신의 속성인 우주적 질서를 부여함으로써 완벽한 아름다움을 가진 존재로 탄생시키고자 하였다. 그리하여 신화 속의 신들은 인간의 이상적인 형상을 갖게 된다. 고대의 다른 문화권, 이를테면 이집트인들의 신은 동물의 형상을 띠고 있는 반면, 그리스 신들은 육체만이 아니라 심리적으로도 인간과 매우 흡사하여 인간처럼 희로애락을 지닌 존재로 묘사된다. 이는 신과 인간을 엄격히 구분했던 고대의 다른 문화권과 대조되는 그리스인들의 인간중심주의를 말해주는 것이라 할 수 있다. 나아가 그리스인들은 자신들의 삶과 세계관, 자연현상 등을 신들의 모습을 통해 설명하고자 하였다. 그리스 신화 속에는 인간의 탄생과 죽음, 개인의 행동과 가문의 숙명, 자연 현상 등 그리스 문화 전반에 대한 비유적 설명이 들어있다. 가장 성스럽고 위대한 신의 형상에까지 인간의 모습을 부여하고, 이를 통해 자신들의 삶과 문화 전반을 설명하고자한 것은 모든 것의 근본은 사람이라고 하는 인간중심주의, 인본주의 사상에서 비롯된 것이라 할 수 있다.

원반 던지는 사람

그리스인들은 인간의 모습을 묘사할 때 가능한 한 사실적으로 묘사하면서도 신인동형주의에 기초해 신과 같이 완벽한 아름다움을 구현한 형상으로 묘사하고자 하였다. 이와 같이 인체 표현에서 사실적이면서도 이상적인 아름다움을 추구하는 그리스 미술의 특징은 미론 Myron의 〈원반 던지는 사람 Diskobolos〉(기원전 450년경)에서 잘 나타난다. 원작은 기원전 450년경 청동으로 제작되었지만, 오늘날

볼 수 있는 작품은 로마시대에 대리석으로 모작한 것이다.

이 작품은 운동선수가 원반을 내던지기 직전의 정지된 한 순간을 표현하고 있는 것처럼 보인다. 신체가 탄력 있게 뒤틀려 있어 보는 이로 하여금 마음속으로 그 동작을 완성시켜 보도록 유도할 정도로 사실적인 환영을 만들어낸다. 매우 사실적으로 보이지만, 실제로 원반을 던지는 동작을 묘사한 것은 아니다. 이는 미론의 '원반 던지는 사람'을 실제 운동선수의 자세와 비교해보면 금방 알 수 있다.

원반 던지는 사람

작품의 주인공을 실제 원반 던지는 선수와 비교해보면 회전축인 허리가 너무 안쪽으로 기울어져 있다. 균형추 역할을 해야 할 왼손이 오른발 무릎 옆에 있고, 얼굴의 방향도 마치 뒤를 보듯이 오른쪽으로 너무 돌리고 있다. 실제 운동선수가 같은 포즈를 취해 던져봤으나 실패했다고 한다. 원반이 멀리 나가려면 투척 각도가 제일 중요하다. 미론의 운동선수는 원반을 쥐고 팔을 크게 들어 올린 후 시계추처럼 늘어뜨렸다가 다시 던져 올리려는 자세인데, 이렇게 후려치듯 던져서는 맘먹은 각도가 나오지 않는다고 한다. 원반이 자칫 땅바닥을 구르거나 뒤로 날아가기 십상이라는 것이다.

원반 던지는 사람 비교

그렇다면 왜 이렇게 묘사했을까? 이는 역동적인 동작효과를 통해 사실성을 부여함과 동시에 인체의 이상적인 모습을 표현하고자 했기 때문이다. 이를 위해 〈원반 던지는 사람〉은 고대 이집트 미술에서 전래된 인체묘사 방식을 응용하고 있다.

이집트 미술의 묘사방식

이집트 테베에서 출토된 〈네바문 무덤의 벽화〉(기원전 1450-1350년경)는 고대 이집트 미술의 특징을 잘 보여준다. 이 그림에서 인물의 얼굴은 옆모습이고 눈은 앞모습이다. 자세는 옆모습이지만 몸통은 앞모습이다. 팔과 다리는 옆모습인데, 팔은 바깥쪽, 다리는 안쪽 모습으로 그려져 있다. 따라서 인체가 평면적이고 왜곡되어 이상하게 보인다.

그렇다면 왜 이렇게 묘사했을까? 이는 모든 대상을 가장 특징적인 각도에서 그리고자 했기 때문이다. 이를테면 머리는 옆에서 봤을 때 그 특징이 가장 잘 드러나고, 눈은 정면에서 봤을 때 그 특징이 가장 잘 드러난다. 그런데 이렇게 묘사한 것들을 모두 연결해 놓으면 기괴한 모습이 되어버린다. 그러나 이집트 미술에서 중요한 것은 어느 한 순간에 눈에 보이는 그대로가 아니라 그것이 가지는 온전한 모습이었다. 이집트인들은 영혼의 부활을 믿었기 때문에 영혼이 깃들 육체가 온전히 보존되어야 한다고 생각했다. 이 때문에 미라를 만들고, 무덤에 그려진 그림 또한 주인공의 신체를 온전한 형상으로 묘사했다. 평면 위에 온전한 형상을 묘사하기 위해서는 특별한 묘사방식이 필요했다. 이를 위해 이집트인들은 대상을 완전히 해체한 후 가장 온전하다고 생각되는 모습으로 재구성하는 방법을 선택했다. 그 결과 몸이 심하게 뒤틀려 있지만, 신체 부위 각각의 특징을 동시에 제시하면서 일련의 연속된 동작을 부드럽게 하나의 자세로 집약해서 보여주고 있다.

네바문 무덤의 벽화 부분

이상적인 인체미

〈원반 던지는 사람〉은 고대 이집트 미술의 묘사방식을 새롭게 적용해 운동 중의 동작을 고정된 자세로 전환시키고 있다. 일련의 동

원반 던지는 사람 부분

작을 부드러운 단일 자세로 집약하기 위해 몸이 심하게 뒤틀려 있기 때문에 신체의 각부분이 향하고 있는 방향도 각기 다르다. 이러한 자세를 통해 이 작품은 이집트 미술에서처럼 신체의 주요부위를 동시에 보여주면서도 이것들을 하나의 동작으로 연결시키고 있다.

그런데 좀 더 자세히 보면 몸이 심하게 뒤틀려 있음에도 좌우 근육의 긴장정도가 똑같다는 것을 알 수 있다. 실제로 이런 자세에서는 다리, 가슴, 배의 좌우 근육이 생김새가 달라야 정상이다. 예를 들어 뱃살은 부채꼴 모양이 되어야 한다. 그러나 좌우가 팽팽하게 거의 비슷한 모양을 유지하고 있다. 이는 이 작품의 주인공이 원반던지는 실제 선수가 아닌 인체미를 겨루는 선수이기 때문에 이런 인위적인 자세가 필요했다 하더라도, 이른바 보정작업이 상당히 이루어졌다는 것을 의미한다.

이 작품은 마치 실제 원반 던지는 모습을 묘사한 것처럼 보이지만 실제 선수의 모습이 아니라 뚜렷한 좌우대칭과 질서정연함을 통해 인체의 이상형을 창조하고 있다. 이 점에서 이 작품은 뛰어난 동작효과와 이상적인 육체미가 결합되어 사실적이면서도 이상적인 아름다움을 추구했던 그리스 미술의 이상을 잘 구현한 작품으로 평가된다. 그렇지만 실제 모습과는 다소 거리가 있기 때문에 전성기 고전시대 작품이 보여주는 자연스러움에는 도달하지 못하고 있다.

칼로카가티아

그리스 미술은 유럽 미술이 수백 년 동안 추구해온 환영주의 역사를 여는데 기여하기는 했지만, 이는 자연을 충실하게 묘사하는 것 자체가 목적이 아니라 실재의 자연과 닮게 묘사하면서도 자신들의 인간적 이상을 표현하고자 한 것이었다. 이러한 그리스인들의 이상을 잘 대변하는 말이 '칼로카가티아 Kalokagathia'이다. 칼로카가티아는 칼로스 Kalos와 카가토스 Kagathos의 합성어로, '칼로스카가토스 Kaloskagathos'라고도 한다. 이때 칼로스는 '미', 카가토스는 '선'을 의미한다.

여기서 문제가 되는 말이 '카가토스'이다. 카가토스는 오늘날의 선(善), 즉 착하다는 의미라기보다 최선을 다한다고 할 때의 선에 가깝다. 그리스 시대에는 어떤 사람이 끊임없이 자신을 연마하여 우수한 능력이나 수완을 보여줄 때 그를 '선하다'고 하였다. 칼로스가 육체적인 아름다움을 가리킨다면, 카가토스는 정신적인 덕목을 가리킨다고 할 수 있다. 따라서 칼로카가티아는 육체적 요소와 정신적 요소의 균형, 육체적 아름다움과 정신적 윤리의 융합을 의미했다. 그리스인들은 정신과 육체는 하나라고 보았기 때문이다. 플라톤이 체력을 단련하던 '김나지움' 내부에 학당인 '아카데미아'를 건립한 것도 이를 상징적으로 말해준다.

그리스인들은 칼로카가티아의 이상을 구현하기 위해 우선 육체에 관심을 가졌고, 육체를 단련시키고자 하였다. 그리스의 여러 도시국가에서 일종의 미남선 발대회가 열리고 체육관이 건립되는가 하면 운동경기가 성행했던 이유도 정신과 육체는 하나라는 칼로카가티아의 이상을 구현하고자 한 것이라 할 수 있다. 나아가 그리스인들은 인간의 육체가 갖는 아름다움의 원리를 발견하고자 하였다. 그 결과 인체에 대한 연구를 통해 이상적인 육체의 표준을 만들어냈는데, 그것이 바로 '카논 Kanon'이다. '카논'은 7등신, 8등신으로 표기되기도 하는 인체의 완벽한 비례조건으로서, 인체가 가장 이상적인 균형을 갖기 위해서는 남성의 경우 머리 부분이 신체의 1/7, 여성의 경우 1/8이 되어야 한다는 것이다.

카논과 황금비율

'카논'은 인체의 이상적인 비례조건, 이상적인 인체의 표준을 의미한다. 기원전 5세기 조각가 폴리클레이토스 Polykleitos는 『카논』이라는 책을 써서 인체의 이상적 비율을 이론적으로 정립했다. 당시 가장 이상적인 비율이라고 간주되던 것이 '황금비율'이었다. 카논은 이

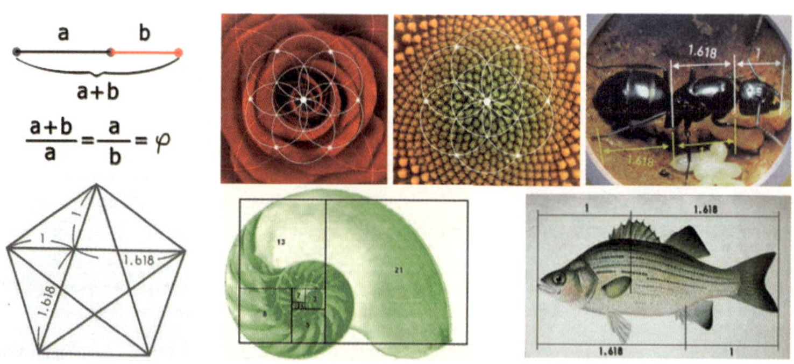

황금비율

런 황금비율을 적용하고 있다. 황금비율은 큰 쪽과 작은 쪽의 비가 전체 길이와 큰 쪽의 비와 같도록 나누는 방법으로, 작은 쪽과 큰 쪽의 비가 1: 1.618이다.

피타고라스 학파는 정오각형의 대각선에서 황금비율을 발견하고, 정오각형이 만들어내는 별 모양에 특별한 의미를 부여했다. 피타고라스 학파는 꽃잎의 배열 등 많은 자연에서 황금비율을 찾아내고, 황금비율이 우주의 질서와 조화를 표현하는 것으로 생각하였다.

신과의 동화를 추구했던 그리스인들은 인체가 신적인 조화를 지닌 소우주라고 생각했다. 따라서 소우주인 인체에서도 황금비율을 적용함으로써 이상적인 인체의 표준을 만들어냈다. 배꼽을 중심으로 인체를 황금분할해서 머리끝에서 배꼽까지가 1이라면 배꼽에서 발끝까지가 1.618이다. 이런 비례를 적용시킨 결과 남자는 7등신, 여자는 8등신이라는 인체의 표준비례가 만들어졌다. 그러나 실제 그리스 조각에서 이런 황금비율이 정확히 적용된 것은 없다고 해도 무방하다. 한 조사에 의하면 그리스 여성 조각의 경우 실제로는 평균 7.75 등신이었다고 한다.

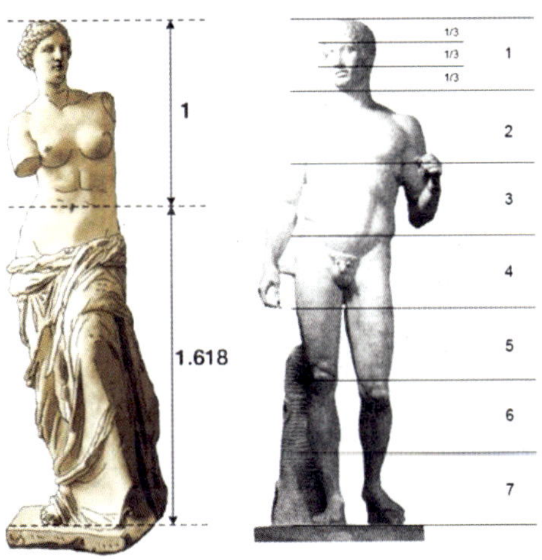

카논

그리스 문화의 황금기

기원전 5세기 그리스는 아테네를 중심으로 황금기에 접어든다. 아테네는 영토가 최대로 확장되면서 전성기를 맞이한다. 그리스는 식민지를 늘려가는 상황에서 오리엔트를 통일한 페르시아와 충돌하게 된다. 3차에 걸친 페르시아와의 전쟁(기원전 492-448)에서 승리함으로써 이후 그리스는 자신감을 바탕으로 모든 분야에서 서양문명의 터전을 마련한다.

기원전 5세기 프로타고라스 Protagoras(기원전 485?-414?)가 '인간은 만물의 척도다'라고 선언했듯이 그리스에는 인간 개개인의 의식을 우주의 중심으로 내세우는 인간중심주의가 꽃을 피우게 된다. 인간 개개인의 가치나 존엄성, 창조적 잠재능력 등을 강조하는 인간중심주의의 영향으로 그리스인들에게는 공동체의 규범을 위반하지 않는 범위 내에서 개인들이 자유를 누릴 수 있도록 허용되었고, 개개인의 능력을 마음껏 발휘할 수 있도록 하였다. 특히 아테네 시민들은 정치나 종교 모든 면에서 사상의 자유를 최대한 누릴 수 있었는데, 이것이 인간중심의 가치, 인간중심주의의 문화가 꽃필 수 있었던 원동력으로 작용하였다.

페리클레스

우선 아테네의 민주정치가 확립된다. 특히 페리클레스 시대(기원전 463-429)에 아테네의 민주정치가 확립되고 정치적

번영을 누리게 된다. 페르시아 전쟁 후 전쟁 승리에 기여한 시민계급들의 위상이 상승함에 따라 민주주의가 등장한다. 여성과 노예를 배제하는 등 오늘날의 민주주의와는 다르지만, 미국에서도 여성(1920)과 흑인(1960년대)에게 참정권이 부여된 것은 얼마 되지 않는다는 점을 생각하면, 2,500년 전에 민주주의가 거의 완벽하게 이루어졌다는 것은 놀라운 일이라 할 수 있다.

이어 철학과 학문이 생겨난다. 신화적 세계에 갇혀있던 오랜 전통과 관습에 의문을 제기하고 사물의 본질에 대해 편견 없이 탐구하기 시작한 것이다. 신화는 자신들의 삶과 세계관, 자연현상 등을 신들의 모습을 통해 설명하고자 하면서 생겨났다. 이를 테면 태양은 왜 뜨고 지는지, 비는 왜 오는지, 파도는 왜 일어나는지, 화산은 왜 폭발하는지 등을 신화를 빌어 설명했다. 자연현상이 왜 그런지 모르면 불안하지만, 그 이유를 알게 되면 그나마 안심하게 된다. 하다못해 신들에게 제사라도 지내는 등 대처가 가능하기 때문이다. 그러다 기원전 6세기경 이러한 신화적 세계관에서 벗어나 인간의 이성을 통한 철학적 사고가 등장한다.

처음에는 철학의 대상이 만물의 근원(그리스어 '아르케 Arche')은 무엇인가 하는 자연의 문제에서 시작해 존재란 무엇인가 하는 인식의 문제로 나아가게 된다. 그리고 기원전 5세기에 이르러 철학의 무대가 그리스 식민지에서 그리스 본토 아테네로 옮겨간다. 페리클레스 시대를 맞아 민주정치가 시행되고 참정권이 확대되자 자신의 정치적 견해를 잘 표현하고 사람들의 이목을 끌 수 있는 언변이 좋은 사람들이 출세하게 된다. 정치 지망생에게 웅변과 수사를 가르치는 사람

프로타고라스

들이 나타났는데, 이들이 바로 '소피스트 Sophist(지혜로운 사람이라는 뜻)'이다. 유명한 소피스트인 프로타고라스가 인간을 만물의 척도라고 했을 때, 이는 절대적 진리란 없으며 인간에게 또는 나에게 유용한가 여부만이 중요하다는 의미를 내포하는 것으로 소피스트 철학의 성격을 잘 말해준다.

소피스트들이 진리를 상대적인 것으로 본 반면, 소크라테스 Socrates(기원전 470-399)는 절대적 진리를 찾고자 하였다. 소피스트들이 추구한 것은 실제적이고 현실주의적인 지식인데 반해, 소크라테스는 절대적인 지식을 추구하였다. 소크라테스는 페리클래스 말기 아테네 사회가 정신적으로 타락해 가고 있다고 보고 윤리적 규범을 세워야 한다고 생각했다. 청년들과 끊임없는 대화를 통해 진리를 깨닫도록 한 것이다. 소크라테스 철학은 플라톤과 아리스토텔레스로 이어지면서 그리스 철학의 전성기를 맞이하게 된다.

펠레폰네소스 전쟁 당시의 그리스

예술분야에 있어서도 이 시기에 비로소 조화와 균형을 중시하는 그리스 미술이 정점에 도달하게 된다. 예술사는 이 시기를 그리스 '고전시대'라고 부른다. 시대를 초월해 모든 예술의 모범이 된 시대라는 의미로 고전시대라고 부르는 것이다. 그러나 고전시대는 펠레폰네소스 전쟁(기원전 431-404)과 더불어 끝나고 만다. 페르시아 전쟁에서 승리한 이후 아테네는 그리스 도시국가들의 맹주를 자임하며 전횡을 일삼았다. 이에 스파르타는 아테네 중심의 델로스 동맹에 반발해 펠레폰네소스 동맹을 결성하고 약 30년 동안 아테네와 대결한다. 이 전쟁에서 아테네가 패배함으로써 근 40년 동안 지속된 고전시대는 끝이 난다. 스파르타는 전쟁에서 승리했음에도 불구하고, 다른 도시국가들을 선도하지 못함으로써 이후 그리스는 혼란기에 접어든다. 결국 그리스 전역은 마케도니아의 알렉산드로스 왕(알렉산더 대왕)에게 점령되고 만다.

창을 맨 남자

그리스 미술은 아테네 황금기와 더불어 전성기에 접어든다. 조각에 있어서도 신체가 완벽한 조화 속에서 유기적으로 결합되고, 육체와 정신이 일치하는 이상적인 인간상이 표현된다. 주목할 것은 이 시기에 청동재료가 사용되었다는 점이다. 청동조각은 속이 비어 가볍고, 커다란 동작을 자유롭게 표현하는 것이 가능하다. 이 때문에 고전시대 초기의 인물상들은 커다란 몸짓과 자세를 통해 운동감을 표현하고 있는 것이 특징이다. 미론의 〈원반 던지는 사람〉은 이 시기를 대표하는 작품이다.

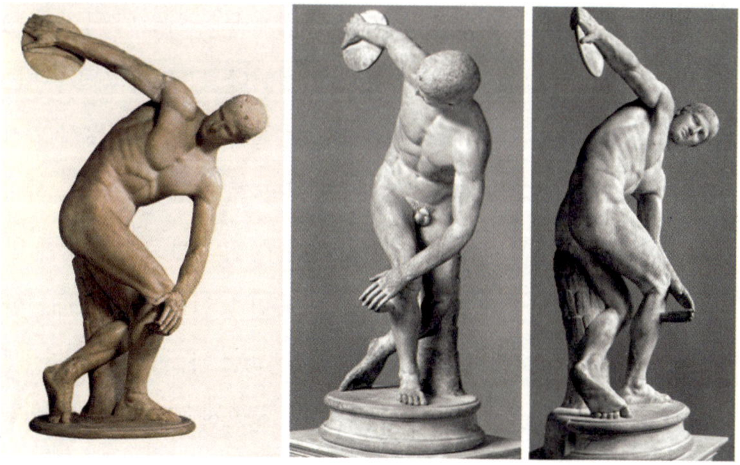

원반 던지는 사람

그러나 미론의 〈원반 던지는 사람〉은 얼핏 완벽해 보이지만, 몇 가지 문제점을 지니고 있다. 일정하게 고정된 시점, 즉 전면에서 보면 조화와 균형을 이루고 있지만, 옆이나 뒤에서 보면 균형을 잃고 넘어질 것처럼 보인다. 시점을 바꿔 다른 방향에서 보면 무슨 자세인지 불분명하기까지 하다. 이러한 문제점을 해결한 작품이 폴리클레이토스 Polykleitos의 〈창을 맨 남자 Doryphoros〉(기원전 440년경)이다.

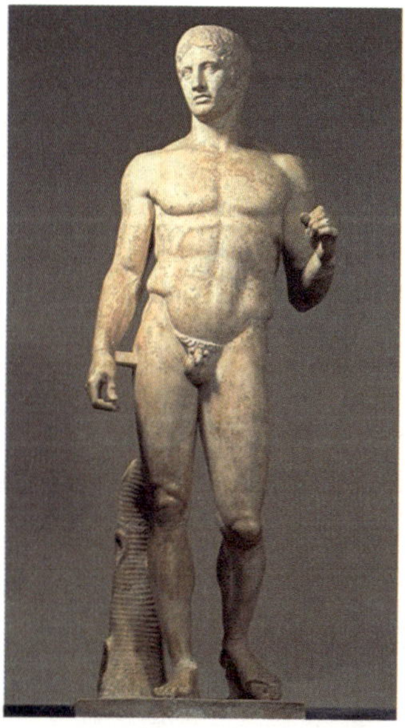

창을 맨 남자

폴리클레이토스의 〈창을 맨 남자〉는 고전 초기 작품이 갖는 문제점을 해결한 작품이자 전성기 고전시대를 대표하는 작품이다. 이 작품은 로마시대에 대리석으로 만들어진 수많은 모작품 중 하나이다. 오른발 뒤쪽의 나무 그루터기는 청동조각을 대리석으로 모작하면서 안전을 위해 덧붙인 것이다. 현재 50개 이상의 복제품이 전해진다. 인물의 주인공은 트로이 전쟁의 영웅 아킬레스라는 설이 유력하다.

이 작품은 전체적으로 인물의 자세도 크지 않고, 차분하고 안정된 느낌을 준다. 얼굴도 초월적인 고요한 표정을 짓고 있다. 이는 고전 전성기 조각의 전형적인 특징이다. 주인공은 자연스런 자세로 발걸음을 내딛고 있는 순간의 모습을 취하고 있다. 한쪽 발을 내딛어 그 다리에 체중을 싣고 있고, 다른 한쪽 다리는 힘을 뺀 채 자연스럽게 약간 구부리고 있는데, 이런 자세를 '콘트라포스토 Contrapposto'라고 한다. 이 용어는 '콘트라스트 Contrast(대비)'라는 말에서 비롯된 것으로, 한쪽의 단축된 몸체와 다른 쪽의 확장된 몸체가 서로 '대비'를 이

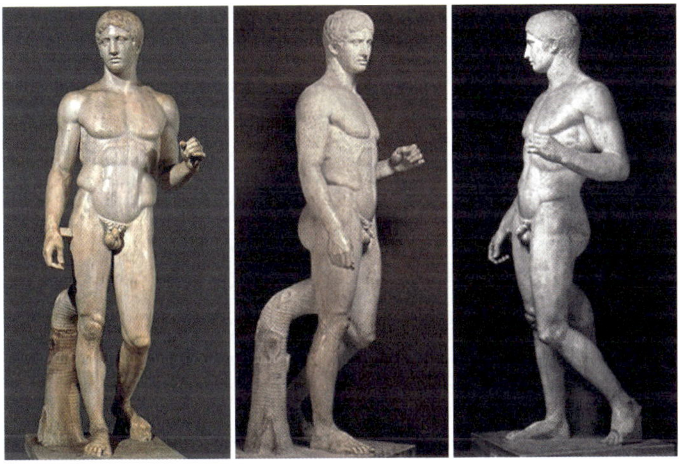

창을 맨 남자

루는 데에서 붙여진 것이다. 이런 대비되는 자세로 인해 양 옆모습이 매우 다른 성질을 가지게 되었지만 전체적으로 보면 서로 조화를 이루고 있고, 신체가 역동적인 평형을 이루고 있다.

'대칭'을 고수하다 보면 딱딱하고 정적으로 보인다. 그러나 여기에 '대비'라는 개념을 도입하면 전혀 다른 성질이 공존하면서도 전체적으로 조화를 이루게 된다. 그리스 조각은 초기에는 이집트 조각의 영향으로 대칭을 고수했지만, 점차 대비라는 개념이 도입되면서 자연스런 조각으로 발전한다. 그 정점이 바로 '콘트라포스토' 자세이다. 창을 맨 난자는 머리를 오른쪽으로 살짝 돌린 상태에서 왼손을 구부리고 있는데, 팔 다리에 긴장과 이완이 교차되면서 몸체와 결합해 완만한 S자 같은 곡선을 만들어낸다. 신체의 각 부분이 방향을 달리하면서 독특한 방법으로 연결되는데, 이는 고전기부터 나타나는 그리스 조각의 특징 중 하나이다. 긴장과 이완, 정적인 것과 동적인 것이 조화를 이루면서 신체의 유기적인 변화를 만들어내고 이를 통해 보이지 않는 정신의 움직임이 드러난다. 콘트라포스토 자세는 커다란 몸짓에서 느껴지는 운동감이 아니라 직관적으로 느껴지는 운동감을 표현하고 있는데, 안정적인 자세와 잠재적인 운동감이 잘 결합되어 있다는 점에서 인물상에 은근한 활력감을 부여하는데 매우 효과적인 것으로 생각되어 이후 많은 조각에 적용된다.

폴리클레이토스는 인체비례 연구서인 『카논』의 저자로서 인체의 이상적인 비례를 추구한 사람이다. 그는 인체를 수치화해 비례원칙을 세운 데에서 한 걸음 더 나아가, 단순한 수치가 아니라 수의 관계에서 비롯된 비례의 원리에 주목했다. 그리하여 비례와 균형이라는 뼈대 위에 '대비'라는 개념을 도입하고, 정확한 해부학적 이해를 통해 인체 조각의 새로운 기준을 제시한 것이다. 〈창을 맨 남자〉는 어느 쪽에서 보더라도 안정된 윤곽을 파악할 수 있다. 이 때문에 이 작품은 그 완벽한 조화로 인해 가장 이상적인 형상이 가장 사실적인 형상으로 재현되었다는 평가와 함께 당대에는 '카논'이라는 이름으로 불렸고, 그 후 여러 세대에 걸쳐 '고전적인 해결'로서 진가를 인정받았다.

리아체의 전사

〈리아체의 전사〉(기원전 460-450년경)는 〈창을 맨 남자〉와 거의 동시대 작품이다. 1972년 이탈리아 남쪽 바다인 이오니아해 주변 작은 마을 리아체 해안에서 발견되었다. 이오니아해는 이탈리아 남쪽과 그리스 사이의 바다로, 로마시대에 이 청동상을 그리스에서 로마로 가져가던 중 배가 난파하는 바람에 이곳에 가라앉았을 것으로 추정된다.

리아체의 전사

198cm, 197cm 높이의 이 인물상들은 모작이 아

니라 그리스시대 원작이라는 점에서 특별한 의미를 갖는다. 마라톤 전투의 승리를 기념하기 위해 델피의 신전에 바쳐졌던 전사상으로 추측된다. 머리 모양으로 보아 투구를 썼고, 손에는 방패를 착용했을 것으로 보인다. 이 청동상이 한 쌍인지, 아니면 여러 청동상 중 하나인지, 이들이 어떻게 배치되었는지, 나란히 서있었는지, 서로 마주보고 서있었는지 등에 대해서는 알 수 없다. 〈파르테논〉의 조각을 담당했던 페이디아스 Pheidias(피디아스 Phidias라고도 함)의 작품이 아닐까 추정되고 있다.

리아체의 전사 부분

리아체의 전사는 '창을 맨 남자'와 거의 비슷한 콘트라포스토 자세를 취하고 있다. 두 인물 모두 오른발에 무게 중심을 두고 왼쪽 다리는 약간 구부린 채 자연스런 모습으로 서있다. 위쪽과 아래쪽, 오른쪽과 왼쪽을 오가는 긴장과 이완, 순간과 영원을 절묘하게 조화시킨 고전양식의 특성을 잘 구현하고 있다.

이 작품에는 특히 사실적인 표현이 두드러지고 모조품에서는 느낄 수 없는 자연스러움과 생동감이 넘친다. 피부의 질감은 물론 손등의 혈관까지 드러날 정도로 세세한 부분까지 섬세하게 표현되었다. 생동감과 사실감을 높이기 위해 눈은 상아와 호박, 눈썹과 이는 은, 입술이나 젖꼭지는 구리로 상감했다. 고대의 모든 조각들은 채색되었다는 점에서 이 작품 또한 채색되어 있다고 생각해 보면 마치 살아있는 전사를 대하는 느낌을 배가시킨다. 이 작품이 보여주는 더욱 강렬한 효과는 앞모습보다 뒷모습에서 더 잘 나타난다고 평가되기도 한다. 등골을 따라 내려오는 곡선의 아름다움이 뒷모습에서 잘 나타나고 있기 때문이다.

리아체의 전사

2. 크니도스의 아프로디테 / 멜로스의 비너스

남성 누드와 여성 누드

기원전 600 / 540 / 630 / 530 / 520

그리스 미술은 고전시대에 이르기까지 남성을 묘사할 때는 벗은 모습으로, 여성을 묘사할 때는 옷을 입은 모습으로 표현하였다. 남성 나체는 예술작품에서 뿐만 아니라 일상에서도 빈번히 나타났다. 그리스 남성들은 운동을 할 때나 향연과 같은 사적인 자리에서도 곧잘 알몸이 되곤 하였다. 그리스 남성들이 운동을 할 때 벌거벗었다는 사실은, 체육관을 뜻하는 '김나시온 Gymnasion(라틴어로는 Gymnasium)'이라는 말이 '벌거벗은'이라는 의미를 지닌 '김노스 Gymnos'로부터 왔다는 데에서 쉽게 확인할 수 있다. 이 김나시온에서 그리스 남성들은 나체로 체력을 연마했고, 올림픽 경기에서도 선수들은 나체로 경기에 임했다.

그리스에서 누드 미술이 남성을 중심으로 펼쳐진 것은 기본적으로 그리스가 남성중심주의 사회였기 때문이다. 시민 자격이 성인 남성에 국한되어 있었고, 여성에게는 공공생활이라는 것이 아예 없다시피 할 정도로 철저한 남성중심의 사회였다. 다른 한편 남성 누드가 만들어졌던 또 다른 이유는 나체의 상징적 의미 때문이었다. 건강한 신체를 보여주는 나체는 운동하는 사람이 비단 운동선수일 뿐만 아니라 무기를 들고 전장에 나설 수 있는 신체 건강한 시민이며, 국가의 안전을 책임진 전사라는 점을 보여주는 것이었다. 또한 그리스에서는 성인 남성과 소년 사이의 동성애가 성행했는데, 이것도 남성 나체상이 선호된 또 다른 사회적이며 풍속사적인 동기가 되었다.

고전시대에 이르기까지 여성이 누드로 표현되지 않은 것은 남성의 신체가 인체의 이상적인 모습으로 간주된 반면, 여성의 신체는 불완전하고 결핍된 것으로 여겨졌기 때문이기도 했다. 여성들을 완전하지 못한 미숙한 존재라고 생각한 데다 벌거벗은 여성의 몸은 남성들의 욕망을 자극함으로써 '자연의 무질서'를 환기시킨다고 보았다. 따라서 여성은 옷을 벗은 모습보다는 옷 속에 감추어진 몸의 윤곽을 드러내거나 주름이 풍성한 옷을 입은 모습으로 묘사되었는데, 이를 통해 여체와 옷이 만들어내는 아름다움을 드러내고자 하였다.

죽어가는 니오베의 딸

죽어가는 니오베의 딸

물론 여성도 가끔은 누드로 표현되곤 하였는데, 그 대상은 창부나 무희, 비극적인 운명의 희생자 등으로 극히 제한적이었다. 이들은 모두 남성과 문명으로부터 보호받지 못하는 소외된 여성들로서, 여성의 객체성이나 수동성을 강조할 목적으로 여성 누드로 표현되었다. 〈죽어가는 니오베의 딸〉(기원전 450-440년경)은 테바이의 왕비 니오베가 자식 자랑을 하다 맞게 된 비극적 이야기를 다루고 있다. 니오베는 아폴론과 아르테미스를 낳은 레토 여신보다 자신이 더 훌륭하다고 교만을 부리다 신들의 미움을 받게 되고 결국 자식들을 모두 잃게 된다. 여기서 니오베의 딸은 아르테미스의 화살을 맞아 고통스럽게 죽어가고, 그녀가 입었던 옷은 속절없이 흘러내리고 있다. 그리스 여성 조각에서 옷은 문명의 상징이었다는 점에서 옷을 입은 여성은 문명으로부터 충실한 보호를 받는다는 의미를 가진 반면, 옷을 입지 않은 여성은 아무런 보호도 받을 수 없는 연약한 존재라는 것을 의미했다.

이와 같이 여성 누드는 고전시대에 이르기까지 여성의 연약함을 강조함으로써 여성의 불완전성을 부각시키는 수단으로 이용되었다. 그러나 후기 고전시대에 이르면 여성 누드의 새로운 경향이 나타나게 된다. 이후 아프로디테 상을 중심으로 누드를 통해 여성 신체의 아름다움을 표현한 작품들이 많이 등장하게 된다.

크니도스의 아프로디테

남성 누드상은 기원전 7세기 때부터 나타나지만 여성 누드상은 더 늦게, 기원전 5세기에야 나타나기 시작한다. 특히 기원전 4세기 이후 후기 고전시대에 이르러 여성 누드상은 새로운 경향을 띠게 된다. 그리스 미술은 기원전 4세기 이후 인물상을 중심으로 절정에 달하는데, 이 시기를 흔히 '후기 고전시대'라 부른다. 이 시기를 대표하는 예술가는 프락시텔레스 Praxiteles인데, 그가 활동했던 기원전 370-330년 무렵의 시기를 특별히 '프락시텔레스 시대'라 부르기도 한다.

크니도스의 아프로디테

프락시텔레스는 인체의 완벽한 아름다움을 묘사하면서도 개성과 활력을 잃지 않는 새로운 세계를 창조하였다. 특히 그리스 최초로 여성 누드 입상을 제작해 센세이션을 불러일으켰다. 이후 그리스에서는 아프로디테 상을 중심으로 누드를 통해 여성 신체의 아름다움을 표현한 작품들이 많이 등장하게 된다.

플락시텔레스가 제작한 〈크니도스의 아프로디테〉(기원전 330년경)는 그리스 미술사상 최초의 여성 누드 입상이다. 프락시텔레스는 여성의 아름다운 몸매를 단순하고 분명한 구성을 통해 표현하고 있다. 그는 이 작품에서 콘트라포스토를 여성 누드에 적용해 부드러운 곡선을 만들어내면서 여성적인 우아함과 관능미를 창출하고 있다. 여기서 아프로디테는 오른발에 체중을 싣고 있고, 왼발은 자연스럽게 약간 구부린 채 서서 왼손으로 옷가지를 들고 있다. 이런 자세로 인해 오른쪽 골반이 약간 올라가면서 엉덩이의 풍만함을 드러내고, 왼쪽 어깨 또한 약간 올라가면서 몸 전체가 부드러운 곡선을 만들어낸다. 프락시텔레스의 작품은 해부학에 기초해 마치 살아있는 육체 같은 인상을 주고, 우아하고 아름다우면서도 노골적인 관능미를 드러내는 것이 특징이다. 이런 누드의 리듬을 가리켜 '프락시텔레스의 곡선'이라는 말을 사용하기도 한다.

크니도스의 아프로디테

〈크니도스의 아프로디테〉는 구겨진 천과 매끈한 몸매, 단단한 항아리와 부드럽고 탄력 있는 신체가 멋진 대비를 이룬다. 노골적인 관능미를 드러내고 있지만, 온화하고 다정한 시선과 차분하고 안정된 분위기에서 내적인 조화와 균형감이 느껴지고 여신으로서의 격조와 품위가 유지되고 있다.

아프로디테와 신전

〈크니도스의 아프로디테〉에서 아프로디테는 마치 목욕을 하고 나와 항아리 위에 벗어놓은 옷을 챙기는 듯한 모습이다. 한손으로는 옷을 들고 있고, 다른 한손으로는 주요 부분을 가리고 있는 것처럼 보인다. 이러한 아프로디테의 독특한 자세는 어떤 의미를 지니고 있을까? 그녀의 자세는 사랑과 미의 여신으로서의 종교적인 의미를 드러내고 있다고 할 수 있다. 물항아리는 의식으로서의 목욕과 관련된다. 아프로디테는 물에서 탄생했을 뿐 아니라, 목욕을 하고 다시 처녀로 태어난다고 알려져 있다. 항아리는 또한 여성성을 상징하기도 한다. 아프로디테가 취하고 있는 오른손의 자세는 주요 부분을 가린다기보다 육체적인 아름다움이나 성적인 것과 관련된 여신으로서의 자신의 원천을 가리키고 있는 것이라 할 수 있다. 이 점에서 이 작품은 육체적인 아름다움과 사랑의 여신으로서의 종교적인 의미를 자연스럽게 통합시키고 있다. 이 작품은 이후에 만들어진 수많은

아프로디테 신전 유적 / 하드리아누스 황제 복원, 2세기

아프로티테상의 모범이 된다.

이 작품은 '크니도스'에 있던 아프로디테 상이다. 크니도스는 소아시아, 지금의 터키에 있던 그리스 식민도시이다. 이곳에 있던 아프로디테 신전은 그리스의 다른 신전과 달리 다양한 각도에서 신상을 볼 수 있도록 원형의 열린 구조였다. 당시 수많은 사람이 몰려들어 아프로디테 상에 찬사를 보냈고, 수많은 시인이 이 여신에게 시를 지어 바칠 정도로 대단한 인기를 누렸다고 전해진다. 비티니아 왕이 크니도스의 부채를 탕감해주는 대가로 교환하기를 제의했으나 거절했다는 이야기도 전해온다.

〈크니도스의 아프로디테〉가 인기를 끈 것은 프락시텔레스라는 거장이 제작한 누드 여신상이라는 까닭도 있지만 그보다는 이 조각상이 당대 그리스 전역에서 최고의 명성을 날리던 프리네라는 고급창부를 모델로 했기 때문이었다. 모든 남성들이 흠모해 마지않던 여인의 누드를 볼 수 있다고 하니 너도나도 불원천리하고 달려간 것이었다.

배심원들 앞의 프리네

프리네의 미모가 얼마나 대단했던지, 그녀는 자신의 미모를 신과 동일시할 정도였다고 한다. 전설에 의하면 대지의 여신 데메테르(바다의 신 포세이돈이라고도 한다)를 기리는 제의에서 프리네는 모든 이가 보는 가운데 전라로 바다를 향해 걸어갔다고 한다. 이 때문에 신을 모독한 죄로 제소되어 아테네의 아레오파고스 재판정에 서게 되었다. 유죄판결이 내려지려는 순간 그녀의 변론을 맡았던 유명한 연설가이자 프리네의 정부였던 히페리데스가 갑자기 프리네의 옷을 벗겨 신체를 노출시킨다. 그녀의 아름다움이 인간적인 것이 아니라 신적인 것이라는 사실을 증명해 보이고자 했기 때문이다.

프리네의 옷이 벗겨진 순간 배심원들은 그녀의 눈부신 몸매에 넋을 잃고 무죄를 선고한다. 배심원들이 넋을 잃은 이유는 그녀의 벗은 몸이 주는 관능성 때문만은 아니었다. 그보다 그녀의 신체가 보여주는 완벽한 아름다움 때문이었다. 그리스인들에게 완벽한 신체미는 곧 신성을 의미하는 것으로 배심원들은 프리네의 육체에서 신적인 아름다움을 보았던 것이다. 그들은 아프로디테의 현신을 본 것으로 여겼고, '아름다운 것은 선하다'라는 입장에서 무죄를 선고했다. 여기서도 우리는 정신과 육체는 하나라고 하는 '칼로카가티아'

배심원들 앞의 프리네, 제롬 Jean Leon Gerome, 1861

를 떠올리게 된다.

후기 그리스 시대

기원전 4세기 말, 마케도니아의 알렉산드로스 왕이 지중해 전역과 아시아를 포함하는 거대한 제국을 건설한다. 그리스 문화를 전파하기 위해 정복지에 알렉산드리아를 비롯한 70여 개의 도시를 건설함으로써 그리스 문화는 그리스 지역을 넘어 국제문화로 발전한다. 그러나 기원전 323년 알렉산드로스 왕이 젊은 나이에 죽자 그의 제국은 마케도니아, 시리아, 이집트를 비롯한 여러 왕국으로 분열되고 만다.

예술사에서는 알렉산드로스 왕이 사망한 해부터 기원전 31년 로마 황제 아우구스투스에 의해 지중해 전역이 정복될 때까지의 300

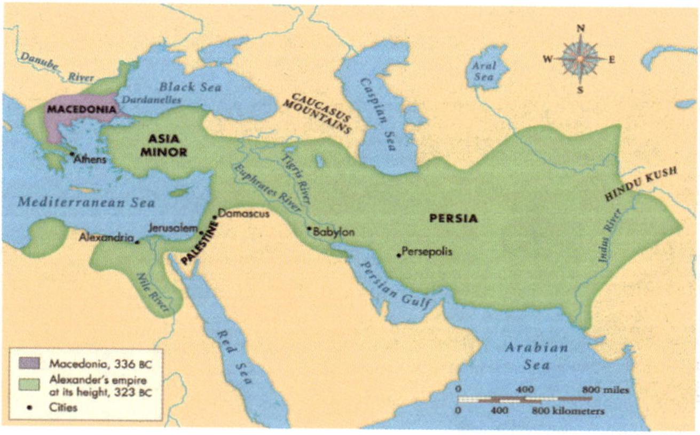

알렉산드로스 제국

년간을 흔히 '헬레니즘' 시대라 부르고 있다. 이 시기는 그리스어를 공용어로 사용하고 학술, 교육, 예술 등을 존중했던 최초의 국제적인 문화였다. 알렉산드로스의 정복은 거대한 세계를 하나로 통합하였고, 그가 사망한 이후에 등장한 새로운 왕국들도 마케도니아인과 그리스인에 의해 유럽적인 방식으로 통치되었으며, 그리스어를 공용어로 사용했다. 따라서 그리스 문화가 꾸준히 전파되었고 이것이 오리엔트 문화와 융합되면서 새로운 문화가 탄생했다. 예술사에서는 이 시기를 특별히 '헬레니즘' 시대라고 부른다.

이 때 헬레니즘이라는 말은 19세기 독일의 역사학자 드로이젠 Johann Droysen이 그의 저서 『헬레니즘사』(1836-43)에서 쓰기 시작한 개념이다. 그러나 이 말은 우리가 유럽문화의 키워드 중 하나로 사용하고 있는 '헬레니즘'과는 구분되어야 한다. 오리엔트는 물론 멀리 인도에까지 펼쳐진 이 시대의 문화는 그리스적 전통에 바탕을 두고 있다는 점에서 헬레니즘 시대라고 할 수 있지만, 그렇다고 이 시대가 오늘날 유럽문화의 근간으로 간주되는 유일한 헬레니즘 시대는 아니기 때문이다. 따라서 용어상의 혼란을 피하기 위해 이 책에서는 '후기 그리스' 시대로 표기하기로 한다.

이 시대 사람들은 여러 가지 차이점에도 불구하고 자신들이 세계사회의 구성원이라는 생각을 갖게 되었다. 이런 국제적인 문화가 있었기에 로마에 문명이 가능했고, 로마가 세계국가로 발전할 수 있었다. 기독교가 세계적인 종교로 뻗어 나가는 데에도 크게 기여하였다. 이 시기에 유럽과 아시아에 걸쳐 그리스어(헬라어)가 국제어가 되었기 때문에 초기 기독교 전파가 용이했다. 사도 바울 같은 사람이 선교여행을 다닐 때 그리스어 하나면 어느 곳에서나 통용이 되었다. 로마제국에서는 라틴어와 그리스어가 공용어였으나, 사실상 그리스어가 더 널리 통용되고 있었기 때문이다. 신약성서가 그리스어로 씌어졌다는 사실도 이와 무관하지 않다. 기독교가 공인되던 즈음부터 로마제국의 중심이 동로마로 이동했고, 그 뒤로는 그리스어가 더 중요한 언어가 되었다. 후기 그리스 시대는 그리스 문화를 확산시키고 로마가 세계국가로 나아가는 토대를 마련했을 뿐만 아니라 기독교를 전파하는데 기여함으로써 유럽문화의 기초를 마련했다는 점에서 중요한 의미를 갖는다.

후기 그리스 미술

후기 그리스 시대에는 알렉산드로스 왕의 정복으로 문화가 융합되고 인종이 혼합되면서 인간중심주의, 조화와 균형, 절제 등으로

시장의 거지 노파 / 잠이 든 사티로스 / 아프로디테에게 추근대는 사티로스

대변되는 고전주의적 이상이 쇠퇴한다. 세속적이고 현실적인 경향이 심화되고 양식의 상호 혼합을 통한 국제화 경향이 나타난 것이다. 예술과 종교와의 연관성이 느슨해짐에 따라 예술의 주제와 형태가 다양화되는데, 신화적이고 역사적인 장면뿐만 아니라 일상생활 속의 다양한 주제들이 다양한 형태로 표현된다. 정서를 표현하는 방식도 강해지면서 생생한 감정을 가감 없이 표현하고 심리묘사를 추구하게 된다.

예를 들어 이 시기에 만들어진 〈시장의 거지노파〉에서는 과장된 자연주의적 묘사가 두드러지고, 〈잠이 든 사티로스〉와 〈아프로디테에게 추근대는 사티로스〉에서는 감각적이고 관능적인 묘사가 나타나고 있다.

또한 후기 그리스 시대에는 조각 기술의 숙달로 인해 온갖 자세의 동작과 여러 측면에서 볼 수 있는 자유로운 군상들이 유행하게 된다. 〈라오콘 군상〉(기원전 175-150년경)은 이러한 군상을 통해 강렬한 극적 효과를 추구하고 있는 이 시대의 대표작이다. 이 작품은 1506년 로마에서 발견되어 미켈란젤로를 비롯한 르네상스 예술가들을 열광시켰다. 당시에는 고대 미술이 오직 우아하고 절제된 아름다움만을 추

라오콘 군상

구한 것으로 알고 있었기 때문이다. 이후 이 작품은 강렬한 극적 효과, 숭고한 비장미, 뛰어난 구성과 세련된 기교, 세심하고 면밀한 끝마무리 등에서 오랜 동안 찬탄을 받아왔다.

이 작품은 트로이 전쟁 당시 그리스 군이 남기고 간 목마가 트로이의 재앙이 될 것이라고 경고한 트로이의 사제 라오콘이 포세이돈이 보낸 바다뱀에 의해 죽임을 당했다는 신화를 소재로 하고 있다. 트로이의 공주 카산드라가 그리스군이 두고 간 목마를 성안으로 들여서는 안 된다고 경고하자 라오콘이 그녀의 편을 들고 나선다. 당시 카산드라의 경고는 아폴론의 저주로 아무도 믿지 않았지만, 사제인 라오콘의 경고는 사람들에게 권위가 있었다. 이에 화가 난 포세이돈이 뱀을 보내 라오콘과 두 아들을 죽이게 된다. 트로이 목마는 그리스군이 아폴론에게 바치는 제물이었다고도 하지만, 말의 신이자 바다의 신인 포세이돈에게 바치는 제물일 가능성이 높다. 그리스군을 돕고 있던 포세이돈이 라오콘에게 바다뱀을 보낸 것에서도 이를 알 수 있다.

〈라오콘 군상〉은 전형적인 후기 그리스의 조형양식을 따르고 있다. 뒤틀린 근육, 드러난 갈비뼈, 부풀어 오른 혈관, 휘감고 있는 바다뱀의 모습 등에서 강렬한 극적 효과를 추구한다. 빛과 그림자의 연출이 압권이다. 작품은 전체적으로 일종의 피라미드 구성을 하고 있다. 이는 주인공 라오콘을 강조하기 위해 위해 그를 크게 묘사한 반면, 성숙한 두 아들은 의도적으로 작게 묘사했기 때문이다. 라오콘 아들들의 신체를 보면 근육이 잘 발달되어 있어 어린아이가 아니라는 것을 알 수 있다. 그리고 라오콘의 고통과 절망을 강조하기 위해 아들들의 시선이 라오콘의 머리 앞뒤를 향하도록 함으로써 전체적으로 맴돌면서 위로 치솟는 형상을 하고 있다. 라오콘의 얼굴은 후대에 십자가 위에서 고통 받는 그리스도의 얼굴의 모델이 된다.

멜로스의 비너스

후기 그리스 시대에는 사생활에 대한 관심이 증대되면서 집을 치장하거나 미술품을 수집하는 것이 유행하게 된다. 이러한 유행은 여인 누드상에 대한 수요를 배가시켰는데, 이 시기에는 주로 고전적인 정숙미와 미묘한 관능미가 결합된, 온화하면서도 육감적인 여인상이 많이 제작된다. 기원전 2세기경에 만들어진 〈멜로스의 비너스〉, 〈메디치의 비너스〉, 〈카피톨리니의 비너스〉 등이 이 시기를 대표하는 작품이다.

〈멜로스의 비너스〉는 그리스의 멜로스 섬에서 발견되었다고 해서 붙여진 이름이다. 흔히 '밀로의 비너스'로 알려져 있다. 이 작품은 기원전 2세기경에 만들어진 것으로 여겨지지만, 기

메디치의 비너스 / 카피톨리니의 비너스

멜로스의 비너스

원 후 4세기경 로마 시대의 모조품으로 추정되기도 한다. 이 시대 여인상들에서 흔히 나타나는 격정과 관능성이 보이지 않고 격조 높은 아름다움과 절도 있는 표현이 두드러진 점을 감안해 이 시대보다 앞선 고전시대에 만들어진 것으로 보는 견해도 있다. 그러나 가슴과 상반신, 머리 비례, 정숙한 표정 등은 고전적이지만, 약간 기울어져 전체적으로 S라인을 이루는 자세, 발과 허리 사이의 나선형 동세, 육감적인 피부, 당당한 엉덩이, 미끄러지듯 흘러내릴 듯한 옷 등에서는 이상적인 육체미와 성적 관능미가 적절히 어우러진 후기 그리스 양식을 읽을 수 있다.

〈멜로스의 비너스〉를 〈크니도스의 아프로디테〉와 비교해보면 그 차이가 더 분명해 진다. 〈크니도스의 아프로디테〉는 부드럽고 온화한 표정을 짓고 있는 반면, 〈멜로스에 비너스〉에서는 입가의 주름과 이마로부터 흘러내리는 반듯한 콧날 등 얼굴 윤곽이 더 분명해지고 개성적인 표정이 드러난다.

크니도스 / 멜로스

〈크니도스의 아프로디테〉는 손으로 여신의 주요 부분을 가리키고 있지만, 〈멜로스의 비너스〉에서는 옷자락이 엉덩이 아래 부분에 아슬아슬하게 걸려있는데, 그고 작은 옷주름이 소용돌이를 만들어내면서 여신의 풍만한 윤곽을 강조한다. 〈크니도스의 아프로디테〉에서는 여신이 들고 있는 구겨진 옷과 딱딱한 항아리가 부드러운 육체와 대비를 이루는 반면, 〈멜로스의 비너스〉에서는 하반신의 옷주름의 깊은 그림자와 상반신의 매끄러운 알몸이 직접 대비되어 더욱 극적인 효과를 만들어내고 있다. 또한 〈크니도스의 아프로디테〉에 비해 〈멜로스의 비너스〉에서는 여성 인체의 비례가 좀더 길어졌다는 것을 알 수 있다. 후기 그리스 시대에는 아름다움의 이상이 달라지면서 그 기준 또한 달라졌기 때문이다. 〈멜로스의 비너스〉는 전체 키에 비해 머리는 작아지고 어깨는 좁아진 반면, 다리는 길어지고 엉덩이는 더 풍만해졌다.

〈멜로스의 비너스〉는 현재 전해지고 있는 그리스 시대 비너스상

멜로스의 비너스 부분

가운데 전체 모양이 비교적 잘 갖춰진 작품이다. 프락시텔레스의 기법을 이용하고 있으나 단순하면서도 분명한 가운데, 신체의 주요 부분을 구분해서 보여주는 방법이 경탄을 자아낸다. 그러나 이 작품은 창의적인 작품이라기보다는 당시까지 알려진 모든 기법과 자세, 비례 등을 조합하고 발전시킨 것으로 평가된다. 이 조각에는 윗몸과 아랫도리를 이어붙인 흔적도 보이는데, 이 때문에 별개의 작품을 짜깁기한 것으로 보기도 한다. 또한 정교하게 조각된 전면부에 비해 뒷부분은 허술하게 마무리되었는데, 이는 아마도 건축물의 벽감 같은 곳에 전시되었기 때문인 것으로 추정된다.

멜로스의 비너스 추정 자세

멜로스의 비너스는 현재 팔이 잘려 나간 상태이기 때문에 원래의 모습이 어떠했을지 여러 가지로 추정되고 있다. 그 중에서도 동시대에 만들어진 〈카푸아의 비너스〉(기원전 2세기경)는 주목할 만하다. 여기서 비너스는 다리 자세로 보아 오른발에 체중을 싣고 왼발은 무언가를 밟고 서있는 것처럼 무릎이 돌출되어 있다. 흘러내리기 직전의 옷은 이 무릎 때문에 간신히 걸쳐 있는 것처럼 보인다. 무릎을 내리면 옷이 곧 흘러내릴 것 같은 긴장감을 자아낸다. 이러한 자세의 비슷함으로 인해 〈카푸아의 비너스〉는 멜로스의 비너스가 어떤 자세를 취하고 있었을지 추정할 수 있는 좋은 단서를 제공한다. 그러나 카푸아의 비너스 역시 무엇을 하고 있었는지는 여전히 의문이다. 아마도 거울을 들고 있었을 것으로 추정되기도 한다.

카푸아의 비너스

엉덩이가 아름다운 비너스 / 아프로디테와 파우누스

기원전 2세기 말의 비너스는 기존의 비너스와는 많이 달라진다. 〈엉덩이가 아름다운 비너스〉(기원전 100년경)는 비너스가 하반신을 걷어 올린 채 자신의 엉덩이를 드러내 보이고 있다. 이 작품은 '비너스

칼리피고스 Venus Kallipygos'라고도 불리는데, '칼리피고스'는 '엉덩이가 아름다운 여인'이라는 의미이다. 2세기 후반 그리스 작가 아테네우스 Athenaeus가 『현자들의 연회』에서 언급한 고대 시라쿠스 사원의 '아프로디테 칼리피고스'에 관한 기록을 보면 이러한 비너스가 어떻게 해서 나오게 되었는지 알 수 있다. 어느 농부가 두 딸을 두었는데, 각자 자기 엉덩이가 더 아름답다고 다투던 끝에 공정한 판결을 위해 거리로 나가 엉덩이를 들추고 지나가는 사람들에게 보여주기로 했다고 한다. 마침 지나가던 젊은 청년이 언니의 엉덩이에 반해서 결혼을 하게 되고, 곧이어 그 청년의 동생도 여동생의 엉덩이에 반해 결혼하게 된다. 아름다운 엉덩이 덕분에 좋은 집안에 시집을 간 자매는 아프로디테 신전을 지어 봉헌했는데, 그 후 사람들은 그곳에 모신 여신상을 '칼리피고스'라 불렀다고 한다.

〈엉덩이가 아름다운 비너스〉는 고대 그리스의 시라쿠스에 있던 청동 조각을 로마시대에 모작한 것으로 추정된다. 여기서 비너스는 마치 자신의 아름다운 엉덩이에 흠뻑 취해 있는 것처럼 보인다. 이러한 비너스상은 후기 그리스 시대에 많이 만들어졌고, 로마시대

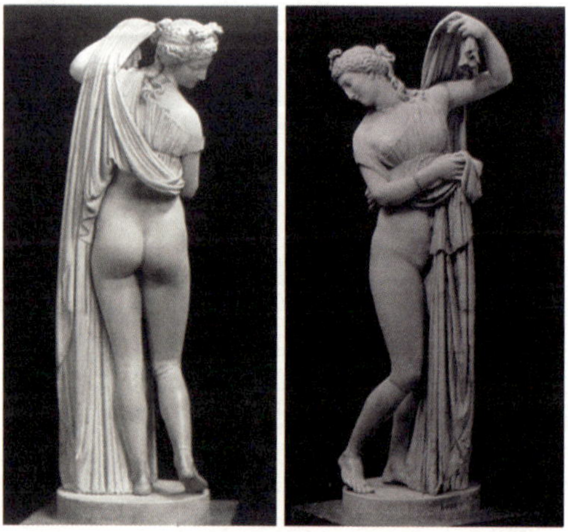

엉덩이가 아름다운 비너스

를 거치면서 하나의 전형으로 자리 잡는다.

〈아프로디테와 파우누스〉(기원전 2세기 말) 역시 매우 감각적이다. 파우누스는 신화 속의 판신이다. 그리스 시대의 사티로스가 그리스 후기 및 로마시대에는 목축과 농경의 신 판 Pan(파우누스)과 동일시되면서 생김새도 달라진다. 원래 사티로스는 귀만 뾰족하고 말꼬리 모양의 꼬리를 가진 모습이었으나 이제 목신처럼 하반신이 염소 모양으로 변하고 머리에 뿔이 달린 모습으로 묘사된다. 이 작품에서 파우누스는 싫다는 아프로디테에게 추근거리다 혼이 나고 있다. 아프로디테는 신발 하나를 벗어 파우누스의 따귀를 때릴 기세인데, 둘 사이에 있는 에로스마저 짓궂게 웃고 있다.

아프로디테와 파우누스

〈엉덩이가 아름다운 비너스〉와 〈아프로디테와 파우누스〉 이 두 작품에서 보듯이 이 정도 되면 비너스는 이제 신이라고 하기 어렵다. 비록 '비너스'라는 이름하에 신전에 안치되고, 한 동안 이런 신앙이 유행했다고는 하지만, 이제 여신상은 숭배의 대상이라기보다 여체를 보고 즐기는 대상, 욕망의 대상으로 변질되었다고 할 수 있다.

누드

후기 그리스 시대에 이르러 여신이 숭배의 대상이 아니라 욕망의 대상으로 취급되면서, 이때부터 여체 표현이 서양미술의 주요한 모티브로 등장하게 된다. 예술형식으로서의 '누드'가 시작되었다고 할 수 있다.

영국의 미술사학자이자 비평가인 케네스 클라크 Kenneth Clark는 『누드의 미술사』(1956)에서 '누드 Nude'와 '네이키드 Naked'를 구분한다. 그에 의하면 '누드'란 단순히 옷을 입지 않은 '네이키드' 상태가 아니라, 예술이라는 옷을 입은, 즉 예술적으로 재구성된 육체를 의미하는 것으로서 예술의 한 형태를 지칭한다. 그는 대부분 볼품없고 가엾은 인체를 신이나 가질 법한 아름다운 신체로 이상화한 것이 누드의 출발점이라고 말한다.

이에 대해 1960-70년대에는 누드의 문화적 개념에 대한 반론이 제기된다. 영국 비평가이자 화가인 존 버거 John Berger는 『다른 방식으로 보기 Ways of Seeing』(1972)라는 책에서 누드의 문화적 개념에 반론을 제기한다. 나체가 된다는 것은 자신을 그대로 드러내는 것이지만, 누드란 타인에게 자신의 나체를 보여준다는 것이고, 보여지는 대상으로서 전시된다는 것이다. 나체가 된다는 것은 허위를 벗어버린, 거짓이 없는 자연스런 상태를 의미하지만, 누드는 다른 사람에게 보여주기 위해 인위적으로 변형시킨 상태를 의미한다는 것이다.

버거에 의하면 일반적으로 서양 누드화에서 주역은 묘사되지 않

수산나와 장로들

는다. 주역은 그림 속 여성이 아니라, 그림 앞의 감상자, 즉 남성이다. 여성이 누드가 되는 것은 감상자인 남성을 위한 것이다. 따라서 그림 속 여성은 그림 밖을 향해 있다. 16세기 이탈리아 르네상스 화가 틴토레토 Tintoretto(1518-94)의 〈수산나와 장로들〉(1550-60)에서 보듯이 여성의 시선은 밖을 향하고 있다. 이 작품이 성서의 이야기를 배경으로 경고적 의미를 담은 것처럼 보이지만, 여기서 수산나는 감상자인 남성에게 계산된 성적 매력을 드러내 보이고 있다. 그림 밖의 남성을 의식하고 있는 것이다. 17세기 독일 화가 아헨 Hans von Aachen의 〈바쿠스와 케레스〉(1600년경)에서는 심지어 그림 속에 남성 연인이 같이 등장한다 하더라도, 여성의 관심사는 그림 밖으로 향해 있다. 여성은 그림 속 연인을 보는 것이 아니라 그림 바깥쪽 남성을 바라보고 있는 것이다.

버거에 의하면 특히 18세기 이전의 누드는 그것이 남성들의 소유

대상임을 암시하는 것들이다. 그림 속 여성은 주체적 존재가 아니라 타율적 존재, 엿보기의 대상이다. 여성은 남성의 욕망을 충족시키기 위해 존재하며, 스스로 욕망을 충족시키는 경우는 없다. 버거는 남성들이 그런 그림을 보는 이유가 그림을 통해 자신이 남자임을 확인하기 위한 것이라고 말한다. 이점에서는 누드의 두 근본 요소가 신적 이상화와 성적 대상화라고 지적한 클라크의 견해와도 일맥상통한다고 할 수 있다.

바쿠스와 케레스

3. 파르테논 / 에피다우루스 극장

그리스 신전

그리스 예술은 부분과 전체의 조화와 균형을 통해 이상적인 아름다움을 추구하는 이상주의와 인간의 가치와 존엄성을 강조하는 인간중심주의 사상에 바탕을 두고 있다. 이러한 특징은 신전건축을 통해서도 잘 드러난다. 그리스인들은 델피나 올림피아 같은 성지를 장엄하게 꾸미는 한편, 각 도시국가마다 경제적 부를 과시하고 위세를 드러내기 위해 자신들의 도시에 화려한 신전을 짓기도 하였다. 이러한 과정에서 신전건축이 비약적으로 발전하게 되고, 기원전 8세기에

헤라 신전, 기원전 550년경, 파에스툼

서 7세기경에 이르러서는 그리스 신전의 기본형식이 갖추어진다.

그리스인들은 신전을 건축함에 있어 구조적 요구와 미학적 요구를 동시에 만족시키기 위해 건축 요소들을 리듬감 있게 배열하면서 전체적으로 조화와 균형을 이루도록 하였다. 그리스 신전에서 그 리듬감은 기둥과 기둥이 만들어내는 빈공간이 균형을 이룸으로써 생긴다. 그리스인들은 신전 기둥의 크기나 높이, 간격 등에서 인체 비례를 바탕으로 적절한 비례관계를 적용함으로써 그리스 예술의 이상을 구현하였다.

그리스 신전은 대체로 기단이 3단으로 낮게 되어 있다. 따라서 웅장하기 보다는 인간적 규모를 느끼게 한다. 전체적인 구조는 기단 위에 기둥을 세우고 그 위에 인방을 얹는 '상인방' 구조를 하고 있다. 상인방 구조는 품위와 위엄은 있으나, 대규모 건물을 짓는 데에는 한계가 있다. 건물을 크게 짓기 위해서는 기둥 위에 얹는 상인방이 크고 길어야 하는데, 돌로 된 상인방이 너무 길면 자칫 부러져버리

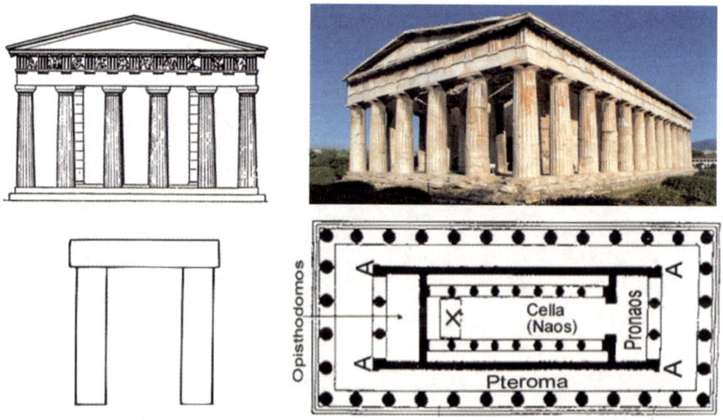

맞배 지붕 / 상인방 구조 / 동서축 / 페립테로스

기 때문이다. 지붕은 맞배지붕 형태의 완만한 경사를 가지고 있는데, 애초에는 목조였으나 후기 그리스 시기에는 석조지붕이 일반화되었다. 그리스 신전은 동서축으로 길게 되어 있고, 동쪽에 입구가 있다. 신전 안에는 신상을 안치하는 신상실(라틴어로 '셀라 Cella', 그리스어로 '나오스 Naos')과 보물을 보관하는 보고(오피스토도모스 Opisthodomos)가 있었다. 그리고 그 주위에는 원주를 둘러 세움으로써 신전의 네 면 모두가 똑같이 인상적으로 보이도록 만들었다. 이런 식으로 신전 전체가 열주로 둘러싸인 건축 양식을 '페립테로스 Peripteros' 또는 '페리스타일 Peristyle'이라고 하는데, 이것이 그리스 신전의 가장 일반적인 형식이었다. 모든 그리스 신전은 페립테로스를 다소간 변형시킨 것이라고 해도 무방할 정도로 흔한 형식이다.

일반적으로 신전의 내부는 화려하게 장식되었을 것으로 생각하기 쉽지만, 그리스 신전은 그렇지 않았다. 그리스인들은 신상을 보호할 거처를 마련하고 공물로 바쳐진 보물들을 보관하는 것이 주목적이었기 때문에 신전 내부에는 크게 신경쓰지 않았다. 반면 종교적인 의식과 절차들이 신전 정면 바깥에 있는 제단에서 행해졌기 때문에 신전 밖에서 보는 사람들의 시각적 효과를 고려해야 했다. 따라서 신전은 외부 네 면을 열주로 둘러싸고, 상단부를 조각으로 장식하는 등 주로 외부에 중점을 두고 건립되었다.

원주 양식

그리스 신전건축의 주요 특징 중 하나가 원주 양식이다. 원주는 이집트에서도 활발하게 사용되었는데, 이것이 그리스에 와서 본격적인 양식으로 발전한다. 원주와 상부의 엔태블러처 Entablature가 만들어내는 양식을 '오더 Order'라고 하는데, 이 말은 라틴어 '오르도 Ordo'에서 왔고, 이는 그리스어 '코스모스', 즉 질서를 의미한다. 그리스 신전의 오더에는 크게 세 가지 양식이 있는데, 그리스 시대에는 도리아식이나 이오니아식이 주로 사용되었고, 코린트식은 후기 그리스 시대 이후, 특히 로마 시대에 많이 사용되었다.

도리아식은 그리스 본토에서 발생한 도리스족의 양식이라는 뜻이다. 힘차고 간결하며 중후하고 견고한 구성이 특징이다. 기단 위에 주기가 없이 곧바로 원주를 세우고, 주두 역시 별다른 장식을 하지 않는다. 그러나 원주의 세로홈이 굵기 때문에 빛의 반사를 통해 기둥의 윤곽이 분명해 보인다. 고대 그리스인들은 도리아식을 가장 아름답고 순수한 오더로 간주하였다. 이오니아식은 소아시아(지금의 터키) 해변과 주변 섬들로 이루어진 이오니아 지방에서 발생한 양식이다. 도리아식과 달리 주기가 있고, 소용돌이 모양의 주두는 식물 형태에서 영감을 얻은 것이다. 섬세하고 우아하며 경쾌한 느낌이 든다. 비교적 소규모 건물에 사용되었다. 코린트식은 코린토스(아테네 동쪽 70km)에서 발생한 양식이다. 기원전 5세기말에 종모양의 주두를 아칸서스 잎 모양으로 장식했는데, 화려하고 장식적인 것이 특징이다. 아칸서스는 그리스에서 3-5월에 지천으로 볼 수 있는 식물이다.

원주 양식

‘오더’는 신전 건축에서 약간의 변형이 가능하긴 했지만 반드시 지켜야할 건축적인 규칙이 되었다. 이 때문에 오더는 그리스 신전 건축의 특징을 보여주는 것이기도 하지만, 다른 한편 그 엄격함으로 인해 그리스 건축의 발전을 저해하는 요인으로도 작용했다고 할 수 있다.

로마의 건축가 비트루비우스 Marcus Vitruvius Pollio는 『건축서』(10권, 기원전 1세기)에서 오더와 그리스 로마 신들과의 관계를 규정함으로써 오더에 상징적 의미를 부여하였다. 그의 견해는 이후 르네상스와 바로크에 이르기까지 유럽건축에 많은 영향을 미쳤다.

첫째, 도리아식은 남성성을 상징하며, 아테나(미네르바), 아레스(마르스)와 연관된다. 도리아식은 공공건물 등 위엄 있는 건물에 적합하다고 간주되었고, 방어용 문이나 병기고 같은 군사시설에도 사용되었다.

둘째, 코린트식은 처녀성을 상징하며, 아프로디테(비너스), 플로라

(꽃의 여신)와 연관된다. 코린트식은 그 자체로 풍부한 장식을 가지고 있고, 처녀성을 의미하기 때문에 성모 마리아에게 봉헌된 성당 등에 자주 사용되었다.

셋째, 이오니아식은 도리아식과 코린트식의 중간 단계로 온화한 여성성을 상징한다. 헤라(주노), 데메테르(다이아나), 디오니소스(바쿠스)와 연관된다. 이오니아식은 비교적 위엄성이 약한 건물, 즉 개인 저택이나 우아함을 요구하는 건물에 적합한 것으로 간주되었다.

파르테논

〈파르테논〉(기원전 448-432년)은 기원전 5세기 그리스 문화의 황금기에 세워진 신전이다. 건축가 익티노스 Iktinos와 칼리크라테스 Callicrates가 설계했고, 페이디아스 Pheidias가 총감독했다고 전해진다. 이 신전은 원래 백색 대리석에 채색이 되어 있었다. 신전 전체는 연한 갈색이었고, 페디먼트와 메토프는 적색과 청색이었을 것으로 추정된다.

파르테논 상상도

이 신전은 아테네가 페르시아와의 전쟁에서 승리한 후 아테나 여신에게 바쳐진 것이다. '파르테논 Parthenon'이라는 명칭 자체가 '순결한 처녀의 것'이라는 의미로서 이 신전이 아테나 신전임을 말해준다. 신화에 의하면 제우스는 지혜의 여신 메티스를 사랑했는데, 둘 사이에서 난 자식이 자신을 능가할 것이라는 예언을 듣자 임신 중인 메티스를 삼켜버린다. 몇 달이 지나 제우스의 머리가 깨어질 듯 아파 대장장이의 신 헤파이토스에게 부탁해 머리를 쪼개게 했더니 그 안에서 아테나가 완전무장을 한 채로 태어났다는 것이다. 그리스의 중심도시 아테네에 '신들의 아버지'라는 제우스의 신전이 아닌 아테나 신전이 세워졌다는 것은 예언이 실현되었음을 보여주는 것이라 할 수 있다.

'아테네'는 아테나의 도시라는 의미로, 아테나는 아테네의 수호신이다. 아테네를 얻기 위해 아테나와 포세이돈이 경합을 했는데, 제우스의 제안에 따라 누가 시민들에게 유익한 선물을 주는지를 가려 결정하기로 한다. 포세이돈은 말과 샘물을 선물했고, 아테나는 올리브

파르테논

나무를 선물했다. 그 결과 시민들은 아테나를 선택했고, 그녀는 이 도시의 수호신이 된다. 이 이야기는 그리스인들이 유목사회에서 농경사회로 전환했음을 의미한다. 그리스인들은 원래 발칸반도 내륙에서 유목생활을 하던 민족이었으나 점차 남하하여 그리스에 정착해 농경생활을 하게 된다. 이로써 그리스의 재래신이자 유목의 신인 포세이돈은 왜래신인 아테나에게 밀려나게 된다. 아테나와 포세이돈의 경합은 이러한 역사적 사실을 배경으로 한 것이다.

〈파르테논〉은 아테네를 내려다보는 아크로폴리스에 세워졌는데, '아크로폴리스'는 원래 아테네에 있는 특정 지역명이 아니다. 그리스 도시국가들은 아크로폴리스 Acropolis(높은 도시라는 뜻으로 신앙의 중심지)와 아고라 Agora(시장 등 생활의 중심지)로 구성되었다. 아크로폴리스는 원래 폴리스를 건설하면서 도시를 방어하기 좋게 높은 언덕을 선택해 성을 쌓으면서 생겨났다. 아크로폴리스에는 폴리스의 수호신 등을 모시는 여러 신전이 세워져 도시국가의 신앙 중심지가 되었다. 각 폴리스에는 원칙적으로 아크로폴리스가 있었지만 오늘날 '아크로폴리스'라고 할 때에는 아테네의 아크로폴리스를 가리킨다. 이 아크로폴리스는 아테네 남서부에 있고, 해발 156m, 동서 길이 270m, 남북 최대 폭 156m의 석회암 언덕이다. 삼면이 절벽이고 서쪽에 입구인 '프로필라이

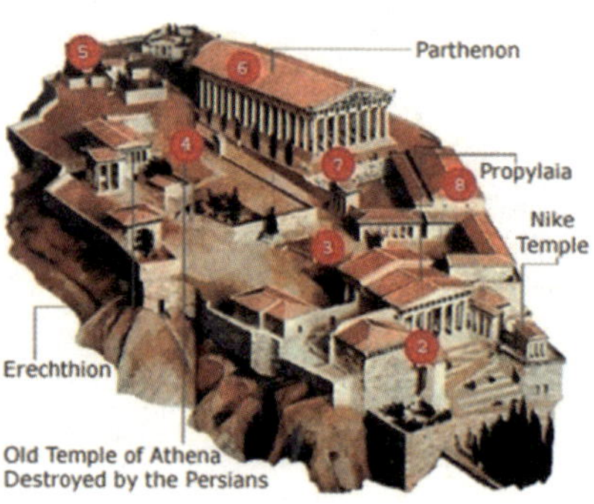

아크로폴리스

아 Propylaia'가 있다. 아크로폴리스의 신전들은 대칭적 건물을 비대칭적으로 배치했다. 지형을 잘 이용해 지었기 때문에 이리저리 돌아다니며 보아야 아크로폴리스 전체의 통일성을 느낄 수 있다.

아테나 파르테노스

〈파르테논〉 내부 공산은 두 개의 방으로 나뉘어 있다, 크기가 작은 서쪽 방은 보고로서 네 개의 기둥으로 지붕을 지탱하고 있는데, 바로 이곳에 델로스 동맹의 공동기금을 보관하는 금고가 있었다. 동쪽의 신상실에는 조각가 페이디아스가 제작한 '아테나 파르테노스 Athena Parthenos'가 좌대 위에서 있었다. '아테나 파르테노스'는 그리스어로 '처녀신 아테나'라는 뜻이다. 기원전 438년에 봉헌된 신상은 나무 조각에 금(옷)과 상아(피부)를 입혔다고 하는데, 원작은 소실되고 복제품만 전해진다.

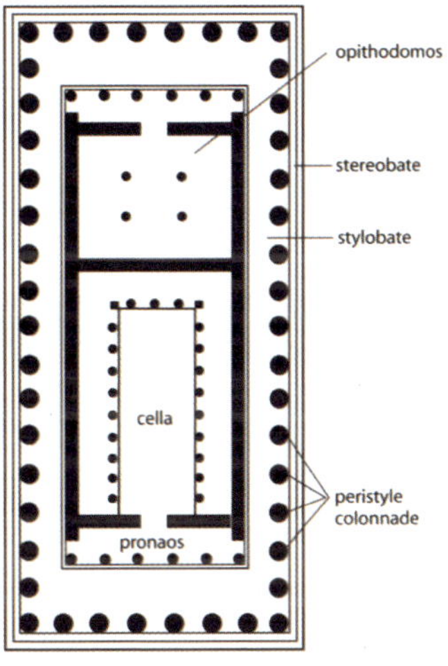

파르테논 평면도

미국 테네시주 내슈빌에 지어진 '파르테논' 안에 복원된 아테나상을 보면 신상의 높이가 약 12m로 거대한 받침대 위에 놓여 있다. 아테나는 오른손에 승리의 여신, '아테나 니케 Athena Nike'를 들고 있는데, 이는 아테나가 전쟁의 여신이기 때문이다. 그녀는 제우스와 지혜의 여신 메티스 사이에서 태어났기 때문에, 부모의 장점을 이어받아 지혜의 여신이자 예술(=기술)의 여신이었다. 그리스에서 '예술'은 어려운 과제를 잘 처리할 수 있는 능력, 배울 수 있는 것을 의미했기 때문에 '기술'과 통한다는 점에서 전쟁에 필요한 무예도 기술, 즉 예술의 하나로 간주되었다. 또한 전쟁의 신 아레스가 무자비한 폭력을 수반하는 신이라면 아테나는 지혜를 발휘해 전쟁에서 승리하도록 돕는다. 트로이 전쟁에서 오디세우스가 '트로이 목마'라는 꾀를 낸 것도 아테나 여신의 도움이 있었기에 가능했다. 아테나가 지혜의 신이자 예술의 신이고, 전쟁의 신이라는 사실은 이렇게 연결된다.

아테나의 왼손은 메두사의 얼굴이 중앙에 그려진 방패를 짚고 있다. 메두사는 미모의 처녀였으나 아테나 신전에서 포세이돈과 정을 통해 아테나의 저주로 괴물이 된다. 영웅 페르세우스가 메두사의 목을 베어 아테나의 방패에 달았는데, 이를 쳐다보는 사람은 모두 돌로 변하고 만다. 여기서 메두사가 아테나 신전에서 포세이돈과 정을 통했다는 것은 재래신인 포세이돈을 섬겼다는 의미이고, 페르세우스가 메두사의 목을 베었을 때 흘린 피에서 페가수스가 태어났다는 것은 포세이돈이 말의 신이기도 하다는 것을 말해준다.

아테나 파르테노스

방패 옆에는 긴 창이 세워져있고, 그 옆에 커다란 뱀이 혀를 날름거리고 있다. 창은 전쟁의 여신임을 나타내지만, 왜 뱀과 함께 있는지는 불분명하다. 애초에 아테나가 크레타의 뱀의 여신에서 유래했다는 설도 있다.

파르테논 구조

〈파르테논〉의 구조를 이해하기 위해서는 이탈리아 남부 고대도시 파에스툼의 〈헤라 신전〉과 비교해 볼 필요가 있다. 이 신전은 기원전 550년경 그리스인들이 세운 정통 도리아식 신전이다. 도리아식은 기둥의 높이와 기둥의 지름이 6:1 정도이다. 남성의 키가 발 크기와 비교해 대략 6:1 정도 되는데, 도리아식은 여기에 기초해 만들어진 것이다. 반면 이오니아식은 8:1 비율인데 이것도 여성의 신체비율을 고려한 것이다. 〈헤라 신전〉은 융통성이나 별다른 응용력 없이 정통 도리아식 비례체계를 그대로 적용해 중후하지만, 너무 무겁고 둔한 느낌이 든다.

헤라 신전 / 파르테논

반면 〈파르테논〉은 같은

도리아식이지만 기하학적 비례를 전체적으로 부드럽게 재조정함으로써 큰 규모에 비해 육중한 느낌이 덜 들고 우아함이 느껴진다. 〈헤라 신전〉과 비교해 보면 무엇보다 엔태블러처 부분이 원주의 길이에 비해 낮게 설치되었다. 또한 같은 도리아식 신전에 비해 원주가 훨씬 가늘고 날렵하며 간격도 더 넓게 배치되었다. 도리아식은 전면이 보통 6주인데, 이 신전은 도리아식이지만 전면이 8주이다. 이 신전은 사실 강한 도리아식과 우아한 이오니아식이 결합된 것이다. 전면은 도리아식이지만 본실은 이오니아식 기둥으로 되어 있다.

파르테논 정면

〈파르테논〉은 전면 30.87m, 측면 69.51m에 기둥 하나의 높이는 거의 10m에 달한다. 이 신전은 조화와 균형을 추구했던 그리스인들의 이상이 잘 구현된 건물로, 단순하면서도 장엄하고 전체적으로나 부분적으로 완벽한 조화를 이루고 있어 고전시대 건축의 정점으로 꼽힌다. 일반적으로 이 신전은 황금비율을 적용했다고 알려져 있고, 이 건물의 우수성을 설명하면서 드는 대표적인 예가 황금비율이 적용되었다는 것이다. 그러나 1980년대부터 원형복원사업에 착수하면서 새로 측정한 결과 〈파르테논〉에 직접적으로 적용된 비율은 1:1.72(지붕 뺀 정면 비율은 4:9)였다. 황금비율의 흔적은 거의 찾아볼 수 없었다. 굳이 찾자면 신전에 남은 46개의 기둥이 정확하게 정이십각형으로, 이것은 정오각형 작도에서 출발하는데, 정오각형은 황금비율을 포함한다는 것뿐이었다.

시각교정 기법

〈파르테논〉의 아름다움은 수학적이라기보다는 시각적이다. 그리스인들은 사실성과 너불어 이상적인 아름다움을 추구했는데, 이 때 이상적인 아름다움이란 무엇보다도 시각적인 아름다움이었다. 〈파

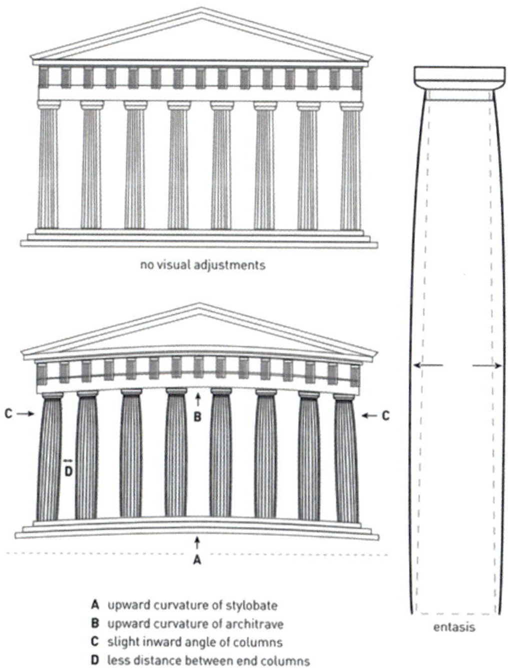

파르테논 시각교정 기법

르테논〉 건축에서도 수학적인 비례관계를 그대로 적용하기보다 시각적인 아름다움, 시각적인 조화를 추구하였다. 착시현상을 이용한 착각교정을 통해 시각적인 안정감 추구했는데, 대표적인 것이 '라이즈 Rise'이다. 기단과 엔태블러처는 직선이 아니라 곡선으로서 가운데 부분이 약간 부풀게 처리되었다. 기단의 가운데가 끝 부분보다 약 6cm 정도 솟아오르게 시공되었는데, 이는 기단과 엔테블러처가 직선일 경우 가운데 부분이 처져 보이기 때문에 오히려 가운데 부분을 부풀려 전체적으로 직선처럼 보이도록 하기 위한 것이었다.

〈파르테논〉은 라이즈 기법 외에도 여러 가지 시각교정 기법을 사용하였다. 우선 원주들을 안쪽으로 약간씩 기울어지게 배치해 건물 전체 기둥이 17.6km에서 한 점에 모이도록 하였다. 이는 원주들을 수직으로 세울 경우 바깥쪽으로 벌어져 보이기 때문에 원주들을 안쪽으로 기울게 해 원주의 수직성을 강조하기 위한 것이었다. 또한 모서리의 원주는 전체적인 간격에 비해 약간 좁게 배치했는데, 이는 원주의 간격이 고르게 보이도록 하기 위한 것이었다. 모서리 원주를 약간 더 굵게 처리한 것도 모서리 원주가 시각적으로 가늘게 보이는 것을 막기 위한 것이었다. 원주는 위로 갈수록 약간씩 가늘어지는데, 중간 부분이 약간 배가 부른 '엔타시스 Entasis(배흘림기둥)'를 사용했다. 이는 원주의 경사선을 곧게

파르테논 원주

할 경우 기둥의 중간 부분이 가늘게 보이기 때문에 오히려 중간 부분을 더 굵게 처리하여 원주의 경사선이 곧게 보이도록 하기 위한 것이었다. 신전의 메토프는 정사각형처럼 보이지만, 사실은 위아래로 긴 직사각형이다. 이는 신전 아래쪽에서 올려다보았을 때 정사각형처럼 보이도록 하기 위한 것이었다.

〈파르테논〉에는 직선이나 직각이 사실상 존재하지 않는다. 수학적 규칙성에서 조금 벗어나는 방법으로 눈에 보이는 수학적 정확성을 실현한 것은 실용적 목적이 아닌 순수한 심미적 표현 욕구와 시각적 안정감을 위한 것이었다. 수직선과 수평선을 전혀 사용하지 않고도 건물의 균형과 안정감을 유지하고 있다는 점에서 그리스인들의 뛰어난 건축술을 엿볼 수 있다. 〈파르테논〉은 역사상 가장 아름답고 훌륭한 건축으로 평가되고 있고, 오늘날까지도 관공서나 박물관, 은행 등 안정감과 영속성, 권위를 상징하는 건물의 기본 양식을 제공하고 있다.

신전 조각 장식

그리스 신전은 조각으로 장식되었다. 신전의 삼각형 페디먼트(박공)와 도리아식 신전의 메토프, 이오니아식 신전의 프리즈 전체를 조각으로 장식해 그 신전에서 숭배하는 신과 관련된 이야기를 묘사하고 있다. 신전을 장식하는 조각들은 초기에는 대단히 도식적이었으나 점차 역동적이고 고전적인 균형을 갖춘 작품으로 발전한다. 신전

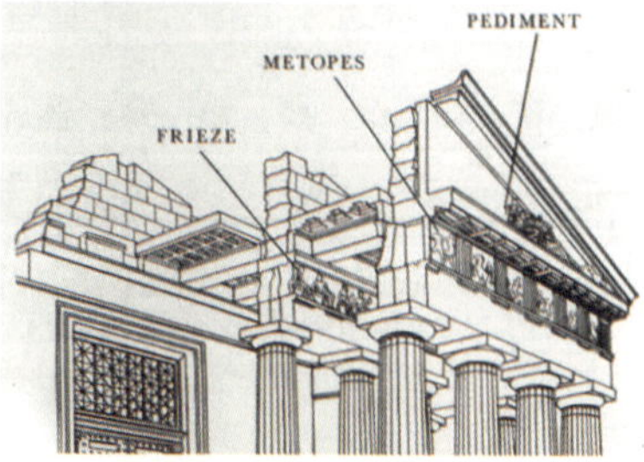

파르테논 조각

조각들은 상단부인 엔테블러처에 집중되어 있기 때문에 사람들이 아래에서 올려다보는 것을 감안해 대체로 단순하지만 고부조 기법에 의해 입체감과 공간감을 살리고 있다.

파르테논 페디먼트 조각

〈파르테논〉의 동쪽 페디먼트에는 아테나 여신의 탄생이야기가 조각되어 있다. 중앙에 제우스와 아테나가 나란히 등장하는데, 제우스는 옥좌에 앉아 있고 아테나는 완전무장한 모습으로 서있다. 그 사이에 아테나 니케의 모습도 보인다. 좌우로는 신화 속의 여러 신들이 자리하고 있다. 페디먼트 조각은 삼각형 구도에 어울리게 개별적

파르테논 페디먼트 조각

세 여신상

인 조각상들을 옆으로 나란히 배치하는 방식을 취하고 있다. 중앙에 제우스와 아테나가 크게 들어서 있고, 좌우 바깥쪽으로 갈수록 형상이 점차 작아지거나 키를 낮추는 방식으로 배치되어 있다. 그 중 오른쪽에 있는 이른바 〈세 여신상〉(기원전 430년경)은 특히 주목할 만하다. 이 조각은 여신들이 입고 있는 부드럽게 흘러내리는 옷자락과 마치 물에 젖은 옷을 입은 것처럼 얇게 밀착된 옷 속으로 드러나는 인체의 해부학적 정밀묘사가 돋보인다. 소박하지만 우아한 멋이 조화를 이루고 있다.

서쪽 페디먼트에는 아테네의 수호신 자리를 두고 아테나와 포세이돈이 경쟁한 이야기가 조각되어 있다. 그러나 이 이야기에서 주인공은 경쟁에 승리한 아테나 여신이 아니라 시민들이다. 아테나를 자신들의 수호신으로 선택한 사람은 아테네 시민들이기 때문이다. 존엄한 신전에 이런 이야기를 새겨 넣었다는 것은 아테네 시민들이 자신들의 위업을 기리고자 한 것이고, 이는 곧 아테네 시민들의 자부심을 반영한 것이라 할 수 있다.

파르테논 메토프 조각

파르테논 남쪽 메토프 조각

〈파르테논〉의 남쪽 메토프는 '라피타이족과 켄타우로스의 싸움'을 그리고 있다. 제우스가 익시온의 아내에게 마음이 있어 그 부부를 초대했는데, 익시온이 헤라를 유혹하려 하자 구름으로 가짜 헤라를 만들어 단둘이 있게 하였다. 아니나 다를까 익시온이 가짜 헤라를 유혹하게 되고 그 사이에서 켄타우로스가 탄생한다. 켄타우로스는 테살리아의 페리온산 야생마와 관계해 켄타우로스족이 생겨난다. 켄타우로스족은 명색이 헤라의 자손이기 때문에 다른 괴물들과 달리 인간과 교류하도록 하였으나 호색적이고 난폭했다. 그들이 라피타이(라피테스)족 결혼식에 참석해 신부를 범하려 하자 큰 싸움이 일어났고, 결국 라피타이족이 승리하였다.

이 싸움은 우선 켄타우로스가 문명화된 그리스를 위협하는 야만족의 나라 페르시아를 상징한다는 점에서 페르시아와의 전쟁이라는 역사적 사실을 신화적으로 묘사한 것이다. 신들을 통해 자신들의 삶을 이야기하고, 신화를 빌어 역사를 기술하는 것은 그리스적 특성이다. 다른 한편 이 싸움은 인간의 본성에 도사린 야수성을 인간의 이성이 누르고 승리하는 것을 상징하기도 한다.

파르테논 프리즈 조각

〈파르테논〉은 도리아식과 이오니아식이 결합된 신전이다. 신전의 후실에 해당하는 보고는 이오니아식 기둥으로 되어 있고, 앞뒤 현관의 외벽, 신상실과 보고는 이오니아식 프리즈로 둘러싸여 있다. 파르테논의 화려한 장식은 신전으로서는 예외적인 것이라 할 수 있다.

파르테논 프리즈 조각

〈파르테논〉의 북쪽 프리즈는 폭 1.1m, 길이 163m가 통째로 조각으로 장식되었다. 현재 130m가 남아있는데, 여기에는 아테나 축제에 참가한 시민들과 신들이 묘사되어 있다. 신들을 포함해 총 360여 명이 등장하고, 말도 200필이 넘게 등장한다. 메토프에 비해 저부조로 조각되었지만, 말을 타고 가는 행렬에서 축제분위기가 생생하게 느껴질 정도로 역동적으로 묘사되었다. 신전건축에 수백 명의 시민을 새겨 넣은 것은 다른 문화권에서는 상상하기 어려운 드문 예로서 아테네 시민들의 문화적 자부심을 표현한 것이라 할 수 있다.

파르테논의 수난

〈파르테논〉은 오랜 세월에 걸쳐 수난을 겪어야 했다. 13세기에는 그리스 정교회로 사용되었고, 15세기에는 이슬람 모스크로 사용되었다. 17세기에는 터키군의 화약고로 사용되다가 베네치아군의 공격으로 파괴된 후 방치되었다. 그러다 19세기에 이르러서는 터키 주재 영국 대사 엘긴경 토마스 브루스 Thomas Bruce가 방치된 신전 조각들을 영국으로 반출하게 된다. 이 조각들은 1816년 이후 영국박물관 '엘긴관'에 소장되고 있는데, 파르테논 조각의 55%에 해당한다.

오늘날 그리스 정부는 영국에 대해 〈파르테논〉의 유물을 반환하라고 강력하게 요구하고 있다. 그리스는 〈아크로폴리스 박물관〉을 새로 건설하면서 파르테논 조각실을 설치하고 그곳에 파르테논의 유물이 통합되면 어떤 모습이 될지 모조품을 설치해 놓았다. 조각들이 그리스로 와야만 본래의 모습을 제대로 볼 수 있다는 이유를 들어 영국을 압박하고 있는 것이다.

영국박물관 엘긴관 / 아클로폴리스 박물관

디오니소스 극장

아테네의 아크로폴리스 주변에는 두 개의 극장이 있다. 하나는 '오데온 Odeon'이라 불리는 〈헤로데스-아티쿠스 극장〉으로 2세기에 로마인들에 의해 지어진 것이다. 다른 하나는 기원전 6세기 고대 그리스 때 지어진 〈디오니소스 극장〉이다. 〈디오니소스 극장〉은 아크로폴리스의 남쪽 절벽에 위치해 있다. 현재는 유적으로만 남아있는데, 원 극장은 기원전 4세기에 개축된 것이다.

고대 아테네 시민들은 〈디오니소스 극장〉에 모여 풍년을 기원하

디오니소스 극장

디오니소스 극장 상상도

디오니소스 극장 관람석 의자

는 디오니소스 제전을 벌였다. 제전의 꽃은 비극 경연대회였다. 비극은 예술과 문화 활동이지만, 본질적으로는 예배요 제의였다. 따라서 〈디오니소스 극장〉은 극장이라고는 하지만 본래 디오니소스 신을 기리는 예배당인 셈이었다. 이 극장이 위치한 곳은 관람석 맞은편에 디오니소스 신전이 자리하고 있고, 주변에 여러 성소가 있었기 때문에 아테네에서 가장 중요한 연극 경연대회였던 '대 디오니시아' 축제를 개최하기에 이상적인 장소였다. 〈디오니소스 극장〉은 원래 관람석이 나무 의자로 되어 있었으나, 4세기 중반 이후 돌로 된 관람석이 도입되었을 것으로 추정된다. 관람석 맨 앞줄 중앙에는 디오니소스 사제가 앉는 육중한 의자가 놓였다.

극장 무대는 원형으로 '오케스트라 Orchestra'라고 불렸다. 〈디오니소스 극장〉의 오케스트라는 지름이 약 10m이고 대리석으로 만들어졌다. 관람석은 전체 3단으로 되어 있는데, 1단까지의 반경은 20m, 3단 최종 열까지는 42.5m에 이른다. 최대 17,000명을 수용했을 것으로 추정된다. 음향효과가 뛰어나 가물가물한 거리에서 배우들이 나누는 대화가 바로 옆에서 말하는 것처럼 또렷하게 전달되었다고 한다.

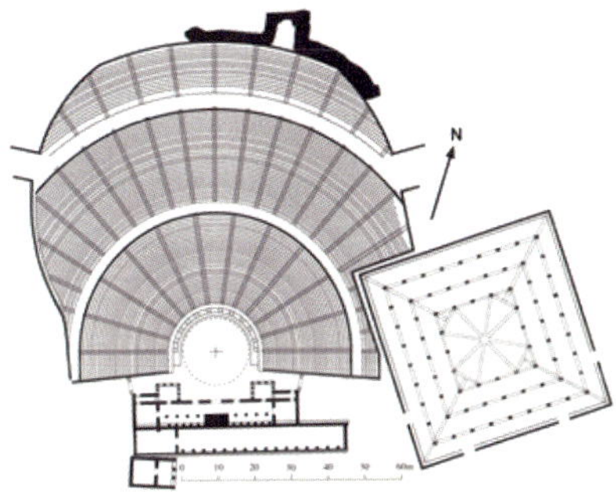

디오니소스 극장 구조

현재의 유적은 로마 시대에 다시 개축된 것이기 때문에 원래 그리스 극장의 형태는 이와 달랐을 것으로 추정된다. 극장 무대를 해체해보니 석재도 다르고, 벽쌓기 방식도 훨씬 이전 것으로 드러났기 때문에 원래 그리스 극장은 현재 유적의 모습과 달랐을 것이 분명해 보인다.

에피다우루스 극장

그리스 극장의 참 모습은 〈에피다우루스 극장〉에서 찾을 수 있다. 이 극장은 기원전 350년경에 건립된 것으로 그리스시대 원형이 잘 보존되어 있다. 에피다우루스는 의술의 신 아스클레피오스 신앙의 중심지였다. 아스클레피오스는 아폴론의 아들로 의술의 신이다. 어느 날 뱀을 죽였는데 다른 뱀이 나타나 약초로 살려내는 것을 보고 그 약초

아스클레피오스

를 이용해 많은 사람을 치료해 주었고, 그 후 켄타우로스족의 케이론에게서 의술을 배워 의술학교를 세우기도 하였다. 아스클레피오스는 대개 뱀이 감긴 지팡이를 들고 있다. 고대에는 뱀이 허물을 벗고 다시 태어난다고 생각해 불사를 상징하는 동물로 여겨졌다. 오늘날 세계보건기구 WHO나 각국의 의사협회 문장에도 뱀이 들어가 있다. 의학의 아버지라 불리는 히포크라테스는 아스클레피오스의 제자이다.

고대 그리스에서 병원 역할을 하던 아스클레피오스 신전은 방방곡곡에 300여 개가 있었다고 하는데, 그 원형이 에피다우루스에 있었다. 에피다우루스는 그리스의 대표적 치료소였다. 환자들이 아스클레

에피다우루스 극장

피오스 신전을 방문하면 사제들은 먼저 그들의 몸을 깨끗이 씻긴 후 신전에 들어가 잠을 자도록 했다. 잠을 자는 동안 사람들은 꿈을 꾸게 되고, 사제는 그 꿈을 해석해 적절한 진단과 처방을 내렸다. 사제의 치료는 꿈을 통해 내려진 신의 계시라고 믿었기 때문에 환자들은 사제의 처방에 따라 엄격한 식사를 하고, 시간을 정해 운동을 하였다. 또한 극장에 가서 연극을 관람했으며 노래와 악기연주를 감상했다. 이 모든 치료 프로그램의 운영은 축제처럼 진행되었고, 이를 위해 신전 주변에는 목욕탕과 식당, 숙소는 물론 운동을 위한 체육관과 스타디움, 공연을 위한 극장 등이 골고루 자리 잡고 있었다. 치료소는 그야말로 '힐링 프로그램'을 위한 문화적 의료복합단지였던 것이다.

에피다우루스 극장 구조

〈에피다우루스 극장〉은 지름 20.4m의 원형 무대(오케스트라)에서 공연이 이루어졌다. 관람석은 지름 118m, 55개의 계단식 반원형 형태로, 약 14,000명을 수용했다. 크기가 〈디오니소스 극장〉보다는 작지만 음향 효과가 거의 완벽해서 관람석 맨 윗자리에서도 동전 떨어지는 소리까지 들을 수 있었고, 배우들끼리 소곤거리는 귓속말과 남몰래 뱉는 탄식 소리까지 잡혔다고 한다.

초기의 극장은 신에게 바쳐진 공간으로, 신이 보고 즐기는 장소를 뜻했다. 인간이 공연하거나 즐긴다는 개념은 후대에 생겨난 것이다. 극장은 일종의 성소로서 사람들이 제단에 모셔진 신에게 제의적인 노래와 합창단의 춤 등을 봉헌하던 곳이었다. 원래 오케스트라는 디오니소스 축제 때 사람들이 춤과 노래로 제의를 행하던 곳이었고, 관람석은 이들이 잠시 쉬던 곳이었다. 그러던 것이 오케스트라는 작아지고 관람석이 커진 것은 극장이 원래는 참여의 공간이었으나 관람의 공간으로 변화했다는 것을 말해준다.

1. 테아트론(관람석), 2. 오케스트라(원형 무대), 3. 스케네(배경, 분장실 딸림)
4. 프로스케니온(세트 등으로 쓰이던 무대), 5. 파르도스(입구)

그리스 비극

그리스인들 최고의 문학적 업적은 연극, 특히 비극에 있다. 그리스 비극은 시와 음악, 무용 등을 포함하는 일종의 총체예술적 성격을 띠고 있었다. 그리스 비극의 기원은 디오니소스 축제 기간 중에 공연된 합창가요제로까지 거슬러 올라간다. '비극 Tragodia'이라는 말이

'산양 Tragos'과 '노래 Edia'의 합성어라는 것에서도 알 수 있듯이 초기 비극에는 사티로스로 분장한 합창단이 등장했다. 사티로스 분장의 남성합창단이 디오니소스 신의 찬가를 공연하는데, 합창단 중 한명이 나와 이야기의 주요 부분을 낭송하는 식이었다.

그러다 기원전 5세기에 아이스킬로스 Aeschylos(기원전 525?~456?)가 '배우'를 도입하고, 합창단을 무대 배경으로 물러나게 함으로써 연극이 탄생한다. 이때에도 배우가 무대에서 연기를 하는 것이 아니라, 사건의 줄거리를 낭송했다. 아이스킬로스와 더불어 이른바 '그리스 3대 비극 작가'에 속하는 소포클레스 Sophocles(기원전 496?~436)와 에우리피데스 Euripides(기원전 484?~406?)도 비록 세대는 다르지만 사실상 이 시대 사람들이다. 그 후 기원전 2세기경에는 배우 역할이 더욱 중요해지고 합창단이 사라지게 된다. 오케스트라 중심의 극장이 근대의 극장무대와 비슷하게 바뀌어 배우들이 높은 무대 위에 올라가서 연기하게 된다.

사티로스와 디오니소스

그리스 연극은 시, 음악, 무용이 함께 어우러지는 가운데 다양한 주제를 통해 인간의 본질과 사상을 논하는가 하면 당시 사회를 비판하기도 하였다. 특히 아테네에서 연극은 별다른 제약을 받지 않았고, 사실상 민회를 보완하는 민주적 토론기구의 역할을 하였다. 그리스 연극은 종교적 행사였을 뿐만 아니라 당시 문명의 모든 영역을 포괄함으로써 교육과 계몽, 오락의 기능을 모두 수행하였다. 기원전 5세기 이후 연극은 그리스 문화의 중심이 되면서 미술 등 다른 예술 분야에도 깊은 영향을 주었을 뿐 아니라 그리스인들의 삶 자체에도 많은 영향을 미쳤다.

마스크를 든 배우들

그 중에서도 그리스 비극은 인간의 무의식 속에 억압되어 있는 욕망의 실재를 고스란히 보여준다. 모든 인간 안에 보편적으로 자리 잡고 있는 삶의 비극적 본질의 정수를 파헤치고, 인간 본성 안에 잠재된 격정의 본질을 가장 극단적인 사건 속에서 숨김없이 드러냄으로써 '인간이란 어떤 존재인가, 나는 무엇인가'하는 인간과 나 자신의 정체성을 성찰하게 한다. 우리가 어떤 존재가 되어야 하는지를 도덕적인 측면에서 가르쳐주는 것이 아니라, 우리가 어떤 존재인지를 실존적으로 깨닫게 한 것이다.

그리스 비극의 목적은 카타르시스였다. '카타르시스 Catharsis'는 원래 '정화', '배설'이라는 뜻의 그리스어로 배속이 답답하고 괴로울 때 시원하게 배설해버릴 수 있도록 하는 약에서 유래했다고 한다. 비극의 목적은 개연성과 필연성에 따라 잘 짜인 이야기를 통해 연민과 공포를 일으키도록 해 억눌렸던 감정을 쏟아내 버리게 하는 것이다. 그리스인들은 디오니소스 축제에서 이런 비극을 통해 억눌렸던 비합리적 감정을 해소하고 정화함으로써 새로운 출발이 가능하다고 보았다.

4. 콜로세움 / 판테온

로마 문화

로마가 거대한 제국으로 발전할 수 있었던 주요 요인 중 하나로 외래 문명에 관대했다는 점을 들 수 있다. 사실 로마는 데베레 강가의 작은 언덕에서 시작해 여러 외래 문명을 받아들이는 과정에서 형성되었다. 이 때문에 로마 문화는 여러 다양한 경향들이 존재했고 그만큼 복잡한 양상을 띠고 있었지만, 그 중에서도 그리스 문화의 영향이 가장 지배적이었다. 로마는 기원전 8세기경부터 남부 이탈리아와 시칠리아 일대의 그리스 식민지를 통해 그리스의 영향을 받기

트로이를 탈출하는 아이네아스, 바토니 Pompeo Batoni, 1753

시작한 이래 그리스 문화에 압도되었다. 무력으로 그리스 세계를 정복한 로마는 라틴어가 그리스어의 방언이라고 주장하고, 자신들의 건국 신화에 트로이의 영웅 아이네아스를 끼워 넣어 그리스적 전통을 자신의 역사로 수용함으로써 이 세계의 계승자를 자처하였다. 공화정시대에서 제국 말기에 이르기까지 로마의 지식인과 학자, 장인들 대부분이 그리스계였다는 사실은 로마가 정치 군사적으로는 그리스를 지배했지만 문화적으로는 완전히 그리스에 굴복했다는 것을 말해 준다.

그러나 기원전 27년 아우구스투스에 의해 제정이 성립되면서 로마는 국가적 자부심을 바탕으로 지적, 예술적 분야에 관심이 고조된다. 이후 약 200년에 걸쳐 '로마의 평화 Pax Romana'가 이어지면서 로마는 차츰 그리스 문화의 절대적 영향력에서 벗어나 독자적인 문화

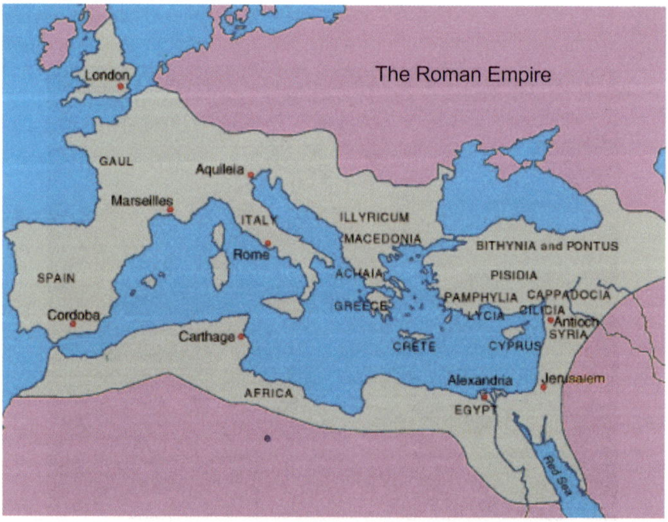

전성기 로마제국

를 발전시킨다. 그리스는 예술적이고 지적이며 세련된 삶을 추구하는 인간중심주의적 사회인 반면, 로마는 남성적 가치와 육체적 용맹성, 의무와 규율을 중시하는 국가중심주의적 사회였다. 로마인들은 그리스의 지적, 예술적 유산을 흡수해 자신들의 가치관에 맞게 변형시키고 발전시켰으며, 강력한 정치력과 군사력을 통해 이를 서유럽과 북부 아프리카에 전파하였다.

또한 로마는 행정과 법률체제, 도량형 통일, 토목기술 등을 통해 유럽 문화 발전의 토대를 마련하였다. 로마는 정복지의 이민족들에게 로마 시민권을 개방했고, 외교적 문화적 수단을 적절히 활용해 그들이 자발적으로 로마화하도록 함으로써 통일된 정체성을 획득하였다. 외교적 수단을 통해 적절히 타협하고, 하나의 행정과 경제체제, 모두에게 평등한 법률과 공통된 문화를 제공함으로써 로마가 '모두의 공동의 조국'이라는 생각을 갖도록 하였다.

이로써 '영원한 로마 Roma Aeterna'라는 이념이 형성되었고, 이러한 이념은 이후 많은 정치가와 시인들을 사로잡는 개념이 되었다. 아우구스투스 이후 '영원한 로마' 이념은 로마제국의 정치 종교적 이념의 토대로서 로마제국 자체가 '여신 로마'로 신격화되어 황제와 더불어 숭배되었고(4월 21일을 로마의 탄생일로 지정 축제화함), 문학, 예술, 종

동전에 새겨진 '여신 로마'

교의식, 달력, 화폐 등 모든 수단을 동원해 로마제국과 황제의 영원성을 선전 유포하였다.

'영원한 로마'의 이념은 로마에 기독교가 공인(313)되고, 국교화(392)됨으로써 더욱 강화되었다. 기독교 지도자들은 로마를 하느님의 제국이라고 생각하게 되었고, 하느님이 인류를 구원하기 위해 인류에게 그리스도와 로마제국을 주셨다고 주장했다. 그들은 로마제국이 멸망하면 세상도 멸망할 것이라고 생각할 정도로 로마제국과 세상을 하나의 개념으로 파악하였다.

'영원한 로마' 이념은 로마가 멸망한 이후에도 지속되었다. 서유럽을 통일한 프랑크왕국에 이어 신성로마제국 또한 영원한 제국 이념뿐만 아니라 로마라는 도시 자체가 영원하다는 '영원한 도시 로마'의 이념을 이어받아, 로마를 세계의 수도라고 생각했다. 이 때문에 중세 황제들에게는 로마를 지배하거나 최소한 로마를 순례하는 것이 숭고한 의무 중 하나가 되었다. 동로마의 콘스탄티노플이 오스만 투르크에 의해 정복당한 후 러시아는 모스크바가 '제3의 로마'임을 자처했고, 나폴레옹은 물론 히틀러나 무솔리니 등도 은연 중 위대한 로마를 계승하고자 하였다.

'영원한 로마' 이념은 오늘날 유럽통합의 이념적 원천을 제공하기도 하였다. 영국의 시인 엘리어트 Thomas S. Eliot(1888-1965)가 "우리가 유럽문화를 계승하고 있는 한 우리 모두는 아직도 로마제국의 시민들이다."라고 말하는 데에서 알 수 있듯이, 유럽인들이 로마의 전통을 이어가고 있다는 생각은 지금도 계속되고 있고, 그런 생각이 유럽을 하나로 만들고 있다. 19세기 독일의 역사가 랑케 Leopold v.

Lanke(1795-1886)가 "로마는 호수와 같다. 로마 이전의 모든 역사는 로마로 흘러들어 왔고, 로마 이후의 모든 역사는 로마로부터 흘러 나왔다."라고 했을 때, 이는 로마의 역사가 진정한 의미에서 유럽 역사의 출발점이 되었다는 사실을 지적한 것이었다. 이 말은 오늘날에도 여전히 적용되고 있는 것처럼 보인다.

실용주의 예술

그리스 예술이 이상주의를 지향했다면, 로마 예술은 현실주의에 입각해 있었다고 할 수 있다. 그리스인들이 사상과 예술에서 추상과 일반화를 즐겨했던 반면, 로마인들은 현실적이고 실용적이며 실제적인 것을 선호했다. 로마가 예술사에 가장 중요한 기여를 한 것 가운데 하나가 건축 분야인데, 건축은 무엇보다도 실용을 바탕으로 한

메종 카레

예술형식이다. 로마인의 실용성은 신전건축에서도 잘 나타난다.

프랑스 님의 〈메종 카레 Maison Carree〉(기원전 16)에서 보듯이, 그리스 신전은 3층 기단 위에 세워진데 비해 로마 신전은 높은 축대 위에 우뚝 솟은 모습으로 지어져 높은 계단을 통해 진입하도록 하였다. 그리스 신전은 동서남북 모두 계단이 있고, 열주가 있는 개방된 형태로 네 면이 모두 서로 닮은 '페립테로스' 형식인 반면, 로마 신전에서는 계단과 현관이 있는 정면 쪽만 열주를 세워 강조하고 별로 중요하지 않은 측면이나 후면에는 별다른 관심을 기울이지 않았다. 또한 그리스 신전에 비해 넓은 주랑 현관과 넓은 신상실 또한 특징적인데, 이는 단순하면서도 공간을 최대한 활용하기 위한 것이었다. 신상실에는 신상뿐만 아니라 여러 조각상들도 진열되었다. 이러한 로마 신전의 형식은 로마인들의 실용성을 보여주는 것이라 할 수 있다. 나아가 형태의 단순함은 공화정의 엄격한 도덕성을 상징한다.

아치 건축

로마 건축의 특징 중 하나가 '아치 Arch'와 아치를 이용한 건축이다. 로마 건축은 다른 고대건축 양식과는 달리 내부공간을 주요한 건축요소로서 이해했고, 아치와 이를 이용한 둥근 천장을 미적인 구조 원리로서 받아들였다. 아치는 오리엔트나 그리스에서 문이나 하수도 등 비교적 작은 구조물에서 사용되었던 것인데, 로마인들은 이 아치를 본격적으로 도입해 대규모 건축물에 적용하기 시작했다.

아치를 그리스 신전에서 사용된 상인방 양식과 비교해보면 그 장점을 금방 알 수 있다. 상인방 양식은 위에서 너무 무거운 하중이 가해질 경우 상인방이 부러져 버린다. 반면 아치는 '쐐기돌 Kyestone'이 무게를 분산시켜 아치 위에 무거운 것을 올릴 수 있고, 재료도 적게 든다. 또한 아치는 상인방 양식보다 기둥 간격을 더 넓힐 수 있기 때문에 보다 큰 공간을 만들 수 있다. 로마는 이러한 아치를 이용함으로써 거대한 다리나 수로교의 건설이 가능하게 되었고, 나중에는 이를 이용해 '궁륭 Vault'이나 '돔 Dome'으로 된 천장을 만들 수 있게 됨으로써 거대한 내부 공간을 덮을 수 있게 되었다.

로마의 거대한 건축물은 아치와 궁륭의 공학적 원리 이외에도 특히 '콘크리트'라는 새로운 건자재를 사용하게 됨으로써 비로소 가능했다. 초기에는 석회에다 물을 타서 사용했으나 여기에 화산재를 넣어 단단한 콘크리트가 개발되었다. 콘크리트는 견고할 뿐만 아니라 형태를 자유롭게 구성할 수 있는 장점이 있다. 또한 이 시기에 오늘

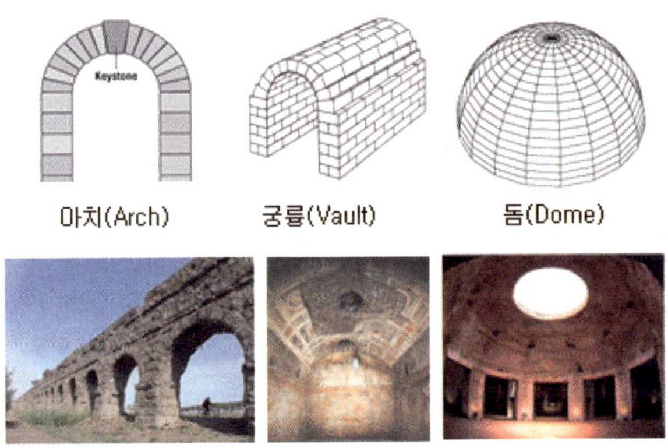

아치 건축

날과 같은 붉은 벽돌이 개발되었다는 사실도 중요하다. 벽돌은 제작이 쉽고 대량생산이 가능할 뿐만 아니라 돌에 비해 가볍기 때문에 대규모의 높은 건물을 짓기에 편리하였다. 얇고 납작한 벽돌은 건물의 마감재로도 많이 사용되었다. 아치 기술의 발달과 더불어 콘크리트와 벽돌의 사용은 로마가 토목과 건축 분야에서 뛰어난 업적을 이루는 토대가 되었다.

콜로세움

〈콜로세움 Colosseum〉(72-80)은 로마를 대표하는 건축이다. 베시파시우스 황제가 착공해 아들인 티투스 황제 때 완공되었다. 베시파시우스는 네로 황제가 자살한 후 혼란스런 로마를 평정하고, 카이

콜로세움

사르 가문이 아닌 사람으로서는 최초로 황제가 되었다. 그는 새로운 왕조가 들어섰음을 과시하고 혼란스런 사회를 안정시키기 위해 시민들의 관심을 다른 곳으로 돌릴 필요가 있었다. 당시 대부분의 로마 시민들은 별다른 일거리 없이 국가에서 주는 배급을 통해 살고 있었다. 황제는 빵만으로는 부족한 시민들의 관심을 다른 곳으로 돌리고 사회를 안정시키기 위해 대규모의 오락시설을 건립하기로 한다. 그는 네로 황제의 별장이었던 〈황금궁전〉의 인공호수 자리에 대규모의 경기장을 건설하는데, 이 〈황금궁전〉은 64년에 일어난 로마의 대화재 이후 네로가 폐허가 된 땅에 인공호수를 파고 숲괴 정원을 조성해 만든 것이었다. 베시파시우스가 이곳에 경기장을 세운 것은 지리적 적합성과 함께 네로와의 차별성을 강조하는 효과도 있었다. 건축비용이 문제가 되었으나 베시파시우스의 아들인 티투스가 70년에 예루살렘을 함락한 후 그곳의 보물들을 로마로 가져왔고, 3만 명의 포로들을 노예시장에 팔아 자금을 조달할 수 있었다.

완성된 〈콜로세움〉은 5만 관객을 수용할 수 있었고, 3천 명의 배우가 공연할 수 있는 대규모를 자랑했다. 당시 로마인들에게는 특히 검투경기가 인기였다. 개관기념으로 100일이나 계속된 검투경기에서 1,000명의 노예가 죽어나갔다고 한다. 한 번 공연에 600명의 검투사가 등장하기도 했고, 하루에 40명 이상이 죽어나가기도 했으니 그 규모를 짐작할 수 있다. 검투경기는 405년 호노리우스 황제에 의해 금지되었다.

콜로세움 구조

콜로세움 외부

〈콜로세움〉은 높이 48.77m의 거대한 원형극장으로, 반원형의 로마 극장을 두 개 합친 형태이다. 그리스 극장은 언덕의 경사면에 세워져 외부가 없었던 반면, 로마 극장은 대개가 평지에 세워져 외부가 장식되었다. 이런 반원형의 극장을 두 개 합친 것이 로마의 원형극장이다. 로마인들은 그리스 건축으로부터 그들이 좋아하는 요소들을 가져와서 그들의 필요에 알맞게 적용시켰는데, 그 대표적인 예가 〈콜로세움〉이다. 건물의 외벽을 보면 로마식 기본 구조에 그리스적 장식이 결합되었다는 것을 알 수 있다. 네 개의 층으로 구성된 외벽은 로마식 아치에 그리스 신전의 세 가지 원주 양식을 각 층마다 달리 적용해 그리스적 우아함을 가미하였다. 1층은 도이라식, 2층은 이오니아식, 3층은 코린트식 오더가 적용되었다. 개관 시에는 3층이었으나 티투스 황제의 지시로 한 층을 더 올렸다. 4층 장식은 코린트식의 사각 붙임 기둥으로 처리되었다.

〈콜로세움〉은 엄청난 규모에 비해 구조는 간단하다. 각 층마다 80개의 아치구조물이 반복적으로 적용되었다. 따라서 동일한 구조가 반복되기 때문에 별다른 기술이 없이도 각자가 분담한 곳을 완성하는 방식으로 건축해 나갈 수 있었다. 이 때문에 거대한 규모에 비해 빠른 시일 내에 완공이 가능했다. 외부 아케이드(아치의 연속적인 구조물과 그것이 만들어내는 통로 공간)에는 조각상이 배치되었다.

〈콜로세움〉 내부는 그리스 극장을 응용해 튼튼하고 실용적인 구조로 설계되었다. 장경 68m, 단경 54m의 거대한 타원형 경기장이다. 관람석의 1층은 돌을 사용하고, 2층부터는 가벼운 벽돌을 사용해서 만들었다. 관람석은 신분에 따라 앉는 장소가 정해져 있었다. 맨 아래에는 원로원 의원들, 그 위로는 일반귀족들, 그 위로는 시민들이 앉았고, 맨 마지막 4층에는 하층계급이나 노예 등이 나무로 된 의자에 앉거나 서서 관람했다. 경기장 자체가 로마사회의 축소판으로, 경기장 안에 앉으면 스스로가 어느 계급에 속하는지 알 수 있었다. 경기장은 수용인원이 많은 만큼 대규모 인원이 원활하게 출입할 수 있도록 설계되었다. 입장권에 적힌 출입구 번호에 따라 일사분란하

콜로세움 내부

게 입장하고 퇴장하도록 하였다.

경기장은 원래 지붕이 없는 건물이지만, 뜨거운 햇빛을 가리기 위해 차양 같은 것을 씌우는 등 여러 가지 편의 시설을 갖추고 있었다. 경기장은 애초에 모의해전을 위해 물을 가둘 수 있도록 설계되었다고 전해지지만 방수시설을 한 흔적이 없다는 점에서 의문시되고 있다. 경기장은 원래 맨바닥이었다가 나중에 2층 지하구조물로 변경되었다. 지하에는 검투사 대기실, 동물우리 등이 있었고, 경기 중 검투사나 동물들이 수직 승강기를 통해 입장하도록 함으로써 극적인 효과를 높였다.

〈콜로세움〉은 이 시기에 아치 기술의 숙달과 콘크리트와 벽돌 등의 사용으로 인해 점차 대담한 설계가 가능하게 되었음을 보여준다. 〈콜로세움〉은 오늘날까지도 모든 경기장 건축의 기본 모델이 되고 있다.

콜로세움 상상도

콜로세움의 수난

콜로세움 외벽

〈콜로세움〉 외벽에 난 구멍들은 외벽을 장식했던 대리석을 뜯어낸 흔적들이다. 15세기에는 '교황의 채석장'이라 불릴 정도로 많은 대리석들이 뜯겨 나갔다. 이곳에서 떼어낸 대리석은 〈성 베드로 대성당〉을 짓는 데에도 사용되었다. 1750년 교황 베네딕투스 14세가 이곳을 기독교 순교자들의 성지로 선포하고 큼직한 십자가를 세우면서 〈콜로세움〉의 수난은 끝이 났다.

이곳이 기독교의 순교 성지로 선포되었지만 사실은 기독교 박해와는 무관한 장소이다. 영화 등을 통해 알려진 것과는 달리 이곳에서 기독교도들이 박해를 받았다는 기록은 발견되지 않았다고 한다. 사실 로마의 기독교 박해는 그리 심한 편이 아니었고 간헐적으로만 이루어졌다. 기독교 초기에 유대교가 기독교를 박해할 때에는 로마가 기독교도들을 보호해 주기도 하였다. 네로 황제 등 일부 박해자가 있기는 했지만, 트라야누스 황제는 칙령을 통해 밀고자가 있을 때에만 조사를 하도록 조치했고, 이후 황제들은 그의 지침을 충실히 따랐다. 3세기 기독교가 대대적으로 확장되기 이전까지 로마는 기독교에 대해 대체로 무시하는 편이었다.

판테온

판테온

〈콜로세움〉이 외형적인 규모 면에서 로마를 대표한다면, 〈판테온 Panthon〉(118-125년경)은 로마 제국의 진정한 상징물이라 할 수 있다. '판테온'은 '범신전'이나 '만신전'이라는 의미로 태양과 달 등 행성들을 관장하는 일곱 신을 모신 신전이다. 이 일곱 신은 세계의 모든 신을 대표하고 상징하는 신들이다. 판테온의 황금색 돔은 하늘을 상징하고, 판테온에 모셔진 신들이 우주의 중심을 관장한다고 보았다. 이점에서 〈판테온〉은 로마와 신적인 세계와의 새로운 관계를 상징적으로 보여주는 곳이라 할 수 있다.

로마가 여러 지역을 정복하기 이전 각 종족이나 도시들은 각기 다른 신을 섬기고 있었다. 로마는 어떤 지역을 정복할 때 그 지역의 신을 배척하지 않고 로마의 신으로 받아들였다. 이 때문에 정복지가 늘어날수록 신들의 숫자는 늘어났고, 계속해서 새로운 신전을 지어야 하는 어려움이 가중되었다. 이 문제를 해결하기 위해 로마인들이 내놓은 대안이 〈판테온〉이었다. 그들은 로마의 모든 신들을 한 곳에 모심으로써 이 문제를 해결하고자 하였다. 그러나 모든 신들을 다 모시는 것은 불가능하기 때문에 〈판테온〉에는 우주의 중심을 차지하는 대표적인 신들을 모시게 되었다. 이를 통해 로마는 세계의 모든 신들이 로마가 정복한 세계를 승인했으며, 그들이 로마를 보호한다는 것을 과시하고자 하였다. 〈판테온〉은 로마가 세계를 정복했고, 이것은 세계의 모든 신들의 뜻이라는 것을 상징적으로 보여주기 위한 곳이었다.

판테온 상상도

〈판테온〉은 원래 앞 쪽에 중정이 있고, 그 안쪽에 신전이 있었다. 신전은 황금빛 돔을 가진 원형 신전이지만 전통 신전 양식을 반영해 전면을 그리스식으로 덧붙였다. 신전의 전면은 코린트식 8주로 되어 있고, 8개의 계단을 통해 들어가도록 하였다. 현재는 계단이 묻혀버린 까닭에 옛 모습이 제대로 드러나지 않지만, 신전 옆으로 돌아가 보면 건물 자체가 땅에 함몰되어 있다는 것을 알 수 있다. 신전 앞 광장 지면은 오늘날보다 약 1m 정도 낮았다고 한다.

판테온과 아그리파

판테온과 아그리파

〈판테온〉의 그리스 신전 모양의 전면 위쪽에는 라틴어로 '루시우스의 아들 마르쿠스 아그리파 세 번째 집정관 시절 이것을 세우다'라는 명문이 새겨져 있다. 애초에 〈판테온〉은 아그리파가 기원전 27년에 세운 것이었다. 그가 신전을 세웠을 때에는 님의 〈메종 카레〉와 비슷한 '사각당' 형태였으나 불타버리고(님의 〈메종 카레〉도 아그리파가 세움), 현재의 원형 신전은 하드리아누스 황제가 재건한 것이다.

하드리아누스 황제는 자신이 완전히 새로운 모습으로 지은 신전에 왜 아그리파가 세웠다는 명문을 큼지막하게 새겨 넣었을까? 아그리파는 옥타비아누스(아우구스투스 황제)와 동문수학한 친구로 그가 권력을 잡는데 기여한 1등 공신이었다. 그는 집정관을 세 번씩이나 역임하면서 로마제국 곳곳에 기념비적인 건축물과 제국의 인프라인 도로와 수도를 건설하였다. 또한 식민화된 지역과 민족을 로마로 동화시킴으로써 로마가 아우구스투스 이후 200년 동안 '팍스 로마나'를 만드는데 결정적으로 기여하였다. 그런 아그리파가 세운 신전이었기에 그가 죽은 지 100년이 지난 뒤에 하드리아누스 황제가 완전히 새롭게 재건축을 했음에도 〈판테온〉의 건축주는 여전히 아그리파가 되어야 했다. 아그리파의 명망과 위세가 얼마나 대단했는지 짐작할 수 있다.

〈판테온〉은 일찍이 기독교 성당으로 전용된 덕분에 로마 건물 중에서 그나마 가장 양호하게 보전될 수 있었다. 4세기 콘스탄티노플로 천도힌 황제들이 신전 관리가 어렵게 되자 로마 교회에 기증하였고, 609년 기독교 교회로 전용되면서 〈산타 마리아 로톤다〉로 불리게 되었다.

판테온 구조

판테온의 원형창

〈판테온〉의 본 건물은 콘크리트로 된 원통형 벽체에 거대한 돔을 얹는 새로운 구조이다. 벽체의 두께는 6m이고, 외부는 시멘트 벽돌로 되어 있을 뿐 특별한 장식이 없다. 원래는 아래쪽 외벽이 대리석으로 장식되었으나 중세 때 뜯겨져 성당 건축 등에 사용되었다고 한다.

하늘을 상징하는 돔은 정확한 반구형으로 되어 있고, 돔 중앙에는 지름이 8.7m나 되는 커다란 원형창이 뚫려 있다. 원형창은 눈이라는 뜻의 '오쿨루스 Oculus'라 불리는데, 행성의 중심인 태양을 상징한다. 이 원형창은 이 건물의 유일한 채광창 구실을 하는데, 둥근 빛의 다발이 쏟아지면서 내부의 기하학적 공간에 무한한 변화를 주면서 단순하고 통일감있는 극적 효과가 만들어진다. 천장이 뚫려 있어 비가 올 때에는 빗발이 들치기도 하는데, 이 경우 바닥에 나있는 작은 구멍을 통해 배수가 되도록 하였다. 그러나 이 원형창이 실내의 더운 공기가 나가는 유일한 통로이기 때문에 공기흐름에 따라 빗물이 많이 들어오지는 않는다. 건물에 창문을 내지 않고 비가 들치는 데도 천장을 막지 않은 이유는 단순하다. 무거운 천장을 받치기 위해서는 벽에 창문을 낼 수 없었고, 당시 기술로는 천장을 완전히 덮을 수 없었기 때문이었다. 그러나 이로 인해 천장으로부터 빛줄기가 직접 들어와 오히려 건물의 상징성을 강화시켜준다.

판테온 내부, 판니니 그림, 1740년경

원형 신전은 두께 6m의 원통형 벽

체(드럼 Drum) 위에 돔을 얹은 구조이다. 평면도에서 검은 부분이 벽체이다. 그러나 자세히 보면 8개의 기둥이 중심이 되어 돔의 무게를 지탱하고 있다. 내부를 보면 출입구 반대편에 중심 벽감이 있고, 출입구와 중심 벽감이 만드는 축을 기준으로 양쪽에 부 벽감을 세 개씩 두고 있다. 벽감은 직사각형과 반원형 두 종류가 교대로 설치되어 있다. 벽감 사이에는 닫집을 설치해 일곱 신상을 모셨다. 내부는 코린트식 기둥과 페디먼트 등 전통 신전건축의 요소들로 장식되었다.

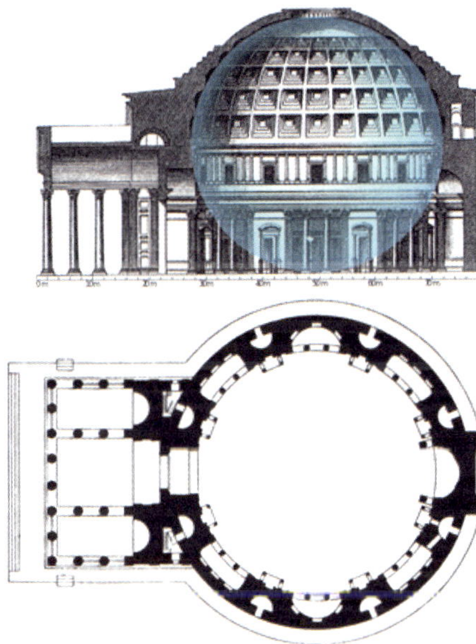

판테온 구조

돔의 두께는 6m에서 1.8m까지 위로 올라갈수록 차차 얇아진다. 천장은 사각형 격자 코퍼 Coffer로 이루어져 있는데, 한 단에 28개, 전체 5단에 총 140개이다. 천장은 나무로 틀을 짜 콘크리트를 붓고, 하나하나 마른 다음에 더 가벼운 것을 쌓는 방식으로 지어졌다. 5단의 동심구 형태는 천구가 여러 겹으로 겹쳐있다고 생각한 당시 천체관을 반영한 것이다. 원래는 각 코퍼 마다 청동별들이 장식되어 있어 마치 천구처럼 보였다고 한다.

신전은 돔의 지름이 43.49m로 19세기까지는 비교할 건물이 없을 정도로 거대한 공간을 가진 건축이었다. 신전의 높이도 43.49m로 내부 지름과 동일하여 이 건물에 완벽한 균형감을 부여하는데, 이는 우주의 완벽한 조화를 반영한 것이었다. 〈판테온〉은 구조적 안정성과 조화로운 내부 공간, 그리고 장엄함에서 후세의 많은 건물들에 영향을 주었다. 특히 중세 동안 돔 건축이 단절되었는데, 르네상스 이후에 돔 건축을 부활하는데 이 신전이 모범이 되었다.

판테온의 건축적 기초

〈판테온〉 같은 거대한 건축물은 하루아침에 이루어진 것이 아니다. 〈판테온〉의 건축 기술이 어디에서 비롯되었는지는 이전에 지어진 몇몇 건축물들을 보면 알 수 있다.

나폴리 근교의 〈머큐리 신전 목욕탕〉(기원전 40)은 〈판테온〉의 돔

머큐리 신전 목욕탕 / 네로 황금궁전 / 하드리아누스 빌라

건축이 어떻게 시작되었는지를 짐작하게 한다. 돔은 기원전 1세기부터 본격 지어지기 시작했는데, 〈머큐리 신전 목욕탕〉은 현재 남아있는 완성된 돔의 최초의 예이다. 물론 완전한 반구는 아니지만 지름 21.5m의 돔을 가지고 있고, 가운데에는 원형창이 뚫려 있다.

로마에 있는 네로의 〈황금궁전〉(64-68)은 팔각형 평면 위에 돔을 얹은 구조이다. 돔은 지름 14m의 완전한 반구 형태이다. 〈황금궁전〉에는 원형 천장을 가진 여러 개의 방이 있었는데, 이런 방을 가리켜 '로톤다 Rotonda'라고 부른다. 원형 천장은 8개의 벽기둥이 받치고 있는데, 이는 콘크리트의 사용으로 천장을 완전 반구로 만드는 것이 가능해졌고, 천장이 얇아지면서 벽체가 아닌 벽기둥으로 돔을 받치게 되었음을 말해준다.

로마의 〈하드리아누스 빌라〉(118-134)는 하드리아누스 황제의 별장 건물이다. 하드리아누스 황제는 로마제국을 최대 영토로 만든 트라야누스 황제의 뒤를 이어 '로마제국을 재정비한 황제'가 되었다. 하드리아누스는 시와 문학을 즐겼고, 건축을 사랑했다고 전해진다. 〈하드리아누스 빌라〉는 아주 구체적인 부분까지 황제가 직접 관여해서 지었다고 한다. 이 건물의 돔으로 된 천장에는 장식의 흔적이 보인다.

이런 건축물들을 통해 〈판테온〉 같은 거대한 공간건축이 하루아침에 이루어진 것이 아니라 여러 해를 거치는 동안 건축 기술이 축적되어 이룩한 성과라는 것을 알 수 있다. 그래서 '로마는 하루아침에 이루어지지 않았다.'라는 말이 여기에도 적용된다.

5. 트라야누스 기념주 /
프리마 포르타의 아우구스투스 황제

통치 수단으로서의 미술

조각 분야에서 로마인들은 고유한 예술성을 창조하기보다는 그리스 조각품을 수집하는데 열을 올렸고, 그리스 원작을 토대로 수많은 모작품을 만들어 실내 장식에 이용하였다. 나아가 조각상에 특별한 의미를 부여하고 이를 사회적으로 이용하고자 하였다. 그리스는 언어와 종교가 동일했기 때문에 문화적 통일성을 이루고 있었던 반면, 로마는 지역이 워낙 넓다보니 광범위하게 공유된 문화도 없고, 언어의 대중성이 이루어지지 않은 상황에서 무엇보다도 형상에 의한 선전이 중요시 되었다. 그리하여 수많은 기념물과 조각상, 황제상 등이 로마제국의 위대성을 알리는 이미지 정치의 수단으로 총동원되었다.

최근 연구에 의하면 로마의 통치술이 그리 정교하지 않았다고 한다. 로마는 외교적 문화적 수단을 적절히 활용했고, 특히 문화적 이데올로기의 확산에 주력했다. 기념물, 화폐, 메달, 조각, 건축, 문학, 종교적 의식 등을 통해 끊임없이 로마 황제와 제국의 힘을 상기시키고자 하였다. 기념주나 개선문에 조각된 부조에서 실용성과 구체성을 추구하는 로마인의 특성과 로마 미술의 특징이 잘 나타나고 있다.

트라야누스 기념주

〈트라야누스 기념주〉(106-113)는 로마의 '트라야누스 광장'에 세워진 기념주이다. 트라야누스 광장은 로마가 커지면서 포룸 로마나 Forum Romana('포룸'은 노시광상이라는 의미로, 이 광장은 고대 로마의 공적 중심지였다) 밖에 새로 조성한 신시가지이다. 이 광장은 9세기에 발생한 지진으로 파괴되었다. 잔해 위에 우뚝 서있는 〈트라야누스 기념주〉는 높이 약 38m, 지름 약 4m의 원주이다. 기념주 꼭대기에는 황제상이 있었으나 16세기에 베드로상으로 대체되었다. 로마의 기념주는 이집트의 '오벨리스크 Obelisk'에서 비롯된 것이다. 오벨리스크가 글자로 되어 있는 반면, 이 기념주는

트라야누스 기념주

트라야누스 기념주 부분

그림으로 조각되었다. 기념주는 기둥을 감고 돌아가는 나선형 프리즈로 장식되었는데, 프리즈의 폭은 90-125cm로 위로 갈수록 조금씩 커진다. 길이는 약 200m에 달한다. 150여 장면에 약 2,500명의 인물이 세밀하게 묘사되어 있다.

〈트라야누스 기념주〉는 트라야누스 황제의 다키아(오늘날의 루마니아) 원정에 관한 이야기가 실려 있다. 이 지역에서 벌어졌던 전투와 부대 상황, 그곳에서의 활동 등을 재현함으로써 트라야누스 황제의 업적을 기리고 있는 원정기이자 연대기이다. 최초의 시각적 기록이라 할 수 있는 이 기념주는 부조형태를 띠고 있는데, 일종의 기록사진 또는 기록영화 같은 필름 매체의 선구라고 할 수 있다. 원래는 모두 다채롭게 채색이 되어 있어 이야기가 더욱 생생하게 다가왔을 것이다.

〈트라야누스 기념주〉는 로마의 해외 원정이 어떻게 이루어졌는지를 생생하게 보여준다. 로마군은 원정에 나서면 전투만 한 것이 아

로마군의 전투 장면

니라 그 지역에 다리를 놓고 도로를 개설하였다. 그렇게 해서 건설한 도로가 로마 전역에 걸쳐 8만 5,000km에 달했다. 도로는 보통 폭이 7m 정도여서 마차 두 대가 동시에 지나갈 수 있었다. 도로는 로마의 발달된 토목기술이 적용되었기 때문에 그 중 일부는 오늘날까지도 사용되고 있다.

기념주에는 본격적인 전투 장면 뿐만 아니라 전투를 앞두고 진지를 구축하는 장면이나 전쟁이 끝난 후 건물을 보수하고 나아가 도시를 건설하는 장면 등 전장의 전반적인 상황을 담고 있다. 로마는 새로운 정복지를 획득하면 그곳에 주둔하면서 '병영 Castrum'을 만들고, 그 곳을 중심으로 주변 지역의 민족들을 통치하였다. 병영은 점차 도시로 발전하였는데, 서유럽의 많은 도시들은 고대 로마가 세운 병영에 기원을 두고 있다.

그리스 건축 조각은 대개 초시간적인 신화들을 다루고 있고 역사

로마군의 병영 건설 장면

적인 사건도 신화를 빌어 묘사하였지만, 로마의 건축 조각은 역사적인 사건을 보다 적극적으로 다룸으로써 인물과 사건이 구체적으로 분명하게 드러나도록 하였다. 즉 그리스 〈파르테논〉의 메토프 조각에서는 페르시아와의 전쟁을 '라피타이족과 켄타우로스족과의 싸움'이라는 신화적 내용을 빌어 서술했다면, 〈트라야누스 기념주〉에서는 다키아인과의 전투를 구체적이고 사실적으로 묘사하였다. 따라서 그리스 조각에서는 모든 것이 비유적으로 절제되어 있는 반면, 로마 조각에서는 전장의 치열함과 생생함이 그대로 전해진다.

파르테논 메토프 / 트라야누스 기념주

그런데 이렇게 모든 것을 한정된 공간 안에 구체적으로 다 묘사하면서 각 장면이 내용적으로 연관성을 유지하도록 배치하는 것은 쉬운 일이 아니었다. 따라서 로마인들은 그리스인들과 달리 시각적 논리성이나 표현의 일관성, 전체적인 조화나 아름다움에 대해서는 별로 중요하게 생각하지 않았다. 무엇보다 황제의 업적을 기리기 위해 전장의 상황을 현실감 있게 전달해야 했기 때문에 정확한 세부묘사와 자세한 설명이 중요했다. 이는 미술의 성격이 변화되었다는 것을 말해준다. 이제 전체적인 조화나 극적 표현 등이 미술의 주목적이 아니라, 어떤 이야기를 현실감 있게 전달하는 것이 주목적이 된 것이다.

프리마 포르타의 아우구스투스 황제

로마는 기원전 31년에 오랜 내전이 종식되고, 모든 권력이 아우구스투스에게 집중되면서 일인지배체제가 시작된다. 아우구스투스는 비록 표면상으로는 '제1시민 Princeps'을 자처했지만, 사실상 황제로서 '신의 아들 Divus Filius'이라는 명예가 주어졌고, 황제나 그 가문을 숭배하는 의례도 확립되었다. 동방 속주에서 시작된 황제숭배는 제국 전역으로 확대되어 곳곳에 황제숭배를 위한 신전과 제단이 만들어졌다. 기원전 9년에는 아시아 속주 전역에 태양력이 새로 도입되고, 아우구스투스의 생일을 새해 첫날로 정한다는 포고문이 발표되었다. 이는 전통적인 태양숭배와 황제숭배를 결합한 것으로, 이것이 나중에는 기독교에서 예수의 탄생일, 즉 성탄절로 연결된다(초기 기독교에서는 부활절은 중요했지만, 성탄절은 태양숭배를 이어받은 것이라고 해서 논란이 많았다). 황제의 생일을 새해 첫날로 선포한 것은 황제가 태어난 날이 모든 사람에게 삶의 시작이자 만물의 시작과도 같은 의미를 갖는다는 사실을 각인시키는 것으로, 이는 황제가 자연의 섭리까지도 관여하는 존재라는 인식을 통해 그를 신격화하고자 한 것이었다.

이후 황제숭배는 로마인들의 삶에서 중요한 위치를 차지한다. 그

사제로서의 아우구스투스 황제

러나 황제숭배는 황제를 신으로 모시느냐 아니냐 하는 종교적 문제가 아니라, 로마의 거대한 영토를 조직하고 통합하는 효과적인 정치 수단 중 하나였다. 중앙정부가 속주의 충성심을 확보하기 위해서 사용한 정치적 수단이었을 뿐 아니라, 지역공동체의 유대감을 형성하는 데에도 중요한 역할을 하였다. 로마는 황제숭배를 통해 지역민들로 하여금 황제의 보살핌으로 공동체의 안녕과 번영이 보장된다는 사실과 그들이 로마제국의 지배를 받는 로마인이라는 정체성을 상기시키고자 하였다.

로마의 황제상은 현재 3천 개가 넘게 남아 있다. 황제상은 황제의 위엄을 알리는 가장 효과적인 수단이었다. 황제상은 법적 지위를 가졌고, 황제가 참석하지 않은 행사에서 그를 대신하기도 했다는 점에서 경외의 대상이기도 했다. 〈사제로서의 아우구스투스 황제〉는 기원전 12년 이후에 만들어진 것이다. 황제는 모자가 달린 토가를 입고 제의를 올리는 듯한 자세를 취하고 있다. 황제는 최고 제사장이기도 했다. 이 황제상은 통으로 조각된 것

사제로서의 아우구스투스 황제 부분

이 아니라 토가를 입은 몸체와 머리 부분을 따로 만들어 이어붙인 형태로 만들어졌다. 당시 로마에는 토가를 입은 입상에 대한 수요가 증가하면서 몸체 부분은 대량 생산하고, 머리 부분은 필요에 따라 개인의 개성을 살려 따로 제작한 후 몸체에 끼워 넣는 식으로 만들어지는 경우가 많았다. 여기서도 로마인들의 실용성을 엿볼 수 있다. 〈사제로서의 아우구스투스 황제〉 역시 이렇게 만들어진 까닭에 예술성은 현저히 떨어진다.

그러나 〈프리마 포르타의 아우구스투스 황제〉는 다르다. 이 황제상은 로마 북쪽 프리마 포르타 근처에 있던 황비 리비아의 저택에서 발굴된 것으로 고도의 예술적 품격을 지니고 있다. 이 황제상은 기원전 20년경에 만들어진 원작을 본떠 기원후 15년에 만들어진 모작으로 추정된다. 채색 흔적이 남아있어 당시 조각상의 생동감을 짐작하게 한다. 로마의 많은 조각품들은 그리스 조각의 양식을 응용하여 실용적으로 제작되었다. 〈프리마 포르타의 아우구스투스 황제〉 역시 그리스 조

프리마 포르타의 아우구스투스 황제

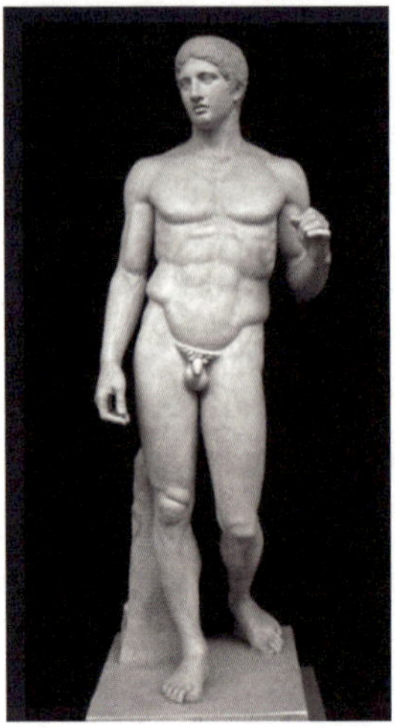

창을 맨 남자

각가 폴리클레이토스의 〈창을 맨 남자〉에서 전체적인 윤곽을 채택하고, 이를 황제의 이미지에 걸맞도록 변형시키고 있다. 갑옷과 토가를 걸치고 무언가를 가리키고 있는 황제상은 고전적인 균형미가 다소 떨어지지만, 영웅적으로 이상화된 모습을 통해 황제의 권위가 잘 드러나고 있다.

이 황제상에서는 특히 갑옷이 인상적이다. 황제는 토가를 허리에 두르고 가슴 갑옷을 착용해 잘 발달된 근육질의 몸매를 드러내고 있다. 가슴 갑옷에는 로마제국의 역사와 황제 자신의 업적을 신화와 곁들여 묘사하고 있다. 맨 위쪽에는 하늘의 신 카일루스가 하늘을 펼치고, 그 아래에 태양신 솔이 태양의 마차를 몰고 있다. 맨 아래쪽에는 대지의 여신 텔루스가 새겨져 있다. 대지의 여신 위쪽으로는 아폴로와 디아나 여신도 보인다. 이와 같이 여러 신을 새겨 넣은 것은 신들이 로마를 보호하고 있다는 의미이다. 중앙에는 로마가 빼앗겼던 군단기를 파르티아가 자진 반납한 사건을 묘사하고 있다. 로마는 오리엔트 지역의 파르티아와 싸워 한 번도 이긴 적이 없

아우구스투스 황제상 부분

었고, 기원전 53년에는 크라수스가 로마의 군단기를 빼기는 수모를 당했다(크라수스는 카이사르와 함께 삼두정치에 참여한 정치인으로, 당시 시리아의 속주 장관이었으나 기원전 53년 전투에서 사망하였다). 그러나 30년 후인 기원전 20년 아우구스투스가 드디어 파르티아를 복속시켰고 군단기를 찾아오게 된다. 황제의 갑옷에 바로 이 사건을 기록하고 있는 것이다. 이는 아우구스투스에 의해 비로소 세상이 평정되었고, '팍스 로마나'가 시작되었다는 것을 선전하기 위한 것이었다.

황제의 신격화

아우구스투스 황제는 맨발로 서서 무언가를 가리키고 있다. 앞을 보며 무언가를 가리킨다는 것은 비전을 제시하는 지도자의 이미지와 연결된다. 맨발은 신성을 강조하기 위한 것이다. 황제의 다리 옆에는 그리스 조각 〈메디치의 비너스〉에서 볼 수 있는 큐피트(에로스)상이 붙어 있다. 〈메디치의 비너스〉에 큐피트가 붙어 있는 이유는 단순하다. 큐피트가 돌고래를 타고 있는데, 이 때 돌고래는 '비너스의 돌고래'이다. 그리스어 '돌고래 Delphis'는 '자궁 Delphys'과 음이 비슷해 자궁이나 여성원리와도 연결되어 비너스를 상기시켰다. 이 때문에 비너스 발치에는 돌고래를 탄 큐피트를 덧붙여 그 여신이 비너스임을 나타내곤 하였다.

그렇다면 황제와 큐피트는 무슨 관계이고, 이는 무엇을 나타내고 있는 것일까? 한 마디로 황제가 비너스의 후손이라는 것을 선

메디치의 비너스 / 아우구스투스 황제

전하기 위한 것이다. 로마를 건국한 아이네아스는 트로이가 멸망하기 직전 아버지 안키세스를 업고 탈주한다. 안키세스는 아프로디테 여신과 사랑을 나눈 사실을 떠들고 다니다 제우스에게 불벼락 맞고 절름발이가 되었기 때문에 아들이 그를 업고 나온 것이다. 아이네아스는 라티움(지금의 로마)으로 이주해 로마를 건국한다. 로마인들은 아이네아스 아들 아스카나우스를 율루스라고 불렀는데, 이 율루스가 율리우스 가문의 시조이다. 그런데 카이사르는 본명이 가이우스 율리우스 Gaius Julius로 율리우스 가문이다. 따라서 카이사르는 아프로디테, 즉 비너스의 후손이다. 그러니 카이사르의 양자(여동생의 외손자)인 아우구스투스도 당연히 비너스 후손이 되는 것이다. 아우구스투스 황제상에 큐피트를 덧붙인 것은 황제가 비너스의 후손으로서 신성을 가진 지배자라는 초인적 신분을 강조하기 위한 것이었다.

아우구스투스 황제상은 신격화되고 이상화되었지만, 로마의 초

아우구스투스 / 카토

상 조각의 전통을 유지하고 있다. 로마인들은 자기 집안에 대한 명예와 자부심을 과시하기 위해 선조들의 초상을 만들어 보존하거나 이를 공공장소에 설치하기도 하였다. 로마 시대에 만들어진 초상 조각은 그 수도 엄청나지만 양식과 형태 또한 매우 다양했다. 이러한 초상 조각의 다양성은 로마 사회가 안고 있던 복잡한 성격을 반영하는 것이기도 하다. 그러나 초상 조각에서 중요한 것은 얼굴이기 때문에, 얼굴을 알아보려면 사실적으로 묘사하는 것이 중요했으므로 로마인들은 초상을 만들 때 인물을 미화하지 않고 특정 인물의 정확한 이미지를 중시하였다.

1세기에 만들어진 로마의 정치가 카토 Marcus Cato의 초상 조각에서 보듯이, 로마인들은 특히 인생의 경륜이 담긴, 나이든 얼굴을 조각하는 것을 좋아했다. 이 때문에 로마의 초상 조각들은 비교적 무덤덤한 표정에도 불구하고 그리스 조각들보다 더 생동감이 느껴진다. 아우구스투스 황제상의 경우 수염이 없는 젊은 얼굴이나 양식화된 두발의 모양 등은 분명 그리스적으로 이상화된 것이지만, 그의 다른 초상 조각들과 비교해 보면 그만의 개성이 담겨 있음을 알 수 있다. 얼굴에 나타나는 격앙된 표정에서는 병약하고 세심했던 그의 성격을 엿볼 수 있다. 그런 점에서 이 황제상은 그리스적 전통을 따르면서도 로마의 초상 조각의 전통을 유지하고 있다고 할 수 있다.

마르쿠스 아우렐리우스 황제 기마상

아우구스투스 황제는 기마상으로도 많이 제작되었지만, 오늘날에는 하나도 남아있지 않다. 〈마르쿠스 아우렐리우스 황제 기마상〉(161-180)은 로마황제 기마상 중 현존하는 유일한 기마상이다. 또한

마르쿠스 아우렐리우스 황제 기마상

중세 기독교사회에서 일반인에게 공개된 극소수의 로마조각상 중 하나이기도 하다. 우상숭배를 엄격히 금지한 중세 기독교사회에서 이 기마상이 살아남을 수 있었던 이유는 기마상의 주인공이 콘스탄티누스 황제로 잘못 알려졌기 때문이었다.

콘스탄티누스는 기독교를 공인한 황제이다. 그러나 313년 기독교를 공인한 밀라노칙령은 서로마 황제 콘스탄티누스와 동로마 황제 리키니우스가 공동으로 반포한 칙령으로 다양한 종교의 공존과 종교의 자유라는 측면에서 기독교를 인정한 것이었다. 중세 교회에서 콘스탄티누스 황제를 중요하게 생각했던 진짜 이유는 '콘스탄티누스 기진장 Constitutum Constantini' 때문이었다. '기진장 寄進狀'은 어떤 물품을 기부하며 그 취지를 적은 문서를 말한다. 이 문서는 콘스탄티누스 황제의 나병이 기적적으로 치유된 것에 대한 보답으로 교황 실베스테르 1세에게 작성해주었다고 알려진 것이었다. 콘스탄티누스 황제가 콘스탄티노플로 천도한 후 교황의 수위권과 이탈리아와 제국 서부에서 교황이 종교적으로뿐만 아니라 정치적으로도 권위를 갖는다는 사실을 확인해 주는 내용이었다. 후대에 이르러 이 문서가 8세기에 제작된 위조문서로 밝혀졌지만 중세에는 황제권에 대한 교황권의 우위를 주장하는 강력한 근거가 되었다. 콘스탄티누스 황제로부터 교황으로 이어지는 정치적 권위의 연속성은 당시 교황의 거처였던 라테란 궁전 앞에 있는 일련의 고대 조각상으로 한층 강화되었는데, 그 중에는 콘스탄티누스 기마상으로 잘못 알려진 마르쿠스 아우렐리우스 기마상이 포함되어 있었다.

782년부터 라테란 궁전 앞에 서 있던 이 기마상은 1475년에 기마상의 주인공이 마르쿠스 아우렐리우스 황제라는 사실이 밝혀졌고, 1538년에는 미켈란젤로가 설계한 캄피돌리오 광장으로 옮겨졌다. 마르쿠스 아우렐리우스 황제는 마지막 5현제로 『명상록』을 쓴 철학자이기도 했다. 이 책은 황제가 전쟁터에서 '자기 자신에게 말해주는 생각'들을 기록한 일종의 수상록이다. 기마상의 주인공 얼굴에서 풍기는 인자하고 절제된 분위기에서 철학자로서의 황제를 엿볼 수 있다. 오른손은 평화를 심는다는 의미의 자세를 취하고 있고, 왼손에는 독수리로 장식된 홀을 들고 있었을 것으로 추정된다. 말발굽 아래에는 전쟁에서 잡은 적장이 묶인 채 웅크리고 있는 모습의 작은 조각상이 있었다고 전해진다.

이 기마상은 황제의 오른쪽 측면을 강조하고 있다. 황제와 말이 모두 오른쪽을 보고 있는데, 먼 쪽이 작게 보이는 것을 감안해 시각적 효과를 주려고 황제와 말의 왼쪽을 오른쪽보다 더 크게 표현하였다. 이 기마상은 또 다른 기마상과 쌍을 이루고 있었을 것으로 추정되기도 한다. 아마도 황제의 아들이자 공동 통치자였던 코모두스의 기마상을 함께 배치했을 것으로 여겨진다. 이 기마상은 후세에 유럽에서 만들어진 모든 기마상의 원조가 된다. 현재 캄피돌리오 광장에 서 있는

마르쿠스 아우렐리우스 황제 기마상 원작

기마상은 1997년에 복원한 복제품이고, 원작은 광장 바로 옆 '카피톨리니 박물관'에 보관 중이다.

그런데 이 기마상에서 눈길을 끄는 것은 말을 탄 황제의 자세가 왠지 어색하고 조심스러워 보인다는 것이다. 이는 황제가 안장이나 등자 없이 말의 맨등에 타고 있기 때문이다. 말안장은 기원전 4-1세기경 중국에서 처음 사용된 것으로 추정된다. 유럽에서는 언제부터 사용되었는지 확실하지 않지만, 황제의 기마상으로 보아 2세기 당시 로마에는 제대로 된 안장이 없었다는 것을 알 수 있다. 발걸이에 해당하는 등자 역시 4-5세기 중국에서 처음 사용되었고, 유럽에서는 7-8세기에 사용되었다. 등자는 훈족에 의해 게르만족에게 전달되었는데, 당시 로마에는 알려지지 않았다.

그리스 신화의 로마식 변형

로마인들이 그리스 문화에 압도되었다는 것은 가장 보수적이라 할 수 있는 종교까지도 그대로 수용했다는 사실에서 잘 드러난다. 물론 로마인들이 그리스 신화를 그대로 받아들인 것은 아니다. 로마인들은 실용적인 사람들답게 그리스 신화를 그대로 차용하면서도 로마식으로 이름을 바꾸고, 자신들의 사상이나 가치관을 반영할 수 있도록 신화를 재해석하고 변형시켰다. 그 내용은 다음과 같다.

첫째, 로마인들은 신들의 성격을 재조정하고 자신들에게 중요하다고 생각되는 신들을 강조함으로써 신화의 초점을 다시 맞추었다.

예를 들어 아폴로와 미네르바(아테나)는 그리 중요한 위치를 차지하지 않는 반면, 군신인 마르스(아레스)는 자신들의 조상으로까지 간주되며 중요시되었다.

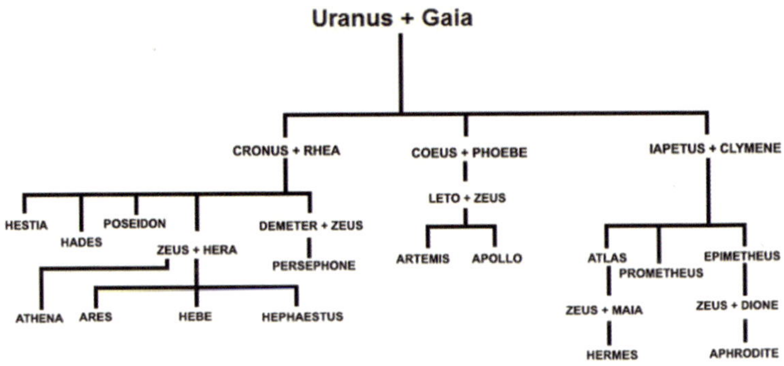

그리스 신들의 계보

둘째, 로마인들은 역사 속의 실제 사건이나 인물들에게 맞추어 신화를 역사화하였다. 예를 들어 로마의 시인 베르길리우스 Publius Vergilius Maro(기원전 70-19)는 카이사르와 그의 후계자 아우구스투스 황제가 트로이의 영웅 아이네아스의 아들인 아스카나우스의 후손이라고 묘사함으로써 신화를 역사적이고 현실적인 사건과 연결시켰다.

셋째, 로마인들은 국가의 필요성에 부응할 수 있도록 신화를 정치화하였다. 그리스 신들은 특정 지역의 신이 아니었던데 비해, 로마 신들은 로마의 운명에만 관심을 쏟는 신으로 존재함으로써 로마인들에게 있어 신들에 대한 복종은 애국심으로 간주되었다. 또한 신화는 정치적 현실의 당위성을 입증하는데 이용되기도 하였다. 예컨대 신화를 자기중심적으로 해석함으로써 로마의 운명은 이미 신들에 의해 예정된 것이라는 사실을 각인시켰고, 아우구스투스 황제의 집권 또한 신화를 통해 정당화시켰다.

그리스 주요 신과 로마신의 비교

그리스 로마 신화에 나오는 신들의 이름은 그리스식과 로마식, 그리고 영어식 표현까지 더해져 다소 혼돈을 일으키기도 한다. 주요 신들의 이름을 비교하면 다음과 같다. 그리스식 → 로마식 → 영어식 표기 순으로 정리하였다.

* 제우스(Zeus): 신들의 우두머리이자 천둥 번개의 신 → 유피테르(Jupiter) → 주피터(Jupiter)
* 헤라(Hera): 제우스의 누이이자 아내로 결혼과 가정의 여신 → 유노(Juno) → 주노(Juno)
* 포세이돈(Poseidon): 제우스의 형제로 바다의 신이자 지진의 신 → 넵투누스(Neptunus) → 넵튠(Neptune)
* 데메테르(Demeter): 제우스의 누이로 농업의 여신 → 케레스(Ceres) → 세레스(Ceres)
* 헤스티아(Hestia): 제우스의 누이로 가정과 화로의 여신 → 베스타(Vesta) → 헤스티아(Hestia)
* 아폴론(Apollon): 제우스의 아들로 태양의 신이며 궁술과 음악, 치유의 신 → 아폴로(Apollo) → 아폴로(Apollo)

* 아르테미스(Arthemis): 아폴론의 누이로 달과 사냥의 여신 → 디아나(Diana) → 다이아나(Diana)
* 헤르메스(Hermes): 제우스의 아들이자 전령으로 여행과 상업의 신 → 메르쿠리우스(Mercurius) → 머큐리(Mercury)
* 아레스(Ares): 제우스의 아들로 무자비한 전쟁의 신 → 마르스(Mars) → 마르스(Mars)
* 아테나(Athena): 제우스의 딸이자 아테네의 수호신으로 지혜와 정의로운 전쟁의 여신 → 미네르바(Minerva) → 미네르바(Minerva)
* 아프로디테(Aphrodite): 제우스의 딸(?)로 육체적인 사랑과 미의 여신 → 베누스(Venus) → 비너스(Venus)
* 헤파이스토스(Hephaestos): 아프로디테의 남편으로 불의 신이며 기술의 신 → 불카누스(Vulcanus) → 발칸(Vulcan)
* 디오니소스(Dionisos): 제우스의 아들로 풍요의 신이며 포도주의 신 → 바코스(Bacchos) → 바커스(Bacchus)
* 에로스(Eros): 아프로디테의 아들이자 사랑의 신 → 쿠피드(Cupid) → 큐피드(Cupid)

II. 헤브라이즘의 형성과 발전

1. 구 성 베드로 대성당 / 성 소피아 대성당

헤브라이즘

기독교가 구약성서를 받아들이고, 유대교의 유일신 사상이 기독교의 세계관과 가치관에 흡입되면서 이른바 '헤브라이즘 Hebraism'이 형성된다. 그리고 313년 로마에서 기독교가 공인되고 392년 마침내 로마의 국교가 되면서 헤브라이즘은 유럽문화의 확고한 전통으로 자리 잡는다. 476년 서로마가 멸망한 이후에는 이른바 '암흑시대'라 불릴 정도로 수백 년 동안 서유럽에서 그리스 로마적 전통이 쇠퇴한 반면, 그 자리를 기독교가 대신하게 된다. 그 후 프랑크 왕국의 확장과 분열 과정을 거치면서 서유럽은 정치적으로는 다원화되지만, 점차 기독교에 기초한 보편적 유럽 문화가 형성되기 시작한다. 이후 중세 유럽은 기독교 중심의 단일 문화권으로 자리 잡는다. 따라서 중세 문화는 근본적으로 기

감옥 안의 사도 바울, 렘브란트 Rembrandt van Rijn, 1627

독교의 형이상학적 세계관 위에서 발전했다고 할 수 있다. 중세의 예술 또한 후기로 갈수록 점차 자유로워지기는 했지만, 지극히 종교적이고 정신적인 예술로서의 성격은 잃지 않았다. 이점에서 중세는 헤브라이즘이 주도했던 시대라고 할 수 있다.

헤브라이즘은 흔히 고대 그리스 로마 문화를 관통하는 헬레니즘과 대립되는 것으로 간주된다. 헬레니즘이 인간중심주의에 기초해 있다면, 헤브라이즘은 신중심주의에 기초해 있기 때문이다. 그러나 헬레니즘과 헤브라이즘은 완전히 대립되는 개념이 아니다. 로마에 기독교를 전파하는 과정에서 헤브라이즘은 헬레니즘의 영향을 받아 이론적, 철학적 토대를 갖추게 되었기 때문이다.

70년 로마에 의해 예루살렘 성전이 파괴된 후 유대인들은 세계 각지로 흩어진다. 기독교 복음은 주로 지중해 주변에 퍼져 있던 디아스포라 유대인들을 중심으로 퍼져 나갔는데, 이는 그들이 유대인이기는 하지만 헬라어(그리스어)를 사용하고 헬라문화에 익숙했기 때문이다. 사도 바울(바오로)이 기독교 전도 여행에 나서기 전 이미 안디옥(안티오크)에는 헬라화된 유대인들과 이방인들에 의한 기독교 공동체가 형성되어 있었다. 바울은 유대교 전통을 예수의 복음과 연결시켜 그리스 로마 세계에 소통 가능한 언어로 재해석함으로써 이를 로마제국 전역에 전파하였다.

바울은 로마의 속주 길리기아의 수도인 다소에서 태어난 유대인으로, 유대교 신앙과 문화는 물론 헬레니즘 철학과 문화에 정통한 당대의 지식인이었다. 바울 스스로가 자신을 "히브리 사람 중의 히브리 사람"이고 "율법으로 보면 바리사이파 사람"(필립비 3:5)이라고 규정했듯이 그는 유대교적 신앙의 지평을 떠난 적이 없었다. 그는 예수에 의해 시작된 '새로운 계약'에도 불구하고 하느님이 유대인들과 맺었던 '옛 계약'이 폐기되지 않았다고 확신하였다. 이 때문에 그는 오늘날 진보신학자들로부터 '예수의 가르침을 왜곡시킨 자'라는 비판을 받기도 한다. 그러나 바울의 위대성은 역사적이고 묵시적인 유대교 전통을 예수 그리스도의 죽음과 부활을 통해 재해석하고, 이를 당시 사람들이 이해할 수 있는 언어와 개념으로 표현함으로써 기독교를 이방세계에 전파하는 데에 크게 기여했다는 점이다.

이후 기독교 신학이 확립되는 과정에서 바울 신학 속에 녹아있던 유대교와의 연속성은 점차 멀어진다. 그리고 기독교가 공인되고 국교화되는 과정을 거치면서 4-5세기에는 유대적인 토양과는 더욱 멀어지고 헬레니즘화된 새로운 기독교 패러다임이 완성된다. 따라서 헤브라이즘이 중세 기독교를 통해 꽃을 피웠다고는 하지만 기독교가 이미 헬레니즘의 영향으로 이론적 철학적 토대를 갖추게 되었다는 점에서 헤브라이즘과 헬레니즘이 꼭 대립된 개념만은 아니라는 것을 알 수 있다. 다만 중세가 신중심주의에 기초한 헤브라이즘이 중심이 되는 시대라면, 중세 천년을 거치면서 헤브라이즘이 점차 약해지고 인간중심주의에 기초한 헬레니즘이 점차 강화되어 르네상스에 이르게 되었다고 할 수 있다.

기독교 제국의 성립

313년 서로마 황제 콘스탄티누스는 동로마 황제인 리키니우스와 함께 밀라노 칙령을 통해 기독교를 공인한다. 그 후 콘스탄티누스는 324년 리키니우스와의 전쟁에서 승리한 후 통일 제국의 유일한 통치자가 된다. 그는 혼란스러운 제국을 안정시키고 효율적인 통치를 위해 기독교를 정신적인 도구로 활용하고자 하였다. 그러나 통일된 교리로 통일 제국을 다스리고자 했던 그의 의도와 달리 당시 기독교 내에는 교리 논쟁이 격화되고 있었다. 이른바 '아리우스 논쟁'이라 불리는 교리 논쟁의 쟁점은 삼위일체를 둘러싼 것으로 특히 성자 예수가 성부에 의해 '피조'되었는가 하는 것이었다. 아리우스의 주장에 의하면 원래 하느님은 홀로 계셨고, 예수 그리스도는 그에 의해 피조되었다는 것이다. 아리우스는 318년 알렉산드리아 회의에서 추방되었지만, 그의 입장을 둘러싼 논쟁은 계속되고 있었다. 이러한 논쟁을 종식시키기 위해 콘스탄티누스는 325년 니케아에서 공의회를 소집한다. 그는 황제의 권위를 통해 성부와 성자, 즉 하느

니케아 신조 공표

님과 예수 그리스도의 관계를 '동일 본질'로 확정한 이른바 '니케아 신조'를 공표한다. 이로써 문제는 일단락되는 것처럼 보였다. 그러나 니케아 신조를 옹호하는 아타나시우스파와 아리우스파 간의 논쟁은 381년 '니케아-콘스탄티노플 신조'에 의해 성부와 성자의 동일 본질이 재차 확인될 때까지 계속된다.

콘스탄티누스에 의해 기독교가 공인되고, 이후 기독교는 황제의 종교가 되었지만, 교회는 국가에 대한 복속이라는 치명적인 대가를 치러야 했다. 더구나 교리상의 문제를 교회가 스스로 처리하지 못함으로써 황제가 간여할 수 있는 여지를 주었고, 실제로 여러 차례 황제가 나서 교리 논쟁을 정리해 주기에 이른다. 이로써 황제는 기독교 내의 최고 권위자가 되었고 주교 선출까지 재가하는 막강한 권한을 갖게 되었다. 이러한 상황은 기독교의 확장이라는 측면에서는 긍정적이라고 할 수 있지만, 세속 권력과의 유착과 이에 따른 신앙의 순수성을 상실했다는 점에서 부정적이라고 할 수 있다. 결과적으로 콘스탄티누스 황제가 주도한 니케아 공의회는 중세 내내 지속된 황제권과 교황권 간 갈등의 씨앗이 되었고, 종교개혁 이후에도 '국가교회'가 내포한 여러 문제점의 근원이 되었다.

초기 기독교 교회

독일어로 '교회'를 뜻하는 Kirche(키르헤)는 그리스어 Kyriakon(키리아콘)에서 온 말이다. 이 말은 '신에게 속한다'는 뜻으로 교회가 '신의 집'이라는 의미를 갖는다. 따라서 교회는 지상에 자리한 신의 집을 상징한다고 할 수 있다. 나아가 교회는 요한묵시록에 기록된 '천상의 예루살렘'을 지상에 구현해 놓은 것으로 천상의 왕국을 상징하는 공간이라고 이해되기도 한다. 물론 종교개혁 이후 그 의미가 많이 달라지긴 했지만, 기독교에 있어서 교회건축은 그 만큼 중요하다.

그러나 기독교에서 교회가 처음부터 중요하게 생각된 것은 아니었다. 특히 초기 기독교도들에게 있어서 교회건축은 별다른 의미가 없었다. 유대교나 이교도들이 성전 건축에 심혈을 기울인 것과 달리 초기 기독교도들은 성전 건축에 부정적이었다. 이에 대한 근거는 사도 바울의 편지였다. 바울은 고린토인들에게 보낸 첫째 편지에서 "여러분은 자신이 하느님의 성전이며 하느님의 성령께서 자기 안에 살아 계시다는 것을 모르십니까?"(고린토 3:16)라고 함으로써 교회에 대한 분명한 지침을 제시했다. 이후 이 구절은 오랫동안 기독교도들에게는 왜 성전이 필요 없는지를 설명하는 근거가 되었다.

3세기 중반 세간에서 반듯한 성전 하나 없는 기독교 같은 종교는 진정한 종교가 아니라는 비판이 제기되었을 때, 당시 기독교 신학의 최고봉이라 불리는 오리게네스 Origenes(185?-253?)는 "인간의 육신만이 하느님의 성전이고, 지어진 신전들은 생명이 없다. 이런 신전을 숭배하는 사람은 돌을 숭배라는 사람이다."라고 함으로써 성전의 종교적 필요성에 강력히 반대하였다. 따라서 초기 교회는 별도의 건물 없이 예배는 '가정교회'와 '카타콤 Catacomb'을 중심으로 이루어졌다. 신도의 개인 집에서 이루어지는 가정교회는 집회 기능을 담당했고, 지하 공동묘지인 카타콤은 주로 매장 기능을 담당했다.

그러다 313년 기독교의 공인과 함께 교회건축은 새로운 전기를 맞는다. 기독교는 콘스탄티누스 황제의 어머니 헬레나의 신심 덕분에 황실의 종교가 됨으로써 이에 걸맞은 교회건물이 필요했다. 또한 기독교가 공인되었다는 것은 교회와 국가권력이 새로운 관계를 맺었다는 의미이기 때문에 기독교는 국가권력에 어울리는 교회건물이 필요하게 되었다. 이제 소박한 가정교회는 거대한 일반 교회로 발전했고, 카타콤은 지상으로 나와 '무덤교회'가 되었다. 그리고 392년에는 기독교가 국교가 되면서 교회건축은 마침내 국가권력의 중요한 상징이 되었다.

카타콤, 로마

교회건축의 두 형식

초기 교회건축의 두 형식은 '바실리카식'과 '중앙집중식'으로 대별된다. 바실리카식은 평면이 직사각형이고 경사진 긴 지붕을 가지고 있다. 전체적으로 길쭉한 선형이다. 중앙집중식은 평면이 정사각형이고, 둥그런 돔 지붕을 가지고 있다. 돔이 중심이 되는 중앙집중형이다. 두 유형 모두 초기에는 본당 건물 앞에 중정(아트리움 Atrium)이 있고, 이 중정을 통해 본당으로 들어가도록 되어 있었다. 그러나 중세가 진행

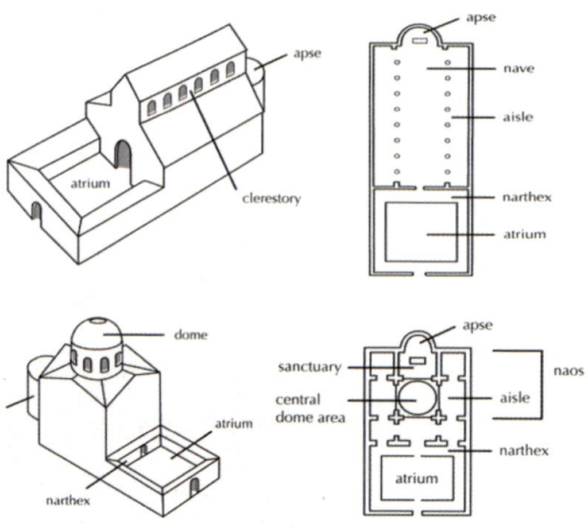

바실리리카식 교회 / 중앙집중식 교회

되면서 점차 중정이 없어지고, 전실(나르텍스 Nartex)을 거쳐 곧바로 본당으로 들어가도록 바뀌게 된다. 바실리카식은 서유럽 교회건축의 기본형식이 되고, 중앙집중식은 동유럽 교회건축의 기본형식이 된다.

콘스탄티누스 바실리카

313년 로마에서 기독교가 공인된 후 교회 입장에서 가장 시급한 문제는 공공의 예배장소를 마련하는 일이었다. 이 문제를 해결하기 위해 초기 교회는 '바실리카 Basilica'를 빌리거나 이를 개조해 교회로 사용했다. 바실리카는 평상시에는 재판정이나 시장 등으로 사용되던 다용도 공회당이었다.

고대 로마의 중심지였던 '포룸 로마나'에 위치한 〈콘스탄티누스 바실리카〉는 콘스탄티누스의 정적이었던 막센티우스가 건축을 시작했으나 313년 콘스탄티누스가 완공해 〈콘스탄티누스 바실리카〉라고 불린다. 현재는 일부 잔해만 남아 있다.

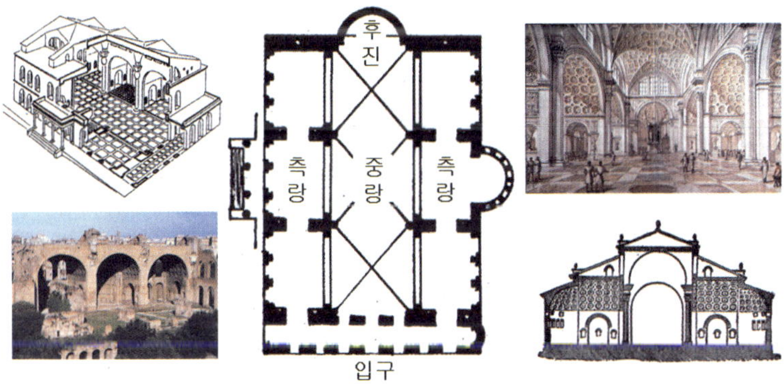

콘스탄티누스 바실리카

이 바실리카의 평면도를 보면 전체적으로 평면이 직사각형인데, 가운데의 중랑(넓은 공간)과 양 옆의 측랑(좁은 공간)을 가지고 있어 '3랑식 바실리카'라 부른다(애초에는 평면도 상에서 직사각형의 짧은 쪽에 입구가 있었으나 나중에 바뀌어 긴 쪽에 입구를 내었다). 입구를 통해 안으로 들어가면 공간이 셋으로 나뉘어 있는데, 가운데 중랑의 천장은 높고 양 옆 측랑의 천장은 낮게 되어 있다. 그리고 중랑과 측랑의 높이차를 이용해 창문을 설치함으로써 채광이 이루어지도록 하였다. 중랑의 맨 안쪽 끝에는 후진(앱스 Apse)이라 불리는 반원형의 공간이 바깥쪽으로 돌출되어 있다. 처음에는 이러한 바실리카를 빌려 교회로 사용하다가 나중에는 이를 모방해 기독교의 특성에 맞게 새로운 교회를 건축하게 된다. 이렇게 해서 생겨난 것이 '바실리카식 교회'이다.

산타 사비나 성당

산타 사비나 성당 파사드

산타 사비나 성당

로마의 〈산타 사비나 성당〉(430년경)은 초기 바실리카식 교회의 모습을 잘 보여준다. 성당의 파사드는 당시 로마 주택의 전면을 그대로 따르고 있고, 높이는 측랑의 높이에 맞춰져 있다. 성당의 외부는 장식 없이 벽돌로 소박하게 처리된 반면, 내부는 대리석과 모자이크 등으로 장식되었다. 이는 기독교 신앙의 내면성을 강조하기 위한 것이었다. 바실리카식 교회의 내부는 하느님의 권능을 보여주는 공간으로 인식되었다. 교회가 신성으로 충만한 성스러운 공간임을 드러내기 위해 과거 신전에서 신상이 안치되던 후진에 성소가 들어섰다.

그러나 성소는 신상같은 물질적 대상이 아닌 가상의 신성함이 부여된 성스러운 곳이었다. 이 점에서 바실리카식 교회는 단순히 신자들이 모여 기도하는 공간이나 '신선'이 아니라 기독교 신앙의 공간적 표현이었다고 할 수 있다. 입구를 지나 성당 안에 들어서면 내부 공간은 연속적인 둥근 아치를 떠받치고 있는 열주로 나뉘어 있는데, 가운데 중랑은 넓고 높은 반면, 양 옆의 측랑은 좁고 낮다. 중랑벽 위쪽에는 창문이 나있고, 천장은 목조 평천장이다. 성당의 맨 안쪽에는 '승리의 아치'라 불리는 커다란 아치가 있고, 그 뒤로 반구형의 천장을 가진 후진이 자리하고 있다. 이곳이 성소이다. 전형적인 초기 바실리카식 교회의 모습을 하고 있다.

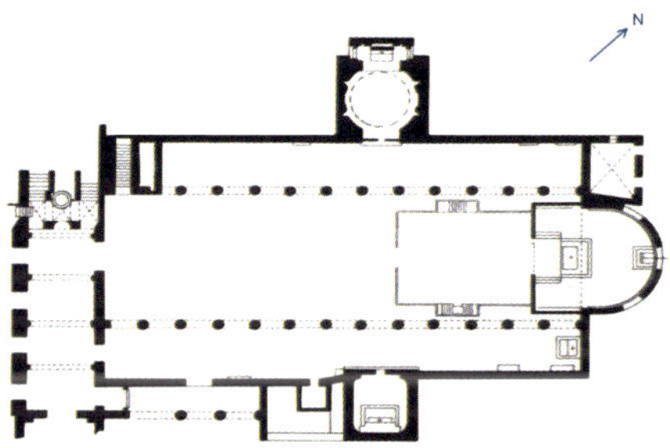

산타 사비나 성당 평면도

〈산타 사비나 성당〉은 원래의 바실리카처럼 평면이 직사각형이다. 이와 같이 초기 바실리카식 교회는 평면이 직사각형이었다. 그러나 얼마 안 가 곧 십자 형태로 바뀌게 되는데, 이유는 두 가지이다. 하나는 성당 안에 성인의 유해를 모시기 위한 실용성 때문이고, 다른 하나는 교회 건축에 십자가의 의미를 부여하기 위한 상징성 때문이다. 그런데 이때 십자가는 한쪽이 긴 '라틴십자가' 형태이다.

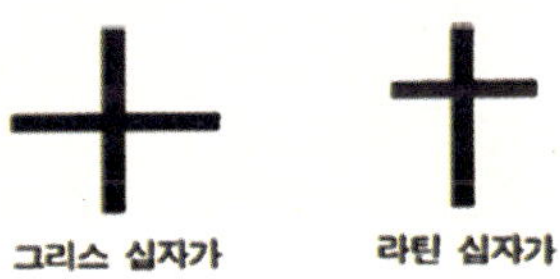

십자가에는 여러 종류가 있는데, 우선 중요한 것은 '라틴십자가'와 '그리스십자가'이다. 라틴십자가는 교회 십자가에서 흔히 보는 상하로 긴 십자 형태이다. 그리스십자가는 병원 마크에서 흔히 보는 상하좌우 길이가 같은 십자 형태이다. 바실리카식 교회의 평면은 라틴십자 형태를 취하고 있다.

구 성 베드로 대성당

〈구 성 베드로 대성당〉(333-354)은 콘스탄티누스 황제의 지시에 따라 성 베드로의 무덤 위에 건립된 성당이다. 베드로는 본래 이름이 시몬으로, 예수의 부름을 받은 첫 번째 제자이다. 그는 예수 생전에 열두 제자 중 수제자로 인정받았고 예수께서 돌아가신 후에는 초기

구 성 베드로 대성당 상상도

기독교 공동체를 이끌었다. 오랜 전승에 따르면 베드로는 안디옥 등에서 사목활동을 하였고, 로마로 가서 교회를 세우고 주교가 되었다. 67년 십자가에 거꾸로 못 박혀 순교했고, 그의 시신은 인근 언덕의 공동묘지에 묻혔는데, 바로 그 자리에 세운 성당이 〈구 성 베드로 대성당〉이다. 1950년 12월에 이 성당 지하실 아래 공간에서 베드로의 무덤이 발굴되기도 하였다.

마태복음에 의하면 하루는 예수가 제자들에게 "사람의 아들을 누구라고들 하더냐?"라고 물으셨다. 제자들은 세례자 요한이나 엘리야, 기타 예언자 가운데 한 사람이라고 그런다는 등 여러 가지 대답을 하였다. 그러자 예수가 또다시 "그러면 너희는 나를 누구라고 생각하느냐?"라고 물으셨다. 이에 시몬이 "선생님은 살아 계신 하느님의 아들 그리스도이십니다."라고 대답하였다. 예수는 그의 믿음을 칭찬하고 '베드로(아람어로 게파 Kepa라고 하며, 반석이라는 뜻이다)'라는 새로운 이름을 부여하며 "너는 베드로이다. 내가 이 반석 위에 내 교회를 세울 터인즉, 죽음의 힘도 감히 그것을 누르지 못할 것이다. 또 나는 너에게 하늘 나라의 열쇠를 주겠다. 네가 무엇이든지 땅에서 매면 하늘에서도 매일 것이며, 네가 무엇이든지 땅에서 풀면 하늘에도 풀려 있을 것이다."(마태 16:13-20)라고 축복하였다. 성서의 이 구절은 로마의 초대 주교인 베드로 이후 그의 후계자를 자처하는 교황들이 자신들의 수위권을 주장하는 토대가 되었다.

현재 모습의 〈성 베드로 대성당〉은 1506년 교황 율리우스 2세에 의해 시작되어 17세기에 완성된 것이다. 옛 대성당은 새로 지은 대성당과 구분하기 위해 성당 이름 앞 쪽에 '구(舊)'자를 붙여 표기한다. 〈구 성 베드로 대성당〉은 4세기 건립 이후 16세기 초 새로운 대성당 공사가 시작될 때까지 여러 번 보수되었다. 특히 14세기 교황권이 약화되면서 약 70년(1309-77) 동안 교황청이 프랑스의 아비뇽으로 이전하는 사태('아비뇽 유수'라 부른다)가 벌어지는데, 이 시기에 옛 대성당에 대한 관리가 소홀하여 노후화가 극심해졌다. 이후 교황의 로마 복귀와 함께 몇 차례 보수작업이 이루어졌지만 원래의 모습은 많이 잃어버리게 되었다. 그마저도 오늘날에는 그림으로만 남아 있다.

〈구 성 베드로 대성당〉은 최초의 라틴십자 형태의 바실리카식 교회이다. 로마식의 높은 계단을 따라 올라가면 일종의 프로필라이아(아크로폴리스 같은 성소로 들어가는 입구의 문)가 있고, 그 안쪽에 열주랑으로 둘러싸인 중정이 있었다. '천국의 정원'으로 알려진 중정을 지나 전실를 거쳐 마침내 본당으로 들어가도록 되어 있는데, 본당

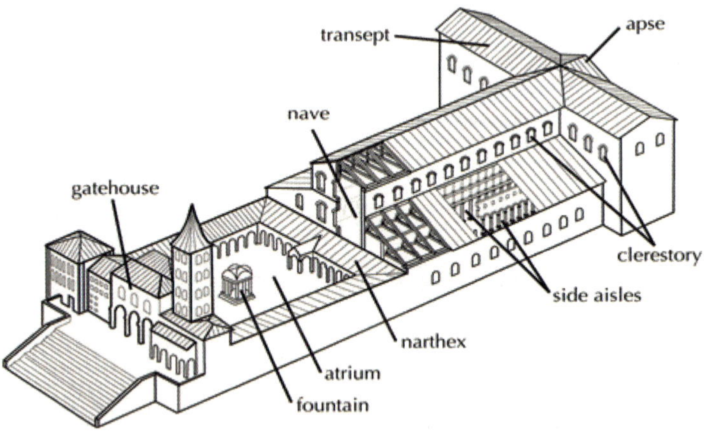

구 성 베드로 대성당

의 길이는 112m, 높이 30m에 이르렀다. 본당은 가운데에 크고 높은 중랑이 있고, 그 양쪽에 두 개의 측랑을 거느린 '5랑식 바실리카'이다. 중랑과 측랑은 열주를 통해 구분되었다. 이때 사용된 원주들은 대부분 다른 신전 건물 등에서 가져와 재활용된 것이었다. 중랑을 지나면 반원형의 후진 앞쪽에 제단이 있고, 그 좌우로 익랑(트랜셉트) Transept이 자리하고 있다. 후진 앞쪽의 내진(성가대석) Choir은 아직 제 모습을 갖추지 못했지만, 성당의 전체적인 평면은 확실한 라틴십사 형태를 하고 있다. 서유럽에서는 이러한 라틴십자 형태의 바실리카 교회가 교회건축의 구조적 기반이 되는데, 〈구 성 베드로 대성당〉은 이후에 지어지는 서유럽 교회건축의 기본 모델이 된다.

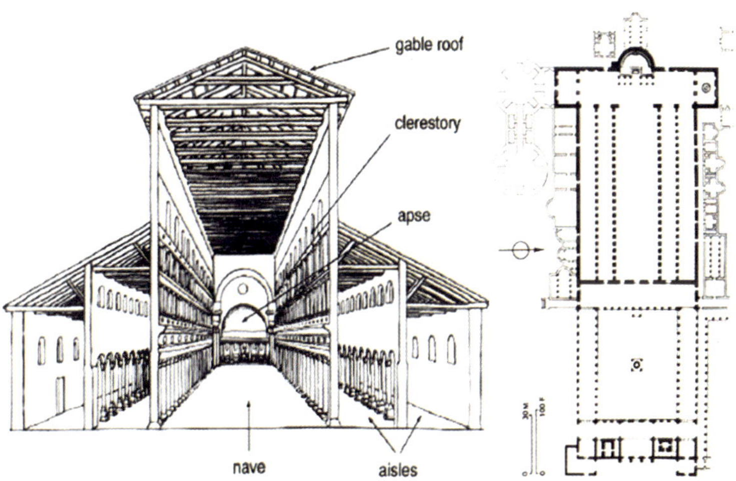

구 성 베드로 대성당 구조

바실리카식 교회의 명칭

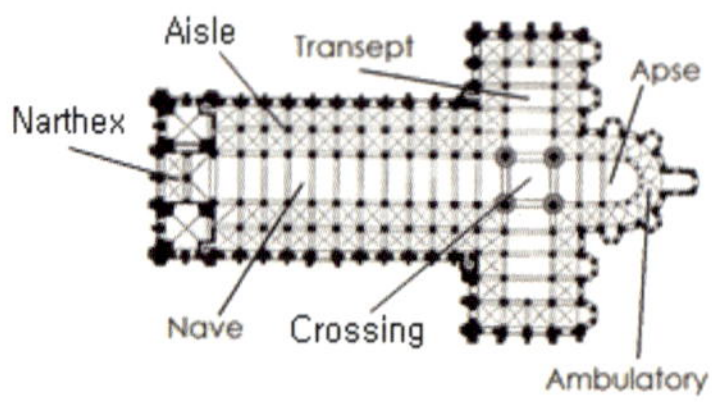

* 전실(배랑, 나르텍스, Narthex)
* 중랑(신랑, 네이브, Nave)
* 측랑(아일, Aisle)
* 익랑(수랑, 트랜셉트, Tansept)
* 교차부(크로싱, Crossing)
* 내진(성가대석, 콰이어, Choir)
* 후진(앱스, Apse)
* 회랑(주보랑, 엠뷸러토리, Ambulatory)

바실리카식 교회의 각 부분에 대한 명칭은 교회건축을 이해하는데 필수적이다. 그러나 그 명칭은 아직 통일되지 않은 채 각기 달리 불리는 경우가 많다. 예를 들어 교회 중앙부의 신도석이 자리한 부분은 '중랑'이나 '신랑', '네이브' 등 여러 가지로 불리고 있다. 이 책에서는 '중랑'으로 통일했다.

바실리카식 교회의 특징

바실리카식 교회의 첫 번째 특징은 반원형의 후진이 해가 뜨는 동쪽에 위치한다는 것이다. 후진은 성소가 있는 곳이다. 교회는 동서축으로 길게 구성되어, 서쪽에 입구가 있고 반대편 동쪽에 성소가 자리하고 있다. 성소를 동쪽에 둔 이유는 우선 동쪽이 해가 뜨는 곳이기 때문이다. 이는 고대의 태양숭배 사상이 반영된 것이지만, 떠오르는 태양은 그리스도의 부활을 상징한다는 점에서도 중요한 의미를 갖는다. 후진을 동쪽에 두는 또 다른 이유는 구약성서에 "마침 동쪽에서 이스라엘의 하느님의 영광이 나타나는 것이었다."(에스겔 43:2)라는 구절에 근거한 것이기도 했다.

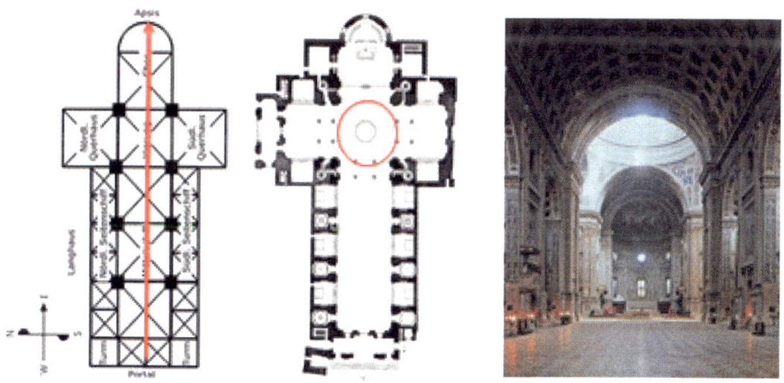

바실리카식 교회의 특징 1
- 반원형의 후진(apde)이 동쪽에 위치함
- 동서축(서쪽에 입구, 동쪽에 성소)

바실리카식 교회가 길쭉한 선형인 것도 분명한 이유가 있다. 첫째, 서방교회에서는 성직자들의 공간과 신도들의 공간을 동서로 엄격히 구분하였다. 성소가 있는 동쪽이 성직자들의 세계이고 서쪽이 신도들의 공간이다. 중세 때에는 두 공간 사이에 칸막이를 설치하기도 하였다. 둘째, 서방교회에서 교회는 신이 머무는 집이기도 하지만, 신에게 이르는 길, 신에게로 나아가는 길을 상징하기도 한다. 입구에서 안쪽 성소까지 나아가는 긴 통로는 곧 신에게로 나아가는 길을 상징한다. 입구 쪽은 세속의 세계이고, 제단 쪽은 성스러운 세계라는 점에서 세속의 세계에서 성스러운 세계로 나아가는 상징성을 갖는다. 특히 가톨릭교회에서는 행렬의식이 중요한데, 이 행렬의식에 맞게 교회가 긴 선형으로 이루어진 것이다. 바로크 시대에는 제단이 있는 교차부 위쪽에 돔을 설치하고 빛이 들어오게 함으로써 제단 쪽을 밝게 만들었다. 입구는 어둡고 제단 쪽은 밝기 때문에 어둠의 세계에서 빛의 세계로 나아가는 상징성을 갖게 된다.

바실리카식 교회의 두 번째 특징은 신도들이 자리하는 서쪽 공간을 중랑과 측랑으로 구분해, 중랑의 높이를 양 옆의 측랑보다 높게 만든다는 것이다. 목적은 크게 두 가지이다. 첫째, 채광을 위한 것이다. 중랑은 높고 측랑은 낮기 때문에 중랑벽 위쪽에 창문을 낼 수 있게 된다. 이 창문으로 빛이 들어오도록 함으로써 교회 안을 밝게 만들 수 있다. 성당 안에 빛이 잘 들어오도록 한 것은 기독교에서 빛이 갖는 상징성과도 연관된다. 둘째, 중랑과 측랑의 위계를 주기 위한 것이다. 건축에서도 크기나 높이에 따라 위계가 달라진다. 따라서 크고 높은 중랑은 작고 낮은 측랑에 비해 위계가 높다고 할 수 있다. 바실리카식 교회는 이러한 건축의 위계를 이용해 중랑은 주교와 성

바실리카식 교회의 특징 2
- 중랑의 높이를 측랑 보다 높게 함
- 목적 : 채광과 위계

직자들의 공간으로, 측랑은 신도들의 공간으로 지정되었다. 북쪽 측랑은 여자들이, 남쪽 측랑은 남자들이 자리했다. 처음에는 가정교회에서처럼 모든 사람이 동등하게 성당 가운데에 모여 예배를 드렸지만, 점차 의례가 강화되면서 신도들은 옆으로 밀려나고 중랑은 성직자들이 들고 나는 공간이 되었다. 신도들은 성체성사를 진행할 때에만 중랑을 이용하였다. 세례를 받지 못한 사람은 아예 본당 출입이 금지되었다.

중세 이후 교회가 점차 세속화되면서 단순한 형대의 바실리카식 교회도 여러 형태로 변형되었다. 17세기 바로크 이후에는 동서축도 사라진다. 그러나 입구 반대편에 후진을 두고, 중랑이 측랑보다 높게 설계하는 형식은 그대로 유지되었다. 이 때문에 이 두 가지가 오늘날 어떤 교회 건물이 바실리카식인지 여부를 구분하는 기준이 되고 있다.

산타 코스탄차 성당

바실리카식 선형 교회와 대비되는 중앙집중식 교회는 원형의 '무덤교회'에서 비롯되었다. 기독교가 공인된 후 순교자의 유해를 모시는 방식은 두 방향으로 발전하였는데, 교회 내부로

산타 코스탄차 성당

유해를 들여오거나, 단독으로 무덤을 만드는 것이었다. 단독으로 만들어진 순교자의 무덤은 나중에 예배의 기능이 추가되면서 별도의 교회로 발전한다. 이것이 '무덤교회'이다.

바실리카식 교회는 예배공간이 중심시설이고, 무덤은 부속시설이었다. 따라서 예배의 편의상 직사각형 평면의 선형 공간으로 지어졌다. 행렬의식이 중요했고 많은 수의 신도가 들어오기에 편리했기 때문이다. 반면 무덤교회는 무덤이 중심시설이고, 예배 장소는 부속시설이었다. 따라서 무덤이 중심이 되는 중앙집중식의 원형 공간으로 지어졌다.

산타 코스탄차 성당 내부

로마의 〈산타 코스탄차 성당〉(350)은 중앙집중식 교회의 원형을 잘 보여준다. 중앙의 원형 평면 위에 쌍으로 된 열주를 두르고 그 위에 벽돌과 모르타르를 사용해 돔을 올렸다. 측랑에 해당하는 회랑은 원통형 궁륭으로 처리하여 회랑에서 돔으로 이어지는 유동적인 공간을 구성한다. 돔 아래 묘실 중앙에 유해와 제단이 있고, 밖으로 회랑이 둘러싸

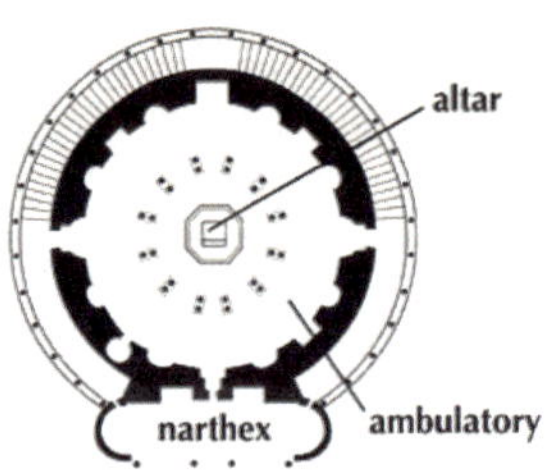

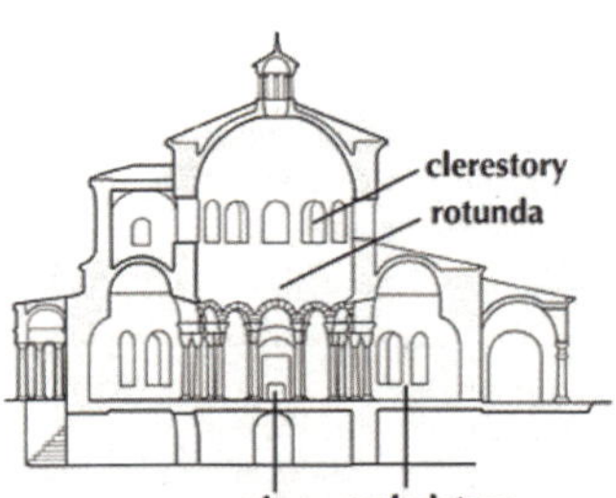

산타 코스탄차 성당 구조

고 있다. 중앙의 제단을 중심으로 집중되어 있는 구조이기 때문에 중앙집중식이라 부른다. 이러한 중앙집중식의 무덤교회는 많은 수의 사람이 들어갈 수는 없지만, 모든 사람이 동등한 입장에서 예배에 참여할 수 있고 성인의 무덤에 대한 친밀감을 강화시키는 장점이 있었다.

〈산타 코스탄차 성당〉은 애초에 원형 무덤이던 것이 나중에 무덤교회로 바뀐 것이다. 이 성당은 오랫동안 콘스탄티누스 황제의 맏딸 콘스탄티나(이탈리아식으로 코스탄차)의 무덤교회로 알려졌었다. 그러나 1992년의 발굴 조사에서 이 건물이 콘스탄티나가 사망한 후인 360년 콘스탄티누스 황제의 둘째 딸이자 당시 황제였던 율리아누스의 아내 헬레나를 위해 지은 무덤이었다는 사실이 밝혀졌다. 아마도 중세 때 콘스탄티나가 성인으로 추대되고 추종자가 늘어나면서 무덤의 주인도 뒤바뀐 채 알려졌던 것으로 보인다. 덕분에 평범한 원형 무덤은 무덤교회로 승격되었다. 주인이 바뀐걸 알지만 교회 이름은 여전히 '산타 코스탄차'이다.

성 소피아 대성당

현재 터키의 이스탄불에 소재한 〈성 소피아 대성당〉(532-537)은 6세기 유스티니아누스 황제 때 건립되었다. 이 성당은 동로마(비잔틴) 건축의 정수이자 현존하는 최고의 건축물 중 하나로 평가된다. 이 성당은 원래 콘스탄티누스 2세 때인 360년에 지어졌으나 두 번에 걸쳐 소실과 재건을 통해 유스티니아누스 황제 때 현재의 모습으로 다시 지어졌다. 〈성 소피아 대성당〉은 '하기아 소피아 Hagia Sophia', 그리스어로 '아야 소피아'라고 하는데, 이는 '성스러운 지혜'라는 뜻으로 '지혜'는 그리스도 자체를 의미하기도 한다.

〈성 소피아 대성당〉은 전성기에 사제 80명, 부제 150명, 여성 부사제 40명, 성경낭독자 150명 등 600여 명이 종사하면서 종교적 권위와 힘을 자랑했다. 그러나 1453년 콘스탄티노플이 오스만 투르크에 의해 함락되면서 이슬람 사원인 모스크로 바뀌었다. '미나렛 Minaret'이라 불리는 첨탑과 부속물은 이슬람 사원으로 사용되던 15세기에 부가된 것이다. 모스크로 바뀐 〈성 소피아 대성당〉은 후대의 오스만 제국 건축가들이 터키 고유의 모스크 양식을 발전시키는데 이상적인 모델이 되었다. 이스탄불 역사지구에 자리한 일명 '블루모스크'라 불리는 〈술탄 아흐메트 모스크〉(1601-16) 역시 이 성당을 모델로 한 것이다.

성 소피아 대성당

성 소피아 대성당 구조

원형의 무덤교회는 5세기에 이르러 다양한 중앙집중식 공간으로 변형되면서 정사각형이나 정팔각형 등의 평면 위에 돔을 얹는 중앙집중식 구조로 발전한다. 〈성 소피아 대성당〉은 중앙의 정사각형 평면 위에 돔을 얹는 중앙집중식 구조이다. 그러나 평면도를 자세히 보면, 정사각형을 이루는 중앙 회당의 중심부에 커다란 돔이 있고, 그 양쪽에 반구형의 돔이 첨가됨으로써 중앙 회당의 전체적인 평면

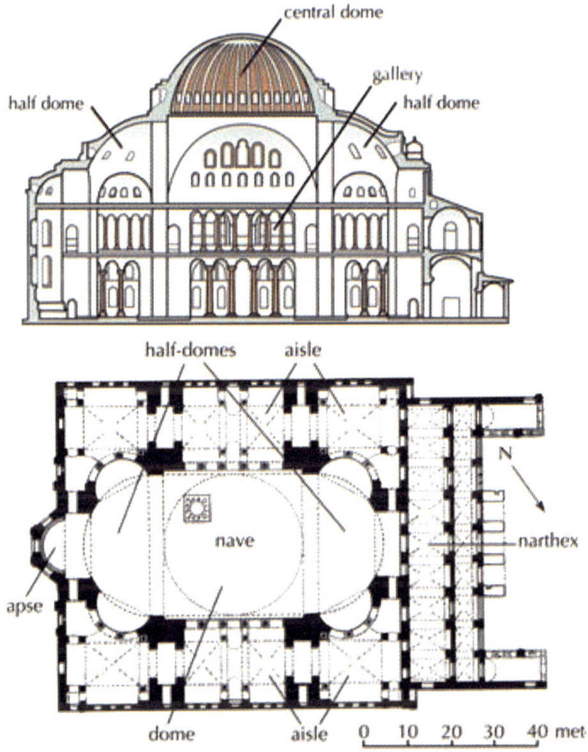

성 소피아 대성당 구조

은 길이 70m 정도 되는 길쭉한 타원형이 형성된다. 전체적으로 3랑식 바실리카처럼 보인다. 이 때문에 이 성당은 '돔 바실리카'라고 불린다. 가운데 중랑 폭은 31m, 측랑 폭은 15m이다.

〈성 소피아 대성당〉은 중앙의 정사각형 모서리에 4개의 기둥을 세워 원형아치를 세우고, 그 위에 거대한 돔(지름 32m, 높이 55m)을 얹었다. 둥그런 돔은 하늘을 상징하고, 사각형은 지구의 온전함을 상징한다고 할 때, 사각형 위에 사방으로 아치를 세우고 돔을 떠받치도록 한 것은 교회가 천상의 왕국을 상징한다는 의미를 갖는다. 아치와 돔 사이의 공간은 가벼운 돌로 메꿨는데, 이 부분을 '팬던티브 Pendentive'라고 하고, 이런 공법을 팬던티브 공법이라고 한다. 이 성당의 팬던티브에는 치천사 '세라핌 Seraphim(최고의 천사로 날개가 3쌍이다)'이 그려졌다.

이 성당은 중앙의 돔을 중심으로 동서 양쪽에 반구형의 돔을 만들어 중앙의 돔을 지지하도록 하였다. 즉 중앙 돔의 무게를 동서 양쪽의 반구형 돔을 통해 분산시켜 아치 기둥에 가해지는 무게를 줄인

성 소피아 대성당 돔 / 치천사 세라핌

것이다. 남북 양쪽에는 중랑벽이 높기 때문에 바깥쪽으로 각각 2개의 견고한 '부벽 Buttress'을 설치해 벽을 지지하는 한편 돔 무게도 분산되도록 하였다.

성 소피아 대성당 내부

〈성 소피아 대성당〉은 외부보다는 내부 장식에 치중되었다. 외부는 회를 바른 벽돌만 사용해 수수해 보인 반면, 내부는 화려한 모자이크로 장식되었다. 이는 내적 성찰을 강조하는 동방 정교회의 특성과도 연관된다.

성당의 내부에 들어서면 빛의 효과에 의해 압도된다. 중앙의 거대한 돔은 40개의 창문에서 들어오는 빛에 의해 마치 하늘이 눈앞에 내려와 있는 듯한 환상을 갖게 한다. 지름 32m의 거대한 돔 아래에 40개의 창문을 낸다는 것은 당시까지는 생각할 수 없었던 획기적

성 소피아 대성당 내부

인 일이었다. 돔 아래의 창문과 회당 벽의 수많은 창문을 통해 들어오는 빛은 화려한 모자이크 장식에 반사되어 신비로운 분위기를 자아낸다.

성당 건축에서 중요한 것은 무엇보다 신의 권능을 보여주는 것이었다. 성당 안에 발을 들여놓는 순간 이 건물이 인간의 능력으로 지어진 것이 아니라 신적인 '지혜(소피아)'가 건축적 형식으로 구현되었다는 것을 깨닫게 되고 자신도 모르게 신을 찬미하도록 해야 했다. 입이 벌어질 정도로 웅장하고 화려한 내부는 신적인 힘이 발현되는 생생한 공간이 되었다.

성당 건축에서 중요한 또 한 가지는 유스티니아누스 황제의 정치적 의도를 반영하는 것이었다. 황제의 목표는 로마 제국을 다시 통일하는 것이었고, 그 중심에 기독교가 있었다. '하나의 제국, 하나의 교회, 하나의 황제'라는 신정일치적 사고는 무엇보다 중앙집중성을 강조하는 돔을 도입함으로써 구현되었다. 그러나 이 돔은 로마 〈판테온〉의 돔과는 근본적으로 차이가 있다. 〈판테온〉의 돔은 맨 윗 부분이 뚫려 있어 세상과 연결되는 반면, 〈성 소피아 대성당〉의 돔은 세상과 단절되어 이 세상과는 전혀 다른 세상, 즉 천상의 세계를 구현하고 있다. 따라서 성당 안에 들어서는 순간 사람들은 천상의 백성이 된다. 성당 안에서 황제는 성직자로서 부제들과 함께 긴 행렬의 의식을 치렀는데, 그 순간 신적인 권력과 세상의 권력이 오버랩된다. 이로써 거대한 돔으로 이루어진 웅장한 성당은 종교적-정치적 세레모니를 통해 제국의 존속을 확고히 하고 세상의 권력을 정당화하는 공적인 장소가 될 수 있었다.

모자이크

〈성 소피아 대성당〉의 내부는 색유리나 색대리석, 금박 등 다양한 색깔로 장식되었다. 모자이크는 화려한 빛을 발산함으로써 장엄하고 경이로운 효과를 자아내기 때문에 비잔틴 성당의 내부 장식을 위해 즐겨 사용되던 소재였다. 유스티니아누스 황제가 〈성 소피아 대성당〉의 건축을 마무리할 때에는 내부의 장식들이 금빛 모자이크로 화려하긴 했지만 비교적 간단한 도안들로 이루어져 있었다. 당시의 모자이크는 8세기 성상파괴운동(725년 레오 3세가 성상금지령을 내림)을 거치면서 많이 훼손되어 일부만 남아 있다. 9세기 이후 성상이 다시 허용되면서 이후 수 백 년 동안 성당의 내부는 다채로운 마감재를 사용해 예수와 성모 마리아, 성인들, 황제와 황후 등 각종 도안으로 구성된 모자이크로 화려하게 장식되었다. 그러나 1453년 동로마

경배

가 멸망한 후 이슬람 사원인 모스크로 사용되면서 모자이크를 비롯한 기독교적 장식이 대부분 제거되었다. 구체적 형상의 묘사를 금하는 이슬람 교리에 따라 모자이크 장식을 벗겨 내거나 그 위에 회를 바르는 식으로 훼손되었다. 1935년 이후 박물관으로 전용되면서 원래의 모자이크가 일부 복원되었지만, 이슬람의 반발로 더 이상의 복원은 이루어지지 않았다.

황제 전용 출입문 위쪽을 장식하고 있는 화려한 모자이크화 〈경배〉는 9세기에서 10세기 초에 제작된 것이다. 천상의 옥좌에 앉아계신 '전능하신 지배자 그리스도'에게 콘스탄티누스 7세로 추정되는 황제가 경배를 드리는 장면이다. 그리스도는 왼손에 "평화가 너희와 함께"라는 문구와 "나는 세상의 빛이다."라는 성서의 문구가 새겨진 판을 든 채, 오른 손으로 축복을 내리고 있다. 그리스도 좌우의 원형 공간에는 성모 마리아와 대천사 가브리엘이 그려져 있다.

탄원

대성당의 2층 남쪽 갤러리에 있는 〈탄원〉(1261)의 경우 많은 부분의 모자이크가 뜯겨져 나갔지만, 그 내용을 분명하게 알 수 있다. 좌우의 성모 마리아와 세례 요한이 중앙의 예수그리스도에게 인류의 구원을 탄원하고 있다. 예수를 향해 고개를 숙이고 있는 세례 요한의 얼굴에는 수심이 가득한 반면, 수줍게 내려 보고 있는 성모에게서는 인간적인 따뜻함과 평온함이 느껴진다. 이들의 탄원을 가납한 듯 예수는 왼손에 성경을 든 채 오른손을 들어 축복을 내리고 있다.

1935년 이래 박물관으로 사용되던 〈성 소피아 대성당〉은 2020년 터키 대법원의 판결에 따라 다시 이슬람 사원인 모스크가 되었다. 터키 정부는 성당 내 모자이크를 훼손하지 않겠다고 약속했지만, 터키 내 이슬람주의가 강화되고 있는 상황에서 그나마 남아있는 모자이크가 제대로 보존될 수 있을지에 대한 우려가 제기되고 있다.

그리스십자형 중앙집중식 교회

원형의 무덤교회는 5세기를 거치는 동안 다양한 중앙집중식 공간으로 변형된다. 정사각형, 정팔각형 등 정각형의 집중식 평면 위에 돔을 얹는 중앙집중식 구조로 발전한 것이다. 그러다 6세기 유스티니아누스 황제에 이르러 그리스십자형 평면 위에 돔을 얹는 중앙집중식이 비잔틴(동로마)의 일반적인 양식으로 자리 잡는다. 우리가 이른바 '비잔틴 양식'이라 부르는 중앙집중식 교회의 주요 특징은 그리스십자형 평면 구성과 팬던티브 돔 구조로 요약될 수 있다.

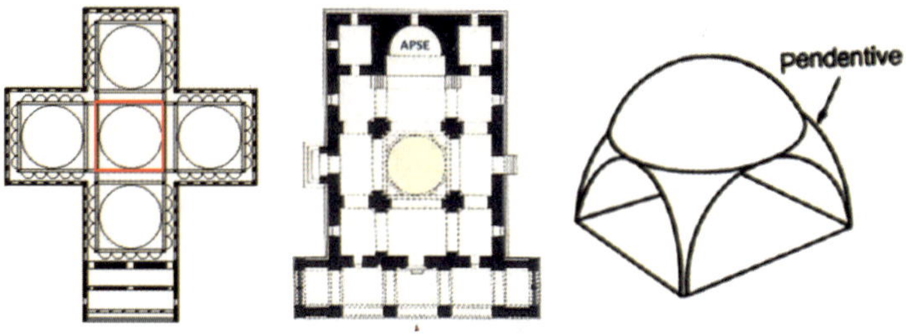

그리스십자형 중앙집중식

첫째, 그리스십자형 평면 구성이다. 원래는 정사각형 위에 돔을 얹는 집중식 구조인데, 여기에 십자가가 갖는 상징성이 더해지면서 정사각형의 네 방향으로 팔을 달아내 그리스십자형 평면이 만들어진다. 결과적으로 그리스십자형 교차부에 돔을 얹는 구조가 된 것이다. 그리스십자형 평면 구성에는 두 가지 유형이 있는데, 그리스십자형 자체 그대로를 이용하는 경우와 정사각형을 9등분해서 그리스십자형 공간을 만드는 경우이다. 공간의 효율성 때문에 정사각형의 중심부를 크게 9등분해 아홉개의 공간을 만드는 방식이 널리 사용되었다.

둘째, 팬던티브 돔 구조이다. 정사각형 평면의 네 방향에 아치를 세우고 그 위에 돔을 올릴 때 아치와 돔 사이에는 공간이 생기는데, 이 공간은 힘을 받지 않는 곳이기 때문에 가벼운 돌로 메꾸게 된다. 이 부분을 '팬던티브'라고 한다. 중앙집중식 교회에서는 이런 팬던티브 공법을 사용하는 것이 특징이다.

라틴십자형이 행렬의식 등 제식에 맞는 선형 공간이라면, 그리스십자형은 교차부에 초점을 맞춘 중앙집중형 공간이다. 라틴십자형이 서방 가톨릭을 대표한다면, 그리스십자형은 동방 정교회를 대표한다. 서유럽에서는 라틴십자형이 교회건축의 표준양식으로 자리 잡지만, 르네상스 때에는 그리스십자형의 중앙집중식이 각광을 받게 된다. 중앙집중식은 종교개혁 이후 개신교를 대표하는 교회양식으로 이용되기도 한다.

중앙집중식 교회의 도상

코라 성당 내부

동방 정교회는 기독교의 신비주의적 속성에 따라 신의 존재를 증명하는 초월적 공간을 창출하고자 하였다. 6세기 유스티니아누스 황제 때는 거대한 교회건축을 통해 신의 존재를 증명하고자 한 반면, 8세기에 성상숭배가 금지되면서 교회건축도 같이 위축된다. 9세기 이후 성상숭배 금지가 풀리면서부터는 거대한 교회건축을 통해 신의 존재를 증명하기보다 교회 내부의 성화를 통해 신의 존재를 보여주고자 하였다. 따라서 교회 내부는 천상의 세계를 구현한 성화들로 가득 채워졌다.

콘스탄티노플의 〈코라 성당〉은 새로운 교회의 개념을 잘 보여준다. 4세기 콘스탄티누스 황제 때 처음 건립된 후 지진으로 파괴되고 여러 번의 재건축을 거친 이 성당은 교회 내부가 마치 성화로 가득 찬 캔버스처럼 보인다. 14세기에 제작된 모자이크화와 프레스코화는 비잔틴 미술의 최고 걸작으로 평가된다.

교회 내부에 성상을 그리는데 있어서는 공간에 따른 위계법칙이 적용되었다. 첫째가 돔이다. 돔은 하늘을 상징하기 때문에 보통 예수 그리스도가 주인공으로 등장한다. 그리스도는 하늘에서 지상을 굽어보는 모습이고, 그 주위를 천사들이 호위하고 있다. 둘째는 돔 아래 천장과 벽체이다. 이곳은 땅을 상징하기 때문에 예수와 사도들, 성인들이 주인공으로 등장한다. 팬던티브에는 예수의 생애와 수난이 그려졌고, 천장과 벽체에는 예수의 기적, 성인이나 예언자들의 이야기가 그려졌다. 셋째는 입구 내벽과 후진 천장이다. 이곳은 성스러운 공간의 시

코라 성당 돔

코라 성당 천장과 벽체

코라 성당 후진

작과 끝을 상징한다. 성스러운 공간으로 들어가는 입구에는 최후의 심판 장면이 그려졌고, 종착점인 후진에는 예수나 성모 마리아가 그려졌다. 교회공간의 위계에 따라 성상을 그리는 법칙은 반드시 지켜야 하는 것은 아니었지만, 〈코라 성당〉은 이 법칙을 비교적 잘 따르고 있다. 중기 비잔틴 교회는 대부분 이 법칙을 크게 벗어나지 않는다.

2. 생 세르냉 대성당 / 성 미하엘 성당

중세 문화

유럽 역사에서 '중세'는 고대 문명과 근대 문명 사이에 낀 중간시기를 가리키는 것으로, 이 말은 근대가 시작되는 르네상스 시대에 만들어진 말이다. 르네상스 인문주의자들은 역사 속에서 인간중심주의 문화가 만개했던 시대를 그리스 로마 시대라고 생각했으며, 그러한 고대의 유산이 자신들의 시대에 다시 부흥했다고 믿었다. 따라서 그리스 로마 시대와 자신들의 시대 사이에 낀 중간시기를 '중세'라고 불렀다. 대략 500년경부터 1500경에 이르는 시기에 해당한다.

한 때 중세를 '암흑시대'라고 부르기도 했지만, 이는 중세 전체를 본다면 적당한 말이 아니다. 굳이 중세를 암흑시대라고 한다면, 서로마가 몰락한 후 프랑크 왕국의 성립되기까지의 혼란기를 지칭한다고 할 수 있다. 476년 서로마가 몰락한 후 서유럽에는 여러 게르만 왕국들이 할거하는 가운데 근 500년 동안 혼돈기가 지속되었기 때문이다. 그러나 중세 전체로 보면, 중세 천년은 로마의 변방에 불과하던 서유럽이 정치, 경제, 종교 등 모든 면에서 독자적인 기반을 마련하고 문화적 동질감을 이루어낸 중요한 시기였다. 특히 중세 전성기는 유럽 역사상 가장 창조적인 시기 가운데 하나로서, 이 시기에 서유럽은 생활수준이 크게 향상되었고 학문과 예술 분야에서도 괄목할만한 업적을 이룩함으로써 유럽의 주도적인 문명으로 발전하였다.

프랑크왕국

486년 클로비스(클로드비히)가 프랑크왕국(메로빙 왕소)을 선설하고 가톨릭으로 개종한다. 프랑크족은 다른 게르만족과 달리 정통 기독교를 받아들임으로써 이후 기독교와 손을 잡을 수 있는 계기가 마련된다. 732년 궁제인 카알 마르텔이 투르-프와티에 전투에서 이슬람을 격퇴하는데, 이는 이슬람과 대비되는 유럽의 정체성 형성에 결정적인 역할을 한다. 751년 마르텔 아들 피핀이 구테타를 일으켜 카롤링 왕조를 세운다. 그리고 피핀의 아들 카알이 계속되는 정복사업을 통해 서유럽 최초의 통일국가를 건설하기에 이른다. 그는 특히 롬바르드족에게 시달리던 교황을 도와줌으로써 800년 로마에서 교황 레오 3세로부터 서로마황제로 대관된다. 그래서 '카알(프랑스에서는 샤를마뉴) 대제'라 불린다. 이후 카알 대제는 로마제국의 계승자로서 그리스 로마의 고전문명과 기독교라는 공동의 유산을 바탕으로 이슬람과 대비되는 유럽의 정체성을 확고히 한다.

카알 대제, 1394

그러나 카알 대제의 황제대관은 이후 수위권을 둘러싼 황제와 교황 간의 갈등에 불씨를 제공한다. 카알 대제의 황제 대관은 황제가 원해서 이루러진 것이 아니라 교황이 자신의 입지를 강화하기 위해 계획된 것이었다. 교황은 사실상 콘스탄티노플의 지원을 받을 수 없는 상황에서 서유럽에 새로운 황제를 내세움으로써 동로마 황제로부터 독립하고자 하였다. 이후 로마 교회는 동로마 교회와 결별하고 '가톨릭교회'로서 독자적인 길을 걷게 된다. 여기서 '가톨릭 Catholic'이란 공번된, 보편적, 일반적이라는 의미로 어느 곳에서나 누구에게나 적용되는 종교라는 의미이다. 이에 동로마 교회는 서유럽 교회와 구별하기 위해 자신들이 '정통 Orthodox'이라는 의미에서 '정교회'라 부르게 된다.

또한 교황은 카알 왕에게 '도유식 Anointment'을 행사함으로써 자신의 종교적 권능을 과시하고자 하였다. 도유식이란 머리에 기름을 붓는 의식으로 신으로부터 특별한 권능을 부여받았다는 의미를 갖는다. 교황은 도유식을 통해 카알 왕에게 서로마 황제로서의 정통성을 인정해 준 것이다. 이러한 황제 대관은 모든 권력은 신으로부터 나온다고 선언함으로써 황제의 권위를 정당화시켰지만, 황제가 교회에 의해 대관됨으로써 교회는 세속권력보다 우위에 있다는 발상이 싹트게 되었고, 이는 중세 내내 황제권과 교황권, 속권과 교권을 둘러싼 수많은 갈등의 단초가 되었다.

유럽과 게르마니즘

유럽문화를 이루고 있는 중심축으로 헬레니즘과 헤브라이즘을 들지만, 여기에 하나를 더하라면 '게르마니즘 Germanism'을 들 수 있다. 여기서 말하는 게르마니즘은 게르만 민족주의, 독일적 민족주의와는 다른 것이다. 게르만 민족주의는 19세기에 생겨난 개념이기 때문이다. 여기서 게르마니즘은 게르만적 특성, 즉 게르만족에게서 비롯된 고유한 행동방식이나 사고방식을 말한다.

일반적으로 말할 때, 게르만족의 첫 번째 특성은 활동적이라는 것이다. 게르만족은 북유럽에서 이탈리아 남부, 심지어 아프리카까지 진출했는데, 이는 한 곳에 안주하기를 싫어하고 항상 활동적이며 움직이기를 좋아하는 민족적 특질에서 비롯되었다고 할 수 있다. 기록에 의하면 카이사르나 『게르마니아』(98)를 쓴 타키투스 P. C. Tacitus도 게르만족의 활동성에 강한 인상을 받았다고 한다. 게르만족의 활동적 특성은 호전적 특성으로 나타난다. 중세는 기독교적 형제애를 강조하는 시기였지만, 끊임없이 크고 작은 전쟁과 대결로 점철된 시기였다. 심지어 전쟁이 없는 평상시에도 마상시합을 통해 호전성을 과시하였다.

라인을 지키는 게르마니아, 클라젠 Lorenz Clasen, 1860

게르만족의 두 번째 특성은 자

주적이라는 것이다. 게르만족은 원래 한 곳에 정착해 도시를 세우지 않았고, 자기들이 살고 있는 곳에 다른 주거지가 들어서는 것도 용납하지 않았다. 게르만족은 수세기에 걸쳐 로마에 동화되었지만 결코 굴복하지는 않았다. 이 때문에 카이사르마저 게르마니아를 복속시키는 것을 포기했고, 결국 게르만족에 의해 서로마가 멸망하기에 이른다. 중세 동안에도 독일은 로마 가톨릭의 영향권에 있었지만, 황제가 중심이 되는 제국교회체제를 통해 로마와는 늘 거리를 두면서 자주성을 유지하였다. 이런 전통이 결국 종교개혁으로 이어졌다고 할 수 있다.

게르만족의 세 번째 특성은 여성을 숭배한다는 것이다. 게르만족은 전통적으로 여성신을 중시했고, 여성을 신성시하는 전통이 있었다. 중세 때에 성모 마리아 신앙이 대두된 것이나, 기사들의 덕목 중에 '민네 Minne'라고 하는 여성에 대한 존경이 들어간 것도 게르만적 전통이 반영된 것이었다. '민네'는 기사들이 특정 귀부인을 공경의 대상으로 정해 놓고 마상시합에서 이기거나 무공을 세웠을 때 그 공을 귀부인에게 돌리면서 찬미하던 관습을 말한다.

그밖에 기괴하고 이상하고 신비스러운 것에 대한 관심이 많았던 것도 게르만족의 특성으로 거론된다. 중세는 기독교 사회였음에도 불구하고 온갖 미신이 횡행했다. 마녀나 마법, 마술사나 요정 등에 대한 미신이 성행했고, 성당 건축에 '가고일 Gargoyle'과 같은 괴물형상이 즐비했던 이유도 게르만적 특성에서 비롯된 것이다. 게르만족은 북유럽의 울창하고 어두운 숲, 위험한 수렁, 격렬한 눈보라, 폭풍우 속에 살았기 때문에 미지의 세계에 대한 공포와 두려움으로 인해 풍부한 상상력이 발휘된 것이라 할 수 있다. 특히 북유럽의 숲은 대부분 평지에 위치해 있고 워낙 울창했기 때문에 들어가면 어두컴컴한데다 전망을 볼 수가 없어 길을 잃기 쉬웠다. 이 때문에 게르만족들에게 숲은 두려움의 대상이자 신비롭고 신성한 공간으로 숭배의 대상이기도 했다.

이러한 게르만적 특성들은 중세를 거치는 동안 유럽인의 삶과 사고에 직접적이고 영속적인 영향을 미친다. 카알 대제의 황제 대관은 서유럽이 게르민족의 세상이 되었음을 알리는 이정표이자 헬레니즘과 헤브라이즘 그리고 게르마니즘에 기초한 새로운 서유럽 문명의 출발점이 되었다는 점에서 중요한 의미를 지닌다.

서유럽과 동유럽(비잔틴)

문화적인 면에서 중세 서유럽과 동유럽 비잔틴제국과는 어떤 차이가 있을까? 문화적인 면에서 둘 다 로마제국을 계승하고 기독교를 바탕으로 한다는 점에서 사실상 별 차이가 없다고 할 수 있다. 가장 중요한 종교적인 면만 보더라도 성상에 대한 입장 차이(서방교회는 6세기말 이래 성상을 허용한 반면, 동방교회는 726년 이후 100년 이상 성상파과운동이 지속되었다)나 '성령'의 정의에 대한 차이(325년 니케아 신조는 성령의 기원이 성부 하느님 안에서 온 것이라고 했으나, 1014년 서방교회는 여기에 '그와 그 아들'이라는 말을 추가함으로써 엄청난 분란을 일으켰다. 동방교회는 성령이 성부인 하느님으로부터 온다고 믿은 반면, 서방교회는 성부와 그 아들로부터 온다고 믿었다) 등에서 서로 이견을 보였지만, 사실상 동방교회와 서방교회 사이에 교리상의 근본적인 차이는 없었다. 오히려 두 교회간의 갈등의 골은 로마 주교, 즉 교황의 권위를 둘러싼 논쟁으로 더욱 깊어졌다. 1054년 서로 간에 교회통합을 위한 마지막 절충이 있었으나, 오히려 로마 교황과 콘스탄티노플 주교가 서로를 파문하면서 파국을 맞았다. 그러다 150년 후 제4차 십자군원정 때 베네치아인들이 콘스탄티노플을 점령한 후에는 심정적으로도 완전히 멀어졌다. 문화적으로 볼 때 서유럽이 비잔틴과 구분되는 가장 큰 차이점은 비잔틴이 지역적 요인으로 그리스적 요소가 강화된 반면, 서유럽은 게르만족의 세계가 되면서 게르만적 요소가 가미되었다는 점이다.

로마네스크

프랑크왕국은 카알 대제 사후 손자 대에 이르러 두 번에 걸친 조약(베르됭조약, 843 / 메르센조약, 870)을 통해 셋으로 분열되고 혼란기를 겪는다. 그 후 동프랑크 지역에서는 962년 오토왕조의 신성로마제국이 성립되고, 서프랑크 지역에서는 987년 카페왕조의 프랑스가 들어선다. 중프랑크 지역에서는 여러 왕국이 난립하다가 19세기에 와서야 '이탈리아'로 통일된다.

프랑크왕국의 분열 이후 서유럽은 정치적으로는 다원화되지만, 점차 기독교에 기초한 보편적 유럽 문화가 형성되기 시작한다. 11세기에 이르러서는 서유럽 전 지역이 기독교로 개종되고 봉건제도가

프랑크왕국의 분열, 870년

확립되면서 처음으로 문화적 통일체로 완성된다. 교회는 봉건 귀족들과 손잡고 그들의 절대 권력을 옹호하는 한편 당시의 정신생활은 물론 모든 학문과 예술을 지배하는 또 하나의 지배계급을 형성한다. 이후 교회는 수도회를 정비하고 새로운 양식의 수도원과 성당들을 건립하는 과정에서 예배를 위한 기능과 기독교적 세계관을 표현하는 상징물로서의 새로운 건축을 창안하게 되는데, 이러한 건축양식을 후에 '로마네스크 Romanesque'라고 불렀다.

로마네스크는 대체로 11세기에서 12세기에 걸쳐 유럽 전역에서 발달했던 미술 양식을 말한다. '로마네스크'라는 명칭은 '로마와 같은'이라는 뜻으로, 11세기와 12세기 유럽의 전형적 건물들이 두꺼운 벽과 아치가 있는 고대 로마의 석조 건축과 닮았다는 의미에서 19세기 초에 처음 사용되기 시작하였다. 당시에는 이 용어에도 고대 로마 건축이 북방 야만족들에 의해 타락하고 변질되었다는 경멸적인 의미가 담겨 있었다. 그러나 점차 그 시대가 명확히 규정되고 로마네스크 건축만의 기술적 독창성에 대한 인식이 깊어지면서 하나의 독자적 양식으로 자리 잡았다.

로마네스크 건축은 그 명칭에서 드러나듯이 로마의 건축 양식을 이어받고 있고, 중세 전성기 양식인 '고딕 Gothic'으로 넘어가는 과도기적 양식이라고도 할 수 있다. 그러나 무엇보다도 서유럽인들이 기독교적 세계관에 입각해 스스로 발전시킨 최초의 건축 양식이라는 데 그 의의가 있다. 건축 양식에서 비롯된 로마네스크라는 양식 명칭은 다른 장르에서도 보편적으로 적용되고 있다.

로마네스크 건축

로마 건축의 특징 중 하나가 '아치'를 건축에 본격 도입했다는 것이고, 이 아치를 이용해 궁륭과 돔 건축으로 발전시켰다는 것이다. '로마식'으로 지어진 로마네스크 건축 역시 둥근 아치와 아치를 이용한 궁륭을 사용한 것이 가장 큰 특징이다. 교회 내부는 가능한 크고 높아 보여야 했고, 불에 잘 견뎌야 했기 때문에 목조로 된 평평한 천장 대신 석조로 된 궁륭으로 대체되었다.

초기에는 터널식 '원통형 궁륭'이 이용되었으나 무거운 천장을 지탱하기 위해서는 벽이 두꺼워야 했기 때문에 엄청난 석재가 필요했다. 또한 창문을 낼 수 없어 채광도 잘 안되었기 때문에 곧이어 원통형 궁륭을 직각으로 교차시키는 '교차형 궁륭'이 이용되었다. 아치는 아치의 선을 따라 압력이 작용하기 때문에 교차궁륭의 경우 천장의 무게가 기둥들로 분산된다. 따라서 이 무게를 떠받치기 위해서는 육중한 기둥이 필요한 반면, 대신 벽제는 상대적으로 힘을 덜 받게 되어 작으나마 창문을 낼 수도 있게 된다.

그러나 로마네스크 건축은 기본적으로 육중하고 높은 궁륭으로 되어 있기 때문에 이를 지탱하기 위해 벽이 튼튼해야 했다. 벽은 두꺼운 석조로 이루어졌고, 창문은 일정한 크기를 넘지 못했다. 측랑도 천장의 무게를 나눠 갖기 위해 비교적 낮고 좁게 설계되었다. 로마네스크 건축은 궁륭의 무게로 인해 석조벽이 밖으로 밀려 무너지

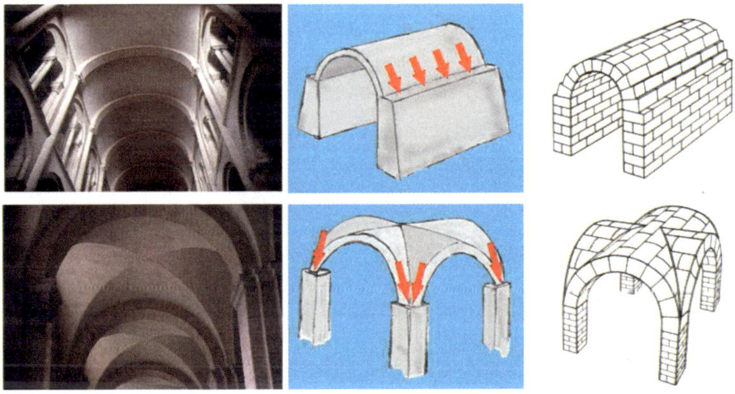

원통형 궁륭 / 교차형 궁륭

는 것을 방지하기 위해 바깥쪽에 두꺼운 '부벽(버팀벽) Buttress'을 설치해 지탱하도록 하였다. 그리고 외벽에는 둥근 아치로 된 작은 창문을 내거나 연속적이고 중첩적인 '블라인드 아치 Blind-arch'로 장식되기도 하였다. 이러한 로마네스크 건축의 외관은 두꺼운 벽과 탑으로 이루어진 견고한 성채를 연상시킨다. 당시 교회는 이교도로부터, 세상의 악으로부터 기독교를 지키는 성채와도 같았다는 점에서 그 이미지와 부합된다고 할 수 있다.

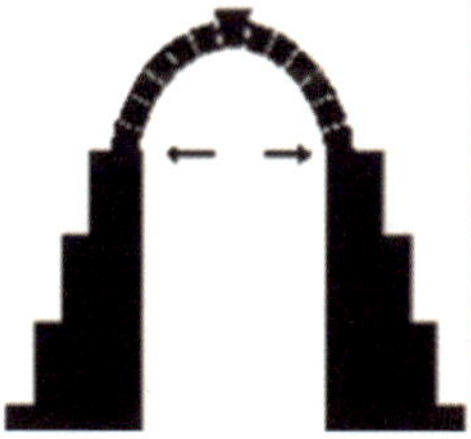

부벽 / 블라인드 아치

로마네스크 성당의 내부는 창문이 작고 높직하게 나 있어 비교적 어두운 편이다. 천장은 횡단 아치에 의해 구획되어 있다. 기둥은 원주가 아니라 사각형의 육중한 기둥, 즉 피어 Pier(작은 돌이나 벽돌을 쌓아 만든 기둥)이다. 내부 공간은 좁고 길며, 열주들이 뒤로 물러서듯 반복되고 있다. 천장을 보면 공간이 횡단 아치를 통해 질서 정연하게 구획되어 있고, 그 아래 작은 창문을 통해서는 부드러운 빛줄기가 들어와 성당 안을 감싸기 때문에 엄숙하고 신비로운 분위기가 느껴진다. 중랑벽은 '프레스코 Fresco'로 장식되었다. 프레스코는 벽에 회반죽을 바른 후 회가 마르기 전에 물에 갠 안료를 이용해 채색한 벽화를 말한다. 로마네스크 성당은 화려하지 않고 간소하지만 중후하고 위엄이 느껴지는 외관처럼, 내부 또한 소박하면서도 숭고한 종교적 분위기가 느껴진다.

독일 슈파이어 대성당 내부

산티아고 데 콤포스텔라

11-12세기의 종교 활동에서는 성인들의 유해나 유물을 참배하기 위한 순례가 중요시되었다. 당시 가장 인기 있는 순례지는 로마, 예루살렘과 더불어 스페인의 산티아고였다. 산티아고는 스페인 최북단에 위치한 도시로, 성 야고보의 무덤이 있는 산티아고 데 콤포스텔라를 말한다. 산티아고는 성 야고보(12사도 중 대야고보)를 말하고, '콤포스텔라 Compostela'는 별들의 벌판이라는 뜻으로, 9세기경 성 야

고보의 유해가 발견된 곳이다. 반짝이는 별을 따라가다 들판 동굴에서 발견되었다고 해서 붙여진 이름이다.

11세기 후반 유럽 전역이 기독교화 되면서 종교적 열정이 고조되고 성인들의 유물을 참배하기 위한 열기가 높아진다. 종교적 열정은 성지순례를 대폭적으로 증가시켰다. 특히 스페인의 산티아고는 12세기 당시 인기 순례지로 각광을 받았다. 그 이유는 12세기 교황 알렉산드르 3세가 산티아고를 로마, 예루살렘과 더불어 3대 기독교 성지로 선포했고, 교황 칼릭스토 2세는 산티아고에 다녀온 모든 순례자는 죄의 벌을 면하게 된다고 선언했기 때문이다.

여기에는 그만한 이유가 있었다. 교회는 당시 이베리아 반도 남부를 지배하고 있던 이슬람 세력과의 전투에서 기독교 지역을 지키기

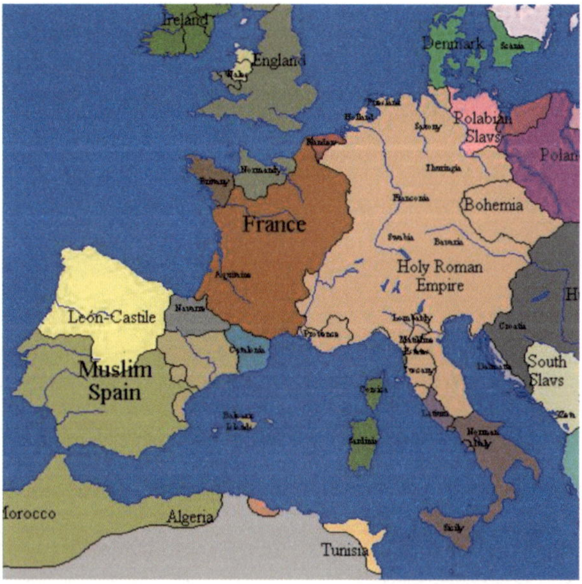

1100년경 유럽

위한 목적으로 이 지역에 대한 유럽인들의 관심을 유도하기 위해 정치적으로 산티아고 순례를 강조하였다. 십자군원정을 통해 동방에 있던 사도들의 유해 일부가 로마 등 서유럽으로 옮겨졌지만, 당시에 유독 야고보의 무덤이 강조된 것은 (야고보가 '땅 끝'까지 기독교를 전파했다는 점과) 당시 이베리아 반도에서 이슬람과의 전쟁이 한창일 때라 기독교의 인적 자원을 이곳에 집중하도록 하려는 의도였다. 이를 계기로 이베리아 반도를 재정복하기 위한 십자군운동이 일어나게 된다. 성 야고보는 스페인 지역에 기독교왕국을 건설하기 위한 정신적 지주로 간주되었다. 성 야고보는 전쟁터에 말을 타고 나타나 이슬람을 무찌르는 기적을 보였다는 이야기가 널리 퍼지기도 하였는데(그래서 별명이 '무어인을 죽이는 자'였다) 이런 기적 이야기는 산티아고가 왜 강조되었는지를 말해준다.

이베리아 반도는 8세기부터 이슬람의 지배를 받기 시작해, 1492년 스페인이 이슬람의 마지막 보루였던 그라나다를 정복하면서 이슬람의 지배가 막을 내리기까지 근 800년간 이슬람의 지배를 받았다. 이 때문에 스페인과 포르투갈은 유럽의 다른 나라와는 달리 기독교와 이슬람이 융합된 독특한 문화를 가지고 있다.

산티아고 순례길

오늘날 '산티아고 순례길 Camino de Santiago' 중 프랑스 생장에서 출발해 산티아고까지 가는 약 800km의 '프랑스 루트'가 보도여행코스

산티아고 순례길

로 인기가 높다. 중세 이후 잊혀졌던 순례길이 다시 각광을 받은 것은 1982년 교황이 산티아고를 방문하고, 1987년 이곳이 유럽연합의 첫 번째 문화유산으로 선포되면서부터이다. 1993년에는 '산티아고 데 콤포스텔라 순례길'이라는 명칭으로 유네스코 세계문화유산으로 지정되면서 세계적으로 더욱 유명해졌다.

산티아고 순례길 이정표

성 야고보는 순례자들의 수호성인이다. 순례자들의 기념품이나 순례길에 자주 눈에 띄는 조개껍질은 성 야고보를 상징한다. 이와 관련해서는 여러 설들이 있다. 성 야고보가 순교를 한 후 그 유해를 실은 배가 스페인 북쪽 해안에 도착할 즈음 심한 풍랑을 만나 배가 침몰했다. 그러나 얼마 후 성 야고보의 시신이 온통 조개껍질에 싸여 물가에 떠올랐다는 이야기가 그 중 하나이다.

산티아고 대성당

순례길의 목적지는 성 야고보의 무덤이 안치된 〈산티아고 대성당〉(1075-1121/24)이다. 레온의 알폰소 3세의 명에 의해 성 야고보의 무덤이 발견된 자리에 879년 성당이 건립되었고, 재건축을 거쳐 1211년 로마네스크 양식으로 완성되었다. 그 후 이 성당에는 시대의 변화에 따라 다양한 양식의 장식이 덧붙여졌는데, 지금의 바로크 양식의 외관과 장식은 18세기에 확립된 것이다.

생 세르냉 대성당

프랑스 로마네스크 성당들은 대부분 '순례성당'들이다. 로마네스크 시대에는 성지순례의 영향으로 상당수의 성당들이 순례를 위한 성당 양식으로 건립되었다. 특히 유럽 사람들이 산티아고를 가기 위해서는 프랑스를 거쳐야 했기 때문에 산티아고로 가는 프랑스 순례

생 세르냉 대성당

루트 길목에 위치한 수도원들이 순례여행의 중심지가 되었다. 각 수도원들은 순례자들을 위한 여러 가지 시설을 갖추었는데, 그 중에서 가장 중요한 시설은 무엇보다도 성당이었다.

프랑스 남서부 툴르즈에 위치한 〈생 세르냉 대성당〉(1080-1120)은 대표적인 순례성당 중 하나이다. 생 세르냉은 툴루즈 최초의 주교로 4세기에 황소의 발에 묶여 도시를 끌려 다니다 순교했다고 전해진다. 그가 순교한 자리에 그의 이름을 따 이 성당이 세워졌고, 카알(샤를마뉴) 대제가 기증한

생 세르냉 대성당

생 세르냉의 유골이 안치되었다. 현재의 성당은 12세기 이곳이 산티아고로 가는 중요한 순례지로 각광을 받고 순례객들이 늘어나면서 로마네스크 양식으로 재건축된 것이다.

생 세르냉 대성당 구조 / 내부

〈생 세르냉 대성당〉은 원래 서쪽 정면에 탑이 있었지만 지금은 흔적만 남아 있다. 교차부의 65m 종탑은 고딕시대에 완성된 것이다. 이 성당은 길이 115m, 높이 64m, 너비 21m로 프랑스에서는 가장 큰 로마네스크 성당이다. 성당의 전체적인 윤곽은 확실한 라틴십자 형태이다. 중랑과 익랑을 길게 설계했는데, 이는 되도록 많은 신도들을 수용할 수 있도록 하기 위한 것이었다. 성당 밖에는 성당 외부를 둘러볼 수 있도록 주위에 산책로를 내 순례자들을 배려하였다.

생 세르냉 대성당 내부

성당 내부는 비교적 어둡게 느껴진다. 중랑벽은 2단으로 구성되어 있는데, 위쪽 창문이 있어야 할 자리는 안전상의 이유로 막혀 있다. 또한 5랑식으로 중랑

좌우에 측랑이 각각 두 개씩 있기 때문에 중랑에 도달하는 빛도 많지 않다. 따라서 다른 성당에 비해 내부가 어두운 편이다. 중랑은 폭이 넓지 않기 때문에 더욱 길게 느껴질 뿐만 아니라 상대적으로 궁륭의 천장 또한 높게 보인다. 반복적으로 늘어선 열주들은 원주가 아니라 사각형 기둥, 즉 피어인데, 그 위에는 가느다란 대응기둥을 덧붙여 위쪽 횡단아치와 연결시킴으로써 상승감을 배가시키고 있다.

슈파이어 대성당(독) / 생 세르냉 대성당

독일 중서부 슈파이어에 위치한 〈슈파이어 대성당〉(1024-1106)은 독일 로마네스크를 대표하는 성당이다. 이 성당과 〈생 세르냉 대성당〉을 비교해 보면 독일 성당과 프랑스 성당의 차이, 특히 프랑스 순례성당의 특징을 이해할 수 있다. 우선 두 성당의 차이점을 비교해 보면,

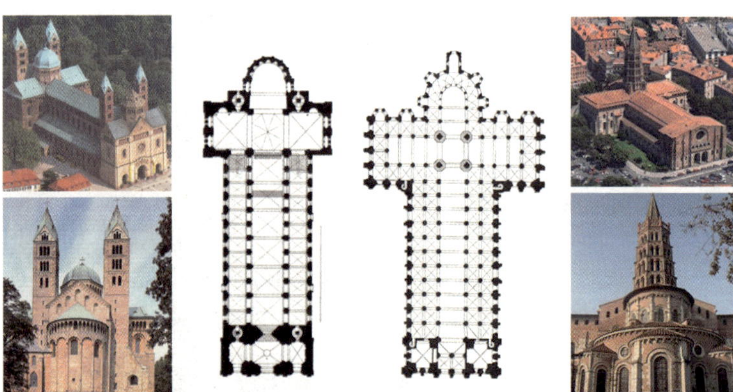

슈파이어 대성당 / 생 세르냉 대성당

〈슈파이어 대성당〉이 3랑식인 반면, 〈생 세르냉 대성당〉은 5랑식이다. 〈슈파이어 대성당〉은 탑이 많은 다탑식인 반면, 〈생 세르냉 대성당〉은 교차부에만 탑(원래는 입구 양 옆에도 탑이 있었다)이 보인다. 특히 평면도에서 동쪽 끝을 비교해 보면 〈슈파이어 대성당〉은 후진으로 마감된 반면, 〈생 세르냉 대성당〉은 후진 뒤 회랑(주보랑 Ambulatory)이 나 있고 그 뒤로 여러 개의 작은 예배당 Chapel이 있는 것이 특징적이다.

〈생 세르냉 대성당〉은 〈슈파이어 대성당〉과 달리 동쪽의 내진 부분을 확상해 후신 뒤쪽으로 회랑을 내고, 회랑 바깥쪽으로는 여러 개의 작은 예배당을 두고 있는데, 이 부분을 슈베 Chevet(프랑스어로 '베개'라는 뜻)라고 부른다. '슈베'라는 명칭은 라틴십자 형 성당을 그리스도 십자가와 비교했을 때 이 부분이 십자가상의 그리스도의 머리 위쪽에 위치하는 데에서 유래하였다. 이 성소는 성당 전체에서 가장 오래된 부분으로 아홉 개의 예배당으로 구성되어 있는데, 그중 다섯 개

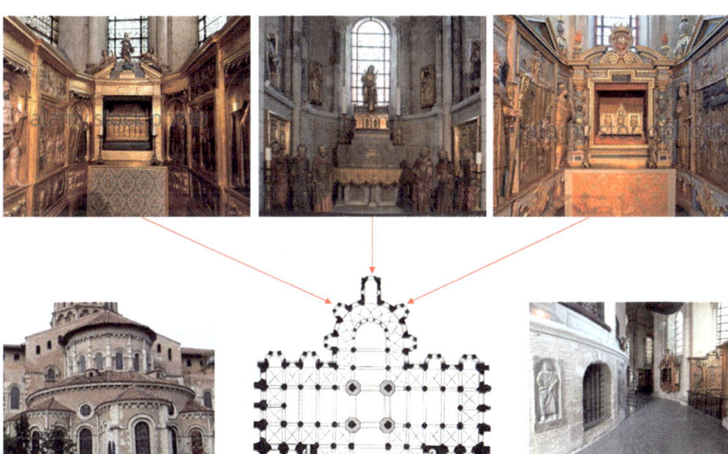

생 세르냉 대성당 예배당

는 후진 쪽에, 네 개는 익랑 쪽에 위치한다. 특히 후진 뒤쪽의 예배당은 후진을 중심으로 방사형으로 설치되어 있다. 예배당에는 순례자들이 성당 안을 순회하면서 참배할 수 있도록 성인의 유물들을 안치해 놓았다. 로마네스크 이후 대부분의 프랑스 성당들은 후진 뒤쪽에 회랑을 내고 예배당을 두는 순례성당의 구조를 따르고 있는 것이 특징이다.

성 유물 신앙

산티아고로 가는 순례자가 늘어나면서 순례루트에 위치한 각 성당들 사이에서는 순례자를 유치하기 위한 경쟁이 벌어지기도 하였다. 여러 가지 편의 시설을 제공하는가 하면 성당 외벽을 조각으로 장식해 볼거리를 제공하기도 하였다. 그러나 무엇보다도 중요한 것은 성 유물을 확보하는 것이었다. 당시 사람들은 성유물에 특별한 힘이 있다고 믿었기 때문에 성 유물을 참배하는 방식으로 신앙 활동이 이루어졌다. 유물들은 대부분 십자군 원정을 통해 동방에서 가져온 것들이지만, 유물이 한정되다 보니 유물을 확보하기 위한 경쟁이 벌어지기도 하였다. 그 중 한 예가 프랑스 남부의 시골마을 콩크에 위치한 〈생 푸아 수도원 성당〉(1050-1130)이다.

이 성당 역시 산티아고 순례길에 위치한 순례성당이다. 원래 콩크의 수도원에는 별다른 성물이 없었으나 근처 아쟁에는 4세기에 열두 살로 순교한 성녀 생 푸아의 유해를 참배하는 순례자들이 몰려들고 있\

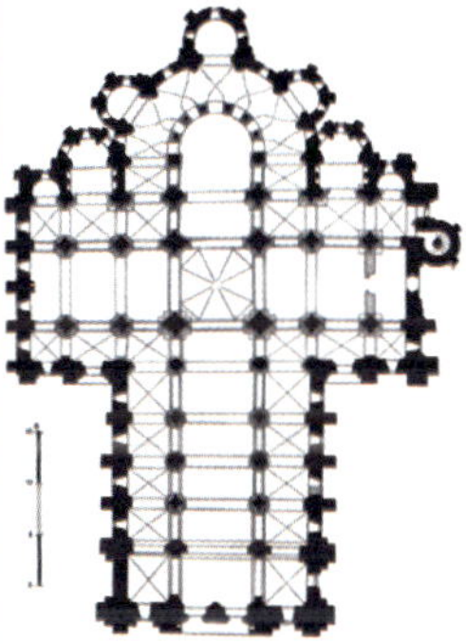

생 푸아 수도원 성당 / 생 푸아 좌상

었다. 성녀는 맹인의 눈을 뜨게 하고 죄수나 포로가 풀려나게 하는 기적을 행하는 것으로 알려져 있었다. 이에 수도원은 생 푸아의 유해를 훔쳐오다 시피해서 수도원에 모시게 된다. 그리고 몰려드는 순례자들을 위해 기존 성당을 허물고 새로운 성당을 건축한다. 성당 안에는 나무 조각에 순금을 입힌 〈생 푸아 좌상〉이 안치되어 있다. 그 안에 실제로 성녀의 유해가 모셔져 있다고 한다. 성녀상은 온갖 보석으로 장식되어 있는데, 이 보석들 또한 순례자들이 봉헌한 것이다.

성 유물을 확보하기 위한 경쟁이 벌어지면서 진위를 확인하기 어려운 유물들이 생겨나기도 하였다. 이 때 성유물의 진위를 판정하는 권한은 그 지역의 주교에게 있었다. 따라서 지역 주교의 권한도 덩달아 강화되었다. 그러나 14세기에 이르러 성인 유물에 대한 신앙이 점차 약해지면서 순례성당들은 쇠락의 길을 걷게 된다.

로마네스크 성당의 표준 구성

초기 로마네스크 건축은 지역에 따른 차이가 컸다. 이 시기에는 교통 등의 사정으로 정보교류가 제한적일 수밖에 없었다. 이 때문에 국제적으로 통일된 양식이 나타나지 않은 상태에서 각 지역들이 각각의 전통에 따라 중세 건축에 대한 인식을 형성해 나갔다. 초기 로마네스크는 900년경 프랑스 지역에서 먼저 시작되어, 프랑스와 독일을 중심으로 발전하였다. 그러다 11세기 후반에 이르러 프랑스를 중심으로 석조 궁륭과 중랑벽의 3단 구성, 기둥체계 확립 등 표준 구성이 갖춰지면서 이른바 '국제주의' 양식으로 발전하였다. 이때부터 '(전)성기 로마네스크'라고 부른다.

프랑스 부르고뉴 지방 느베르에 위치한 〈생테티엔 수도원 성당〉(1063-97)은 클뤼니 수도원 소속의 수도원 성당이다. 당시 클뤼니 수도원은 수도원 개혁을 표방하며 독일과 프랑스의 200여개 수도원에 영향력을 행사하고 있었고, 독일 황제나 교황들도 클뤼니의 개혁 정신에 지지를 표하면서 그 위세가 절정에 달했다. 25세의 나이로 클뤼니 수도원장이 된 후고 Hugo는 클뤼니 수도원이 교회에서 차지하는 위상에 걸맞게 새로운 성당 건축을 계획하였다. 그는 유럽 최고의 성당을 짓기 전 위험부담을 줄이기 위해 시험 삼아 작은 규모의 성당을

제3 클뤼니 대성당 유적

몇 개 지어보았는데, 그중 하나가 〈생테티엔 수도원 성당〉이다. 후고는 이 성당을 비롯해 최소한 세 곳에서 건축적 실험을 거친 후 자신의 계획을 실현했는데, 그 결과물이 〈제3 클뤼니 대성당〉(1089-1131)이었다. 그러나 이 대성당은 프랑스 대혁명 당시 파괴되어 오늘날에는 일부 유적만 남아 있다.

〈생테티엔 수도원 성당〉은 3랑식 라틴십자형 바실리카식 교회이다. 중랑과 익랑을 같은 폭으로 만들어 사각형 교차부를 만들고, 그 위에 팔각형의 나지막한 탑을 올렸다. 중랑벽은 3단 구성을 하고 있는데, 각 층의 높이가 같기 때문에 수평적인 안정감을 주는 반면, 개구부의 폭이 좁고 동일한 형태의 아치가 수직으로 나란히 배열되어 수직적인 상승감도 느껴진다. 사각형 피어로 된 기둥에는 반원형의 벽기둥이 대응기둥으로 덧대어져 천장의 횡당아치와 연결되고 있다. 대응기둥은 중랑벽을 분할함과 동시에 수직적 상승감을 높여준다.

〈생테티엔 수도원 성당〉은 새로운 건축이라기보다 기존의 로마네

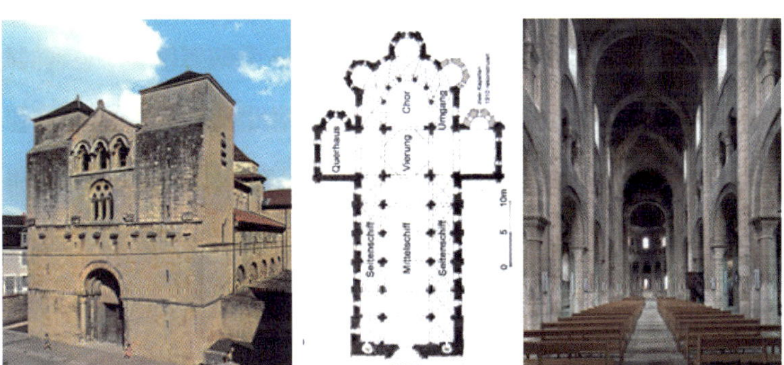

생테티엔 수도원 성당

스크 성당 건축을 총정리한 것이라 할 수 있다. 이로써 이 성당에서 최초로 로마네스크 성당의 표준 구성이 갖추어진다. 로마네스크 성당의 표준 구성을 요약하면 다음과 같다. 첫째, 천장은 석조궁륭이다. 둘째, 중랑벽은 '아케이드 Arcade -트리뷴 Tribune - 클리어스토리(고측창) Clerestory'로 된 3단 구성이다. 셋째, 기둥체계는 사각 피어에 반원형의 대응기둥을 덧붙여 수직성을 강화하였다.

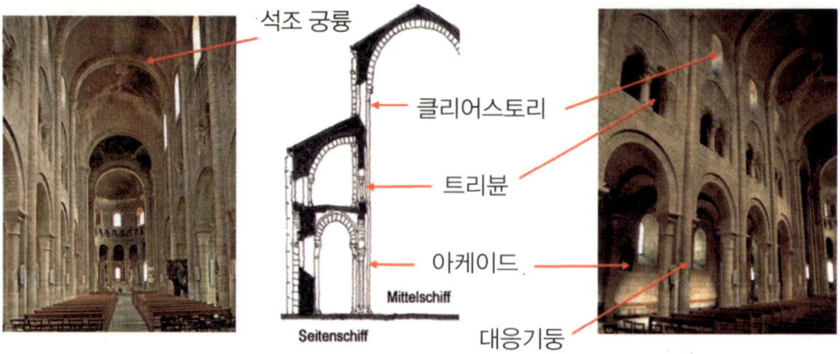

로마네스크 성당의 표준 구성

성 미하엘 성당

로마네스크 양식은 지역에 따라 다양하게 발전하였는데, 독일 일부 지역에서는 지역적 전통이 강하게 작용하면서 '국제주의' 양식과는 다른 독일만의 '지역주의' 양식을 발전시켰다. 그 대표적인 예가 독일 북부 힐데스하임에 위치한 〈성 미하엘 성당〉(1007-33)이다. 이 성당은 제국주교인 베른바르트 Bernward(160-1022)가 베네딕트 수도원에 건립한 수도원 성당이다. 베른바르트는 오토 3세에 의해 힐데스

성 미하엘 성당

하임 주교로 임명되어 오토 왕조의 문화를 선도하였다. 〈성 미하엘 성당〉은 '전기 로마네스크' 양식의 대표적 건축으로, 전기 로마네스크 양식은 로마네스크 양식이 본격적으로 등장하기 전 오토왕조에서 발달했다는 점에서 '오토 양식'이라 불리기도 한다.

성 미하엘 성당 내부

초기 로마네스크에서 독일과 프랑스를 가른 결정적 차이는 천장구조였다. 프랑스는 로마와 비잔틴으로부터 석조 궁륭을 받아들여 새로운 건축 단계로 발전시킨 반면, 독일은 전통적인 목조 평천장을 그대로 유지하였다. 〈성

미하엘 성당〉을 '전기 로마네스크' 양식이라 부르는 주된 이유도 이 성당의 천장이 아직 목조 평천장이기 때문이다.

이러한 독일 교회건축의 지역적 특성에 변화를 가져온 것은 '카노사 사건'이었다. 1077년 카노사에서 독일 황제 하인리히 4세를 굴복시킨 교황은 독일을 견제하기 위해 프랑스를 적극 지원하게 된다. 이후 독일과 프랑스는 이탈리아에 대한 영향력과 십자군 원정의 주도권을 두고 서로 경쟁하게 된다. 이 과정에서 독일은 프랑스의 발달된 로마네스크 구조 체계를 받아들여 국제적 흐름에 동참하게 되는데, 그 결과 라인란트 지역에 위치한 〈슈파이어 대성당〉(1024-1061/1082-1106)의 2차 건축이 이루어진다. 이 성당은 1601년에 목조 궁륭으로 1차 건축이 마무리되었다. 그 후 카노사 사건이 일어나게 되고, 이를 수습한 하인리히 4세는 황제권을 주장하고 과시하기 위한 상징적 조처로 1082년에 이 성당의 2차 건축을 시작한다. 이 때 석조 궁륭이 도입되었고, 이 성당의 완성으로 독일은 로마네스크 건축의

슈파이어 대성당

전성기에 도달한다.

〈성 미하엘 성당〉은 얼핏 보아 바실리카식 교회처럼 보이지만, 동서 양쪽에 후진이 있고, 남북으로 출입구가 있는 특이한 구조이다. 평면도를 보면 동서 양쪽에 내진이 있는 독일 특유의 '이중 내진식' 구조라는 것을 알 수 있다. 이중 내진식은 바실리카식 교회의 라틴십자 평면의 전통을 깨뜨린 것으로, 동쪽에 제단을 두는 바실리카식의 강한 동쪽 지향성과는 달리 동서 양쪽을 지향하는 것이 특징이다.

이중 내진식은 원래 신성로마제국의 제국교회체제 하에서 제국주교가 갖는 이중적 지위를 건축적으로 구현한 것이었다. 여기서 '제국교회체제'란 제국교회가 통치체제의 중심을 이루는 제도이다. 황제는 주교와 수도원장 등을 직접 임명하고 그들에게 해당 지역의 통치권을 위임하였다. 따라서 황제가 임명한 제국주교는 사실상 제국관료로서 그 지역의 주교일 뿐만 아니라 세속 영주로서의 역할을 수행

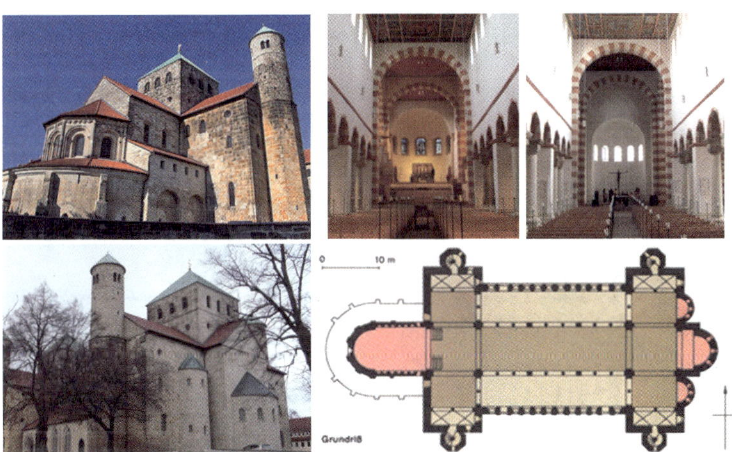

성 미하엘 성당 이중 내진

하게 된다. 이중 내진식은 제국교회체제 하에서 교권과 속권을 모두 가진 제국주교의 이중적 지위를 반영한 것이다. 이때 제단이 있는 동쪽은 교권을 상징하고, 서쪽은 당시 권력집단인 주교좌성당 참사회의 회합장소로서 속권을 상징한다.

〈성 미하엘 성당〉은 동서 양쪽에 내진을 둠으로써 건물 전체에 균형감을 유지하고자 하였다. 성당의 서쪽 내진을 건물의 다른 부분에 비해 높게 설계함으로써 그 아래의 반지하 공간에 납골당을 만들고 주교의 영묘로 사용하는 특이한 구성 역시 동쪽 성소에 버금가는 무게감을 부여한 것이라 할 수 있다. 또한 동서 양쪽 내진에는 모두 좌우 날개에 해당하는 익랑을 두고 있다. 그리고 동서 교차부 뿐만 아니라 익랑 끝 부분에 각각 탑을 세우고 있다. 이와 같이 이중 내진식 교회에서는 동서 양쪽 교차부에 탑을 세우고, 또 양쪽에 익랑이

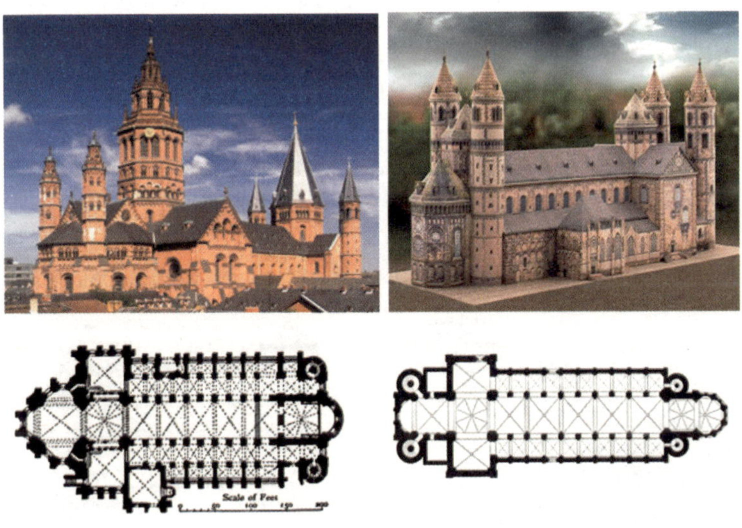

이중 내진식 성당(마인츠 대성당 / 보름스 대성당)

있을 경우에는 거기에도 탑을 세우는 것이 일반적이다. 동서 양쪽에 똑같은 수의 탑을 세움으로써 균형을 유지하고, 동서로 대변되는 교권과 속권의 긴장어린 균형관계를 표현하고 있는 것이다.

이중 내진식은 이후에 나타나는 본격적인 독일 로마네스크 성당의 주요 특징 중 하나가 된다. 독일 로마네스크를 대표하는 〈마인츠 대성당〉(1009-37)이나 〈보름스 대성당〉(1110-81) 역시 동서 양쪽에 내진을 둔 이중 내진식 성당이다. 또한 동서 양쪽에 각각 세 개씩 탑을 가진 다탑식이다.

정사각형 도식

〈성 미하엘 성당〉은 '정사각형 도식 Quadratischer Schematismus'이라는 새로운 건축개념을 도입하였다. 중랑과 익랑의 폭이 같기 때문에 평면도에서 보면 두 부분이 공유하는 정사각형이 생긴다. 교차부의 이 정사각형 공간이 성당 구조의 핵심척도로 사용되는데, 이것을 '정사각형 도식'이라고 한다. 정사각형 도식은 우주가 완벽한 대칭적 조화를 이루고 있다는 고대의 관념을 건축에도 적용하고자 했던 로마의 건축가 비트루비우스의 비례체계를 응용한 것이다. 비트루비우스에 의하면 인간은 소우주로서 완벽한 대칭적 조화를 이루고 있는데, 이것이 건축에도 그대로 적용되어야 한다는 것이다. 정사각형 도식에 따라 교차부의 정사각형 공간이 교회건축의 공간을 구획하는 핵심 척도, 기본 단위로 사용된다. 마치 블록을 붙여가듯이 정사각

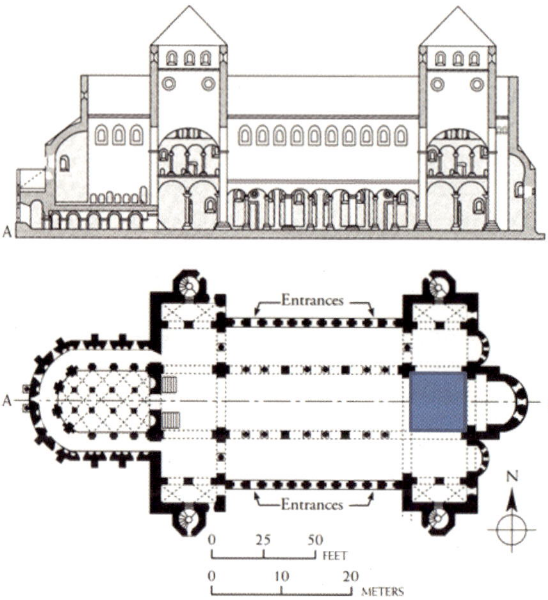

성 미하엘 성당 구조

형 공간을 덧붙여 가는 식으로 공간을 확장해 가는데, 〈성 미하엘 성당〉의 중랑은 이러한 정사각형 공간 세 개가 덧붙여져 만들어진 것이다.

또한 이 성당은 중랑의 열주가 '사각기둥-원기둥-원기둥-사각기둥' 식으로 교대해서 반복되고 있다. 이러한 기둥체계를 '교대식 지지체계'라고 하는데, 이 또한 정사각형 도식에 따라 자연스럽게 형성된 것이다. 천장의 무게를 직접 받는 기둥은 육중한 사각형인 반면, 무게를 덜 받는 기둥은 가는 원기둥으로 처리함으로써 기둥 형태가 다르게 된 것이다. 이러한 '교대식 지지체계' 역시 독일 로마네스크 성당에서 흔히 보는 특징 중 하나이다.

〈성 미하엘 성당〉은 정사각형 도식에서 비롯된 단순한 척도와 분명한 공간구획이라는 새로운 건축개념을 통해 이후 유럽 교회건축에 많은 영향을 미친다.

교대식 지지체계

더럼 대성당

영국의 로마네스크는 '노르만 양식 Norman-style' 또는 '앵글로 노르만 양식 Aglo-norman style'이라 불린다. 노르만은 '북방인'이라는 뜻으로 바이킹의 일족을 가리킨다. 이들은 게르만족의 이동 때 프랑스 북서부에 정착해 살다 911년 노르망디 공국을 건설했다. 이어 노르망디 공 윌리엄(정복왕 윌리엄)이 잉글랜드를 정복하고, 프랑스에서 받아들인 로마네스크 양식을 영국에 전파했는데, 이것이 노르만 양식으로 발전하게 된다. 이러한 영국의 로마네스크 양식을 대표하는 성

더럼 대성당

당이 영국 북동부에 위치한 〈더럼 대성당〉(1093-1133)이다. 이 성당은 영화 〈헤리포터〉의 수업 장면과 복도 장면을 찍은 장소로도 유명하다.

〈더럼 대성당〉은 영국 로마네스크 양식의 특징을 잘 보여준다. 영국 로마네스크의 특징은 동쪽 부분, 특히 내진(성가대석)이 동서방향으로 길게 확장되었다는 것이다. 따라서 프랑스 성당에 비해 내진이 넓은 편이다. 중랑 역시 높이에 비해 폭이 넓은 게 특징이다. 그런데 평면도를 보면 동쪽 후진 부분이 반원형이 아니라 사각형으로 되어 있다. 이는 영국 고딕 성당에서 흔히 보는 특징 중 하나이다. 〈더럼 대성당〉의 후진은 원래 반원형이었으나 고딕 시대에 개조된 것이다.

〈더럼 대성당〉은 영국 최초의 완전 석조궁륭 건축이자 현존하는 최초의 늑재궁륭 건축이다. 천장을 보면 가느다란 띠가 데져있는데 이것을 '늑재(늑골) Rib'라고 하고, 이런 늑재로 이루어진 궁륭을 '늑재궁륭'이라고 한다. 늑재궁륭은 고딕 건축의 대표적인 특징이다. 영국인들은 이 성당에서 최초로 늑재궁륭이 사용되었다는 점에서 자신들이 고딕 건축의 원조라고 주장한다. 그러나 이 성당에서 늑재는 궁륭의 무게를 지탱하는 구조적 역할을 하기보다 장식 어휘에 가깝다는 점에서 고딕 건축의 늑재와는 다르다.

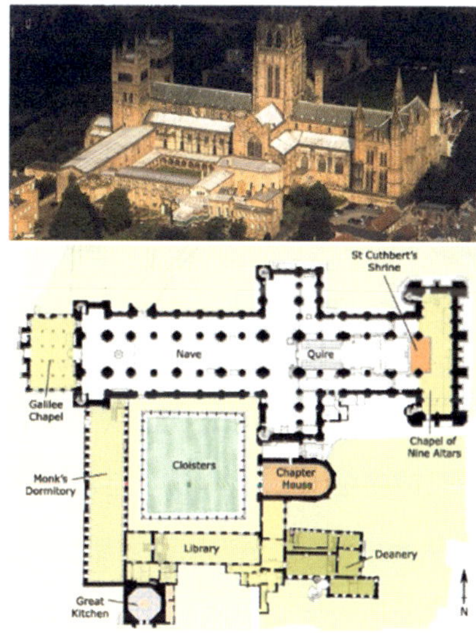

더럼 대성당 구조

더럼 대성당 내부

〈더럼 대성당〉은 성당 자체가 프랑스 로마네스크 성당에 비해 훨씬 웅장하지만 장식적이다. 육중한 원주는 원주면에 홈을 파 기하학적 문양으로 장식하는 등 각기 그 형태가 다르다. 또한 아치를 여러 겹으로 처리한 아치볼트 Archivolt와 궁륭의 늑재나 아치 등의 가장자리를 톱니 같은 문양으로 장식한 것이 특징적이다.

3. 최후의 심판 / 베르됭 제단

로마네스크 조각

로마가 멸망하고 5세기 이후 유럽 미술에서 조각의 전통은 거의 사라지다시피 하였다. 최대한 저부조로 조각해 건물을 장식하거나 금속이나 상아, 목재 등으로 만든 소형 조각이 명맥을 이어왔을 뿐이었다. 그러다 11세기 후반에 이르러 대규모의 석재 조각이 등장하는데, 이는 건축 분야의 업적만큼이나 큰 의미를 갖는다.

기독교 교회는 초기의 단순 소박함에서 벗어나 프랑스 성당들을 중심으로 점차 성당의 내 외부를 장식하게 된다. 건축 조각이 주로 스페인의 산티아고로 가는 순례지에 위치한 성당들을 중심으로 크게 성행했다는 점에서 11세기 후반 이후에 일어난 종교적 열정과 깊은 관계가 있다고 할 수 있다. 조각은 단순한 장식이 아니라 미술을 통해 교회의 가르침을 구체적으로 표현하기 위한 것이었다. 클레르보의 성 베르나르가 1127년에 쓴 글에서 "책을 읽게 하기 보다는 돌덩어리를 읽게 하며" 마음을 산만하게 만드는 어리석은 짓이라고 비난했지만, 교회는 당시 대부분이 문맹이었던 사회에서 일반인들과 소통하기 위해 일정부분 조각에 의존해야 했다.

교회건축에서 가장 중요한 곳 중 하나가 정문이다. 정문은 교회에서 가장 먼저 마주치는 곳이자 천국으로 들어가는 문을 상징하기에 중요한 의미를 갖는다. 바로 이 정문 입구 주변의 팀파눔 Tympanum과 중앙기둥 Trumeau, 문설주 Jamb 등이 조각으로 장식되었다. 로마네스크 조각은 대부분 성당건축의 한 부분으로서 건축 구조와 그 크기에 맞춰서 제작해야 했기 때문에, 자연스런 크기의 비율이 무시되고 형태가 왜곡되거나 변형되었다. 육체적인 면보다는 정신적인 면을 강조하기 위해 주로 선 중심의 이차원적인 저부조로 조각되었다. 그러나 그 중에는 매혹적이고 창의적인 이미지로 장식된 조각들도 많이 제작되었다.

생 피에르 수도원 성당 / 성당 정문 조각

생 피에르 수도원 성당

프랑스 남부 무아삭에 위치한 생 피에르 수도원은 로마네스크 조각으로 유명한 곳이다. 특히 〈생 피에르 수도원 성당〉(1115-30)의 남쪽 입구 주변 조각들은 로마네스크 조각의 특성을 잘 보여준다.

교회 건축 조각의 중심은 정문 위쪽의 반원형 아치로 된 팀파눔이다. 팀파눔 조각은 성서를 읽을 수 없는 사람들의 상상력과 감정에 호소하는 이야기들, 천국과 지옥을 대조시키는 극적인 장면들이 주제를 이루고 있다. 팀파눔에는 특히 '최후의 심판'을 묘사한 경우가 많다. 교회는 지상에 구현한 천국이라는 의미에서 천국에 들어가기 위해서는 최후의 심판을 거쳐야 한다는 사실을 상기시키기 위한 것이라 할 수 있다.

〈생 피에르 수도원 성당〉의 팀파눔 역시 최후의 심판을 주제로 다루고 있다. 중앙에는 그리스도가 천상의 옥좌에 앉아 있고, 그 주변에 네 복음사가를 상징하는 형상들이 배치되어 있다. 이러한 도상은 '왕 중 왕'으로서의 '영광의 그리스도'의 의미를 갖는 것으로, 당시 가장 유행했던 주제였다. 그리스도의 좌우와 아래쪽에는 하느님의 백성을 상징하는 24명의 원로들이 앉아 경배를 드리고 있다. 요한묵시록 4장의 기록에 따른 것이다.

생 피에르 성당 팀파눔

입구 중앙기둥이나 문설주 조각은 조각과 건축의 통일, 로마네스크 조각의 왜곡 기법이 잘 나타나 있다. 입구의 상인방을 받치고 있는 중앙기둥에는 인간과 동물의 형상이 유연하게 섞여 있다. 기둥의 정면에는 사자들이 지그재그형의 대칭으로 새겨져 있다. 이 사자 형상을 기독교적으로 해석하기는 힘들지만, 입구 중앙기둥 정면에 자리하고 있다는 점에서 장식 이상의 의미를 갖는 것은 분명하다. 로마네스크 미술에서 흔히 괴상한 짐승의 이미지를 통해 악마의 힘을 표현하는 경우가 있지만, 여기서는 사자들의 형상을 통해 세상의 악으로부터 교회를 지킨다는 의미로 해석할 수 있다. 기둥의 측면에는 예언자의 이미지가 새겨져 있는데, 구약에 나오는 예언자 이사야를 묘사한 것으로 보인다. 이사야 형상은 기둥 측면에 맞춰 가늘고 길게 늘어난 모습으로 왜곡되어 있다. 마치 춤을 추는 듯 다리를 좌우로 겹치고 있는 자세는 율동적인 자유로움을 드러내고 있다. 형상 자체가 비대칭적이고, 머리와 시선의 방향은 몸체의

생 피에르 성당 입구 중앙기둥

방향과 반대쪽을 향하고 있는데, 교회 안쪽으로 머리를 돌리면서 두루마리를 펼치는 동작은 무척 자유로우면서도 자연스럽게 묘사되었다. 머리카락과 수염, 옷주름 등에서 볼 수 있는 선적인 패턴은 풍부한 장식적 효과와 유동적인 자유로움을 보여준다.

문설주의 〈마리아와 엘리자베스〉는 아기 예수를 잉태한 마리아가 장차 세례 요한이 될 아기를 임신한 사촌 엘리자베스를 방문한 이야기를 다루고 있다. 마리아가 인사를 하자 엘리자베스 배속의 아기가 마리아 배속의 아기를 알아보고 기뻐하는 바람에 엘리자베스가 깜짝 놀라는 장면이 묘사되어 있다. 이 때 두 여인의 모습은 문설주의 틀에 맞게 길쭉하게 늘어져 있다. 그러나 입체감을 강조하려는 듯 인물들의 신체 윤곽이 옷 아래로 다 드러나 있고, 옷 주름이 이러한 신체를 따라 물결치듯 펴져 나가고 있다. 이러한 묘사 방식은 비자연적 묘사를 통해 오히려 영적으로 고양된 감정을 전달하고 육체적인 면보다 정신적인 면을 강조하고자 한 로마네스크 조각의 의도와는 다소 거리가 있어 보인다. 성 베르나르가 조각을 힐난했던 이유를 짐작하게 한다.

마리아와 엘리자베스

영광의 그리스도

팀파눔에 단골 소재로 등장하는 '영광의 그리스도' 이미지는 중세 성당 곳곳에서 볼 수 있다. 이는 구약 에스겔서(에제키엘서) 1장(네 가지 동물 형상에 의해 운반되는 하느님의 옥좌를 보았다는 기록)과 요한묵시록 4장(그리스도가 하늘의 보좌에 앉아있고, 그 주위에 네 마리의 생물이 도사리고 있다는 기록)에 근거한 것이다. 1180년경에 제작된 〈아를 대성당〉의 팀파눔 조각을 보면 예수 그리스도께서 타원형 후광인 '만도라 Mandora'에 둘러싸여 천상의 옥좌에 앉아계시고, 그 주위로 네 가지 형상이 에워싸듯 보좌하고 있다. 타원형 후광인 만도라는 신의 완전성을 상징한다. 이때 네 가지 형상(테트라모르프 Tetramorph)은 피조물 전체를 상징하기도 하지만, 중세 이후 주로 네 복음사가를 상징하는 것으로 여겨지고 있다.

마태(마태오)의 상징은 사람이다. 마태는 예수의 족보를 통해 그의 인성을 부각시켰기 때문이라고 한다. 마가(마르코)의 상징은 사자이

* 천사(지혜, 인성) - 마태
* 사자(힘, 왕위) - 마가
* 독수리(비상, 승천) - 요한
* 황소(봉사, 희생) - 누가

영광의 그리스도(아를 대성당 / 샤르트르 대성당)

다. 마가는 최초의 복음서를 쓴 사람으로 복음서의 서두를 사자의 울음처럼 장중하게 시작했기 때문이라고 한다. 누가(루가)의 상징은 황소이다. 누가는 예수의 죽음이 인간을 대신해 속죄하는 것으로 묘사했기 때문이라고 한다. 요한의 상징은 하늘을 나는 독수리이다. 요한은 예수의 신성, 즉 신의 아들임을 기록했기 때문이라고 한다.

다른 한편 천사는 예수의 탄생, 인성을 나타낸다. 하느님께서 사람으로 태어나셨다는 것이다. 사자는 예수의 부활, 왕위를 나타낸다. 예수께서 부활을 통해 만인의 왕이 되셨다는 것이다. 황소는 예수의 죽음, 속죄 희생을 나타낸다. 예수께서 인간의 죄를 대신해 희생하셨다는 것이다. 독수리는 예수의 승천, 신성을 나타낸다. 예수께서 독수리처럼 승천하시어 하느님 오른편에 앉으셨다는 것이다.

최후의 심판

프랑스 동부 부르고뉴 지방의 작은 도시 오텅에 위치한 〈생 라자르 대성당〉은 흔히 '오텅 대성당'이라 불린다. 이 성당은 요한복음 11장에 나오는 라자로(나사로)의 유해가 모셔진 곳이다. 라사로는 무덤에 묻혔다가 예수의 기적으로 살아난 사람이다. 이 성당은 무엇보다도 1150년경에 제작된 생동감 넘치는 팀파눔 조각으로 유명하다. 특히 이 팀파눔에는 기슬레베르투스 Gislebertus라는 조각가 이름이 새겨져 있다. 그의 신분은 알려지지 않았지만, 자신의 작품에 이름을

생 라자르 대성당

새겨 넣었다는 것은 자신의 작품에 대한 자부심을 드러낸 것이라 할 수 있다. 그러나 이 팀파눔은 수난의 역사를 가지고 있다. 1766년 의전사제단 Chapter of canons이 조잡하고 추하다는 이유로 전면을 회칠해 버렸는데, 이 과정에서 예수와 성모의 얼굴이 깎여 나가고 아치 볼트의 인물상들도 파괴되었다. 그 후 1837년에 회반죽이 제거되고 1840년 역사적 건축물로 지정되면서 보수작업이 이루어졌다.

최후의 심판 부분

이 팀파눔 역시 '최후의 심판'을 다루고 있다. 29개의 석회석 판 위에 조각된 것으로 구성이 복잡해 보이지만, 중앙의 그리스도를 중심으로 나름대로의 조화와 균형을 이루고 있다. 작은 형상들은 비교적 고부조로 묘사되어 입체감이 느껴지는 반면, 큰 형상들은 저부조로 되어 있다. 중앙의 그리스도는 천상의 옥좌에 앉아 있는 모습으로 '영광의 그리스도' 상이다. 여기서 그리스도는 중앙에 크게 자리하고 있지만 거의 평면적 형태로 묘사되었는데, 이러한 비자연적 묘사는 그리스도의 초자연적인 특성을 강조하는 것이라 할 수 있다. 반면 다른 인물들은 작지만 상당히 고부조로 묘사되었다.

〈최후의 심판〉에서 그리스도를 중심으로 왼쪽은 구원받은 사람들이 천국의 문 앞에서 기다리는 모습을 하고 있다. 천국의 열쇠를 가진 베드로가 맨 앞에 서있고, 그 옆에는 영혼들이 천사의 도움으로 천국에 들어가고 있다. 위쪽은 천국의 옥좌에 앉아있는 성모 마리아가 보인다. 오른쪽은 미카엘 대천사가 한 사람 한 사람의 영혼을 저울에 올려 지상에 있는 동안 얼마나 선행을 했는지 재고 있다. 이 때 악마가 측정을 방해하기 위해 저울에 매달려 안간힘을 쓰고 있다. 죽은 사람의 영혼을 저울에 다는 것은 교부 성 아우구

최후의 심판 부분

스티누스가 "선행과 악행은 저울에 달아서 측정하게 될 것이다."라고 설교한 데에서 비롯되었다. 악마들 뒤쪽과 아래쪽은 죄인으로 판정받아 지옥에 떨어진 자들로 뱀에 물리거나 참수형을 당하는 모습이 보인다. 대체로 천국은 평온하고 비역동적으로 묘사된 반면, 지옥은 육체적 격렬함으로 가득 차 있고 예술가의 상상력이 마음껏 발휘되어 있다. 이를 통해 당시 사람들의 사후세계에 대한 생각을 엿볼 수 있다.

유형학

중세의 신학과 전례, 예술의 근본 목적은 천지창조로부터 최후의 심판, 그리고 그 이후에 이르기까지 모든 것이 하느님의 구원계획에 의해 통일적으로 이루어졌다는 것을 보여주는 것이었다. 하느님의 구원계획은 구약성서과 신약성서를 포괄하고 있다고 보고, 이 두 성서의 연관성을 설명하는 것이 '유형학 Typology'이다. 중세 신학자들은 구약성서의 사건들이 신약성서의 사건들을 미리 예시하며, 그 원형들이 신약성서에서 실현되었다는 것을 입증하고자 하였다. 이때 구약의 사건이

유형학적 설명의 예

'원형 Type'이고, 이에 대응하는 신약의 사건이 '대형 Antitype'이 된다. 이러한 원형과 대형의 연관성을 통해 예수의 삶이 구약성서의 사건들과 정확히 일치한다는 것, 즉 예수의 삶이 구약에서 이미 예언된 것이라는 신학적 입장을 증명하고자 했는데, 이렇게 해서 나온 이론이 유형학이다. 예를 들어 아브라함이 이삭을 제물로 바친 것이나 모세가 광야에서 청동 뱀을 장대 위에 매달아 뱀에 물린 사람을 고쳐준 것은 예수의 십자가 책형을 예고한다는 것이다. 이스라엘 백성이 황야에서 지낸 40일은 예수가 광야에서 지낸 40일을 예고하고, 모세가 시나이 산에서 십계명을 받은 것은 예수의 산상 기도와 연결된다. 또한 아브라함이 희생에 쓸 장작을 이삭에게 지고가게 한 것은 예수가 십자가를 지고 올라간 것과 연결되고, 이스라엘 백성이 홍해를 건넌 것은 기독교인들이 세례를 통해 새 삶을 얻는 것과 연결된다는 것이다. 중세의 많은 그림이나 조각, 스테인드글라스 등에서는 이러한 유형학적 묘사를 통해 교리를 전달하는 경우를 흔히 볼 수 있다.

베르됭 제단화

〈베르됭 제단화〉(1181)은 오스트리아 빈 근교에 있는 클로스터노이부르크 수도원을 위해 제작한 것으로 '클로스터노이부르크 제단화'라고도 불린다. 이 제단화는 중세 미술의 유형학적 묘사를 잘 보여준다. 이 제단화에는 1181년이라는 완성연대, 베르됭의 니콜라우

베르됭 제단화

스 Nikolaus von Verdun라는 제작자의 명문이 새겨져 있는데, 이 명문으로 보아 니콜라우스는 지금의 파리 북동쪽 벨기에 국경 근처의 베르됭 출신임을 알 수 있다. 당시 베르됭은 금속세공으로 유명한 도시였다. 니콜라우스는 쾰른 대성당의 〈성 삼왕 유골함〉(1181-1230)도 제작한 사람으로 알려져 있다.

〈베르됭 제단화〉는 '세폭 제단화'이다. 51개의 에나멜 장식판으로 이루어져 있는데, 원래는 세례단을 위한 45개 장식판이었으나 1330년 화제 후 제단화로 바뀌면서 6개 장식판이 추가되었다. 제단화는 17줄씩 3열로 배열되어 구약과 신약의 장면들로 구성되어 있다. 각 장식판 둘레에는 각 장면에 대한 설명이 담긴 라틴어 명문이 실려 있다. 맨 위 1열은 율법 이전, 즉 모세가 10계명을 받기 이전의 구약 장면들이고, 맨 아래 3열은 율법 치하, 즉 10계명 이후 이스라엘 민족의 구약 장면들이다. 가운데 2열은 은총 이후, 즉 그리스도 이후의 신약 장면들이다. 신약의 모든 장면들은 위 아래로 구약의 장면들과 대응되어 있다. 구약의 장면들은 신약의 주제를 예시함으로써 신약 사건의 전형, 혹은 전례로서 묘사된다.

베르됭 제단화 부분

예를 들어 중앙패널 오른쪽에서 세 번째 칸에는 위에서부터 아래로 '우물에 빠지는 요셉 / 그리스도의 매장 / 고래 뱃속으로 들어가는 요나' 장면이 묘사되어 있다. 1열은 구약에서 요셉이 이복형제들의 시샘으로 마른 우물에 갇혀 있다 3일 만에 구출되었다는 내용이다. 3열은 구약 요나서에 나오는 이야기로 요나가 배를 타고 가던 중 풍랑을 만나 바다에 던져지고, 큰 물고기가 그를 삼켰지만, 3일 만에 육지로 토해냈다는 내용이다. 그리고 가운데 2열은 예수께서 무덤에 묻히신 후 3일 만에 부활하셨다는 내용이다. 이를 연결시키면 구약에 나오는 요셉이 우물에 빠져 3일 만에 구출된 것이나, 요나가 물고기 뱃속에 들어갔다 3일 만에 살아나오는 이야기는 신약에서 예수가 죽은 뒤 3일 만에 부활하게 될 것임을 예시한 것이 된다.

성서에도 예수가 이에 대해 직접 언급한 대목이 있어 주목된다. 마태복음에 의하면 사람들이 예수에게 기적을 보여달라고 하자 "예언자 요나의 기적밖에는 따로 보여줄 것이 없다"고 하면서 "요나가 큰 바다 괴물의 뱃속에서 삼 주야를 지냈던 것같이 사람의 아들도 땅 속에서 삼 주야를 보낼 것이다"(마태 12:38-40)라고 대답한다. 예수가 직접 자신의 부활을 요나의 기적과 연계시킨 것이다.

기독교 미술에는 '옛 약속'과 '새 약속', 즉 구약과 신약 사이의 차이점을 보여주는 상징들도 많지만, 구약과 신약의 사건의 유사성을 중심으로 나란히 묘사해 신약의 사건이 예정된 것이었음을 보여 주는데, 이것이 유형학적 묘사이다. 유형학은 기독교 초기부터 광범위하게 적용되었고, 점차 체계화되어 특히 12세기에 유행하였다.

베르됭의 니콜라우스는 로마네스크 미술의 발전에도 크게 기여하였다. 〈베르덩 제단화〉의 한 장면인 〈홍해를 건너는 모세〉와 중세 복음서에 실린 〈복음사가 요한〉(1147)을 비교해 보면 니콜라우스의

복음사가 요한 / 홍해를 건너는 모세

미술이 얼마나 앞서 있는지 알 수 있다. 〈복음사가 요한〉은 성령의 영감을 받아 성서를 쓰고 있는데, 선명한 색채와 장식적이고 추상적인 선으로 표현되었다. 특히 옷주름의 묘사방식은 대단히 절제되어 있지만 유동적인 아름다움이 느껴진다. 인물은 바깥쪽의 장식적인 틀로 인해 고립되어 보이는데, 주변의 작은 원 안의 그림들과 함께 형식적으로나 내용적으로 대단히 양식화되어 있다. 반면 〈홍해를 건너는 모세〉는 추상적인 장식으로 사용되던 선을 입체적인 형태를 묘사하는 데 적극적으로 이용하고 있다. 특히 옷주름을 묘사하는 선은 장식적인 효과에 그치지 않고, 신체의 윤곽과 움직임까지 드러내고 있다. 또한 인물들이 주어진 틀 안에 머무르지 않고 밖으로 나갈 듯이 역동적으로 묘사되었다. 이러한 자연주의적 묘사 방식은 당시 조각의 영향을 받은 것으로, 니콜라우스는 〈베르딩 제단화〉에서 조각과 회화 양식을 결합했다고 할 수 있다. 나아가 이 제단화는 고딕미술의 출현을 예고했다는 평가를 받는다. 실제로 이 제단화의 자연주의적 묘사 방식은 이후 50년간 회화와 조각에 지대한 영향을 미치게 된다.

중세 미학

고대 그리스인들에게 아름다움이란 수적인 비례관계에 있었다. 따라서 빛은 아름다움의 대상이 아니었다. 빛은 수적인 대상이 아니기 때문이다. 그러다 로마 시대인 3세기에 이르러 신플라톤주의에 의해 비례론이 비판적으로 검토되면서 이제 빛, 금, 별 등 복합적이 아닌 것에서도 아름다움을 찾게 된다. 플로티노스 Plotinos(205-270)는 만물이 '일자(一者) Hen'에서 비롯되었다고 보았는데, 이 일자는 무엇보다도 빛으로 표상되었다. 모든 빛이 태양으로부터 흘러나오듯 만물은 '일자'로부터 비롯되었다는 것이다. 세상이 아름다운 것은 일자로부터 빛이 흘러나와 비추어졌기 때문이다. 세상의 모든 아름다움은 그 자체의 아름다움 때문이 아니라 빛이 사물에 비춰져 빛나기 때문이다. 즉 빛이 감각의 세계에 들어와 눈에 보이는 아름다움으로 드러난다는 것이다.

이러한 신플라톤주의가 5세기 위-디오니소스 Pseudo-Dionysius에 의해 기독교 신학에 수용된다. 일자가 신으로 대체되고, 모든 것이 일자로부터 흘러나왔듯이 이제 모든 것은 신으로부터 비롯되었다고 보았다. 신플라톤주의에서 일자에 가까울수록 완벽하고 멀어질수록 불완전하다고 보았듯이, 이제는 신에 가까울수록 완벽하고 신으로부터 멀어질수록 불완전하다고 보았다. 미학에 있어서도 위-디오니소스는 고대의 미이론에 빛의 미학을 더해 아름다움이 '비례와 광채'라고 주장하였다. 이후 수학적 비례미와 더불어 빛이 뿜어내는 아름다움이 중세 미학을 지배하게 된다. 세상이 아름다운 것은 그 자체의 아름다움 때문이 아니라 신에게서 비롯된 아름다움이 깃들어 있기 때문이었다. 즉 신에게서 비롯된 초월적인 빛이 감각의 세계에 닿아 눈에 보이는 아름다움으로 드러나는 것이다. 이로써 중세 미학은 수학적인 비례미를 배제하지는 않지만 빛의 아름다움, 빛의 미학이 중심을 이루게 된다.

중세에 아름다움은 감각적 세계가 아니라 초월적 세계에 있다고 생각했다. 따라서 중세 예술은 눈에 보이는 감각적 세계를 재현하기보다 그 너머에 있는 초월적 세계를 표현하고자 하였다. 그러나 문제는 눈에 보이지 않는 초월적 세계를 어떻게 표현할 것인가 하는 것이었다. 중세 장인들은 이 문제를 재료의 선택을 통해 해결했다. 그들은 금이나 보석에서 나오는 눈부신 빛과 강렬한 원색이 주는 색채 효과를 통해 초월적인 세계를 드러낼 수 있다고 보았다. 중세의 공예품을 뒤덮고 있는 귀금속이나 중세 성당을 가득 채우고 있는 화려한 모자이크 등은 번쩍거리는 빛과 화려한 색채의 효과를 통해 초월적인 세계, 신적인 아름다움을 보여주기 위한 것이었다.

성 삼왕 유골함

산 마르코 대성당 내부

쾰른 대성당에 안치된 〈성 삼왕 유골함〉(1230년경)은 그 좋은 예를 보여준다. 이 유골함은 아기 예수에게 경배를 왔던 동방박사들의 유골을 모신 것이다. 황금과 보석으로 뒤덮인 유골함은 아기 예수를 안은 성모와 천사를 거느린 그리스도 등 종교적인 형상으로 조각되어 있다. 그러나 이 유골함에서 중요한 것은 이러한 형상이 아니라 이것들이 황금과 여러 보석들로 치장되어 있다는 것이다. 이 유골함이 전하는 메시지는 바로 이 황금과 보석들이 내뿜는 눈부신 빛에 있다. 이 빛은 초월적인 세계, 신으로부터 비롯된 아름다움을 상징한다.

빛의 상징주의는 건축에서도 나타난다. 베네치아의 〈산 마르코 대성당〉(1063-1094)은 성당 전체를 가득 채우고 있는 모자이크로 인해 화려한 황금빛 아우라를 뿜어내고, 라벤나의 〈산 비탈레 성당〉을 가득 채우고 있는 화려한 모자이크는 색채의 향연 속에 초월적인 분위기를 만들어 낸다. 고딕 성당을 장식하고 있는 스테인드글라스 역시 강렬한 원색의 반투명 유리를 통해 들어오는 신비로운 빛이 초월적인 세계

산 비탈레 성당 내부

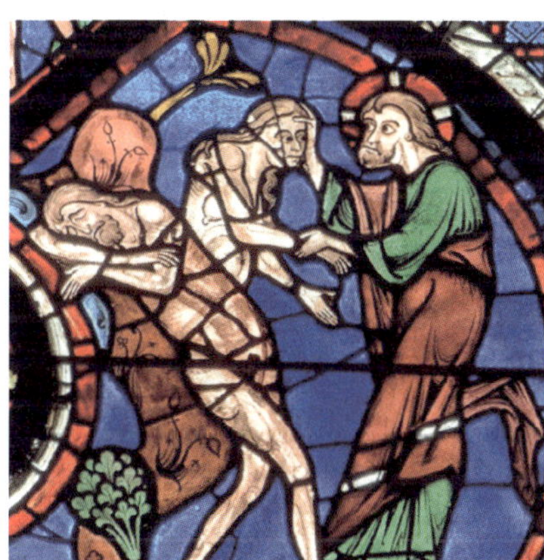

샤르트르 대성당 스테인드글라스

를 연상시킨다. 이와 같이 중세 예술은 감각적인 재료를 사용해 그것이 뿜어내는 빛과 강렬한 색채의 효과를 통해 초감각적인 세계를 연출하고자 하였다.

12세기 종교부흥

11세기 말부터 시작된 십자군전쟁을 통해 비잔틴과 이슬람지역으로부터 고전문화가 유입됨으로써 이른바 '12세기 르네상스'라 불리는 인간중심주의 문화가 되살아난다. 이러한 영향으로 인해 기독교에서도 수도원을 중심으로 종교부흥운동이 일어나게 되고, 기독교가 보다 인간적으로 변화된다.

영광의 그리스도, 1200년경

첫째, 공포의 심판관으로서의 신의 모습보다는 자비로운 구세주로서의 그리스도가 강조되면서 성체신앙이 대두된다. 성인들의 유물을 숭배하던 신앙에서 예수 그리스도를 강조하는 신앙으로 바뀌게 되고, 성체신앙이 기독교의 핵심으로 자리 잡는다. '성변화 Transubstantiation' 교리도 이때 분명해진다. 성체의식은 성체를 받아먹음으로써 예수 그리스도로부터 영원한 생명을 얻고 그리스도 교회의 일원임을 확인하는 의식이다. 로마교회의 입장에서 보면 성체의식은 교회의 중앙집권화를 반영하는 것이었다. 지금까지는 각 지역 교회에 산재한 성인들의 유물이 신앙의 중심이었기 때문에 지방분권적이었다면, 이제 성인들의 유물 숭배를 제한하고, 그리스도와 더불어 그리스도의 수제자인 베드로를 강조함으로써 교황 중심의 중앙집권화를 이루게 된다.

블라디미르의 성모, 12세기 초

둘째, 자비로운 구세주로서의 그리스도가 강조되었지만, 사람들의 마음속에서 최후의 심판관으로서의 그리스도에 대한 두려움을 떨쳐버릴 수가 없었다. 이에 대한 보완책으로 성모 신앙이 등장한다. 성모는 인간으로서 산고의 고통을 직접 체험하였고, 이집트로 피난까지 다니면서 아들을 애써 키웠으며, 아들인 예수가 십자가에 못 박히는 것을 직접 보면서 누구보다도 인간적인 고통을 겪었기 때문에 인간적인 측면에서 기도자의 입장을 잘 이해해 주리라 믿었다. 성모는 '예수 그리스도에게 나아가는 가장 쉽고 가깝고 안전한 길'이었다. 따라서 성모를 천국에서 하느님이신 예수 그리스도의 오른편에 앉아계시는 '영광의 성모'로 탄생시켰고, 그녀에게 우리 기도를 예수 그리스도에게 중재해 주도록 간청하였다. 보통 사람에게는 추상적이고 멀기만 한 교리체계 안에서 인간미와 포근함, 동정심을 가진 어머니 같은 성모 마리아의 존재는 많은 사람들에게 위로를 주기에 충분하였고, 이로 인해 성모 신앙이 열렬하게 번져 나갔다.

무엇보다 성모 신앙은 유럽 역사에 있어 중요한 전환점을 마련하는 계기가 되었다. 성모 신앙의 등장과 함께 사람들이 기독교를 통한 새로운 삶의 의미를 찾게 되었고, 희망적이고 낙관적인 분위기가 12세기 유럽 전반을 지배하게 되었다. 성모 신앙을 통해 유럽인들은 기독교를 보다 진지하게 받아들임으로써 온갖 힘든 일을 그리스도의 이름으로 수행할 수 있는 동기가 마련되었고, 문학과 예술, 건축 등 모든 분야에서 위대한 업적을 이루게 되었다.

4. 샤르트르 대성당 / 성 엘리자베스 성당

고딕

고딕 Gothic은 대체로 12세기 중엽부터 14세기 중엽에 걸쳐 유럽에서 로마네스크 다음으로 등장한 미술 양식이다. 특히 13세기는 '대성당의 시대'라고 불릴 정도로 대성당들이 많이 건립되면서 고딕의 전성기를 이루게 된다. '고딕'이라는 용어는 고트 Goth족의 양식이라는 뜻으로 16세기 이탈리아 르네상스인들이 중세 건축양식을 야만족의 양식으로 폄하해서 부른 말이었다. 고트족은 5세기 서로마를 무너뜨린 게르만족의 일파로서 당시 이탈리아에서는 야만족과 동의어로 간주되었다. 이렇게 경멸적인 의미로 시작된 고딕이라는 용어는 건축양식에서 적용되기 시작해 조각이나 회화 등 다른 양식에까지 보편화된다. 이후 야만족의 양식으로 간주되던 고딕양식은 18세기 말 이후 혁신적인 양식으로 새평가되면서 다시 주목을 받게 된다.

생 드니 / 생 드니 수도원 성당

어떤 양식이 언제 어디

에서 시작되었다고 단정적으로 말하기는 어렵다. 그러나 고딕의 경우는 예외이다. 고딕건축은 12세기 중엽 파리 근교의 〈생 드니 수도원 성당〉에서 시작되었다. 생 드니는 파리 초대 주교로서 3세기 갈리아 지역에 처음으로 기독교를 전파하다 몽마르트(순교자의 언덕이라는 의미)에서 순교하였다. 그러나 드니 주교는 벌떡 일어나 자신의 잘린 목을 들고 북쪽으로 10km를 걸어가 숨을 거두었고, 그곳에 시신이 묻히게 되었다. 451년에 그 자리에 교회가 들어섰고, 652년에는 수도원이 세워졌다.

12세기 프랑스 왕 루이 6세는 프랑스의 영주들을 제압하고 왕권을 강화하기 위해 교회와 안정적인 관계를 유지하고자 하였다. 그 과정에서 중요한 역할을 수행한 사람이 생 드니 수도원의 원장인 쉬제르 Suger(1081?-1151)였다. 그는 루이 6세의 고문으로서 왕권강화의 일환으로 프랑스 수호성인의 영묘이자 역대 왕들의 무덤이 있는 생 드니 수도원의 부속성당을 프랑스의 정신적 중심지로 삼고자 대대적인 재건축에 나섰다. 쉬제르는 1132년에 시작되어 1144년에 완공한 이 성당의 내진 개축 공사에서 자신의 신학적 관점을 반영해 지금까지와는 전혀 다른 새로운 양식을 선보였다. 이 새로운 양식이 후에 '고딕'이라 불리게 된다.

프랑스 왕권 강화

12세기 이후 유럽의 정치질서는 신성로마제국 중심에서 벗어나 유럽 각국이 상호 경쟁하는 왕권 중심의 체제로 변화하였다. 1077년 신성로마제국 황제 하인리히 4세가 카노사에서 교황에게 무릎을 꿇은 이후 신성로마제국은 황제권과 교황권의 갈등 속에서 황제권이 약화된다. 이로써 독일 왕인 신성로마제국 황제만이 유럽의 '보편황제'라는 개념이 약화되면서 독일의 정치적 위상이 쇠퇴해 간 반면, 영국과 프랑스를 비롯한 유럽 각국은 점차 중앙집권적인 통치기구를 공고히 하면서 왕권을 강화해 간다. 이 과정에서 특히 프랑스 왕들은 가톨릭교회의 전폭적인 지원을 받는다. 로마교황은 독일 황제의 권한을 견제하기 위해 프랑스 왕을 시원했고, 프랑스 교회에 어느 정도 자율권을 주었다. 로마의 후원 하에 교회의 지원을 받은 프랑스 왕은 자신도 독일 황제처럼 신으로부터 통치권한을 부여 받았다고 주장함으로써 왕권의 신성함을 주장하는 한편, 웅장한 교회 건축을 통해 신성한 왕권을 과시하고자 하였다.

프랑스 왕은 왕권을 강화하고 왕령지를 넓혀가면서 왕령지 내의 주교가 있는 도시에 특허장을 주어 특별히 보호했다. 이 때문에 도시는 왕권의 거점이 되었고, 도시의 주교들은 왕의 대리인이자 봉신의 역할을 수행하게 되었다. 이들 주교들의 경쟁의식이 작용하면서

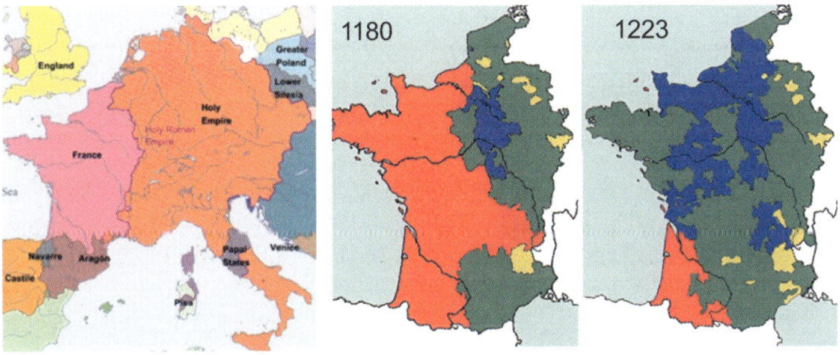

1200년경 유럽과 프랑스(파: 왕령지, 녹: 봉토, 노: 교회령, 빨: 영국령)

각 도시에 경쟁적으로 새로운 대성당들이 들어서게 된다. 12세기 말에서 13세기 초에 이르는 불과 40-50년 사이에 왕령지가 대폭 확대되었다는 것은 그만큼 왕권이 강화되었음을 말해준다. 고딕 양식은 바로 이러한 프랑스의 왕권강화 과정에서 나온 산물이라고 할 수 있다.

시민계급의 예술

다른 한편 고딕은 도시와 함께 생겨난 시민계급의 예술이기도 하였다. 11세기와 12세기를 거쳐 오는 동안 유럽은 농업경기의 활성화와 급속한 인구증가로 인해 도시가 성장하게 된다. 도시에는 개인의 능력에 따른 경제적 성공과 사회적 신분상승의 길이 열려 있었기 때문에 농민이나 농노들이 도시로 유입되었고, 이로 인해 봉건제도가 급격히 약화된다. 또한 이 시기에는 십자군원정과 동방교역의 증가 등으로 동방문화를 접하는 기회가 많아진다. 비잔틴과 이슬람지역으로부터 고전문화와 사치품 등이 유입되면서 문화가 세속화되고, 특히 스페인의 이슬람 지역에 남아있던 그리스 로마의 고전

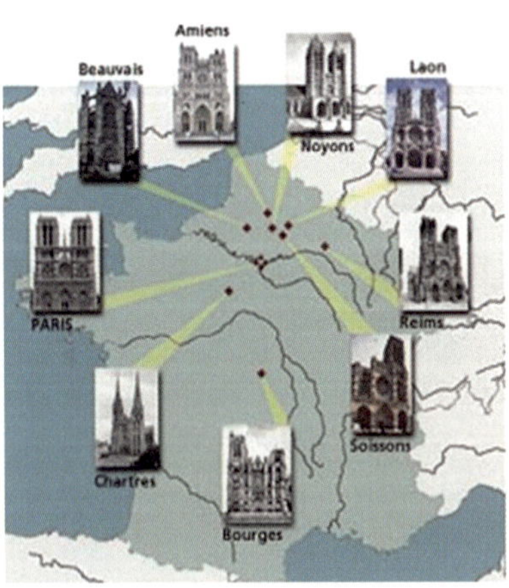

프랑스 고딕성당

들이 역수입되면서 인간의 이성을 중시하는 새로운 문화가 형성된다. 문화사는 이를 '12세기 르네상스'라고 부른다.

이 시기에는 도시의 발달과 함께 여러 도시에서 대성당들이 많이 신축된다. 이는 물론 종교적 이유에서 비롯된 것이기도 하지만, 각 도시의 시민계급들이 자신들의 위상을 과시하기 위해 경쟁적으로 주교가 주도하는 교회건축에 참여했기 때문이기도 하다. 이 시기는 기독교가 지배적이긴 했지만 이전에 비해 문화적 세속화가 확대됨으로써 종교적 분위기와 현실주의적 생활감정이 공존하던 시기였다. 고딕예술의 정수라 할 수 있는 고딕성당 건축은 이러한 시대 분위기를 반영하고 있다. 이런 점에서 고딕건축의 발전은 종교적 믿음과 인간의 능력에 대한 자신감이 결합되어 만들어낸 결과물이자 신앙과 이성, 교회와 시민계급간 공존의 산물이라 할 수 있다.

중세 미학의 구현

고딕건축은 쉬제르 원장이 성당을 개축하는 과정에서 시작되었다. 쉬제르는 새로 개축할 성당을 통해 수학적 비례와 빛으로 상징되는 신적인 아름다움을 시각화하고자 하였다. 현재의 〈성 드니 수도원 성당〉은 원래의 모습이 많이 사라졌지만, 후진과 뒤쪽 회랑 부분은 본래의 모습을 그대로 유지하고 있다. 이 부분을 통해 쉬제르가 의도했던 고딕건축의 이념을 엿볼 수 있다.

쉬제르는 새로운 건축을 통해 천상의 예루살렘, 하느님의 왕국을

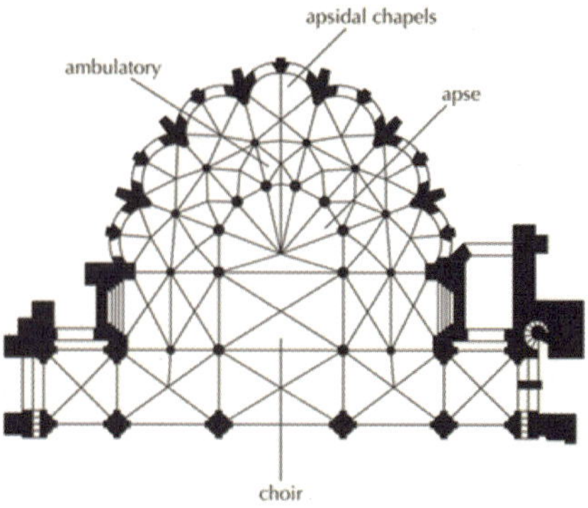

생 드니 수도원 성당 내진 / 내진 평면도

지상에 구현하고자 하였다. 그가 생각하는 하느님의 왕국은 완벽한 조화와 신비로운 빛으로 가득 찬 곳이었다. 이를 시각적으로 드러내기 위해 그는 기하학적 설계를 통해 완벽한 조화를 실현하고, 스테인드글라스를 통해 신비로운 빛을 만들어내고자 하였다. 조화와 균형을 통해 아름다움을 구현하고자 한 것은 이미 고대로부터 전해진 미 개념을 그대로 받아들인 것이었다. 여기서 새로운 것은 '빛'에 대한 새로운 미 개념을 받아들였다는 것이다.

생 드니 수도원 성당 내진 회랑

기독교 신학에 의하면 모든 것이 신으로부터 비롯되었듯

이 세상의 모든 아름다움도 신으로부터 비롯된 것이다. 신은 최고의 아름다움 그 자체이다. 어떤 것이 아름다운 것은 그것 자체가 아름답기보다는 거기에 빛이 와서 닿았기 때문에 아름답다. 여기서 빛은 최고의 아름다움인 신과 연결되고, 빛은 신의 숨결이자 신의 존재를 상징하는 것이 된다. 고딕 성당은 무엇보다도 성당 안에 이런 빛이 가득 들어오도록 건축구조를 개선하고자 한 것이었다. 빛이 많이 들어오기 위해서는 창문이 커져야 했고, 그러려면 천장이 가벼워야 했다. 그래서 도입된 것이 첨형아치이고, 늑재 궁륭이고, 부연부벽이었다.

그런데 성당 안에 밝은 빛이 많이 들어와야 한다면, 왜 굳이 반투명의 스테인드글라스일까? 여기서 빛은 그냥 빛이 아니라 신의 존재를 드러내는 신비로운 빛이어야 했다. 그래서 도입된 것이 스테인드글라스이다. 빵과 포도주가 사제의 축성을 통해 그리스도의 몸과 피로 '성변화'가 이루어지듯이, 일상의 빛은 성당의 스테인드글라스를 통과함으로써 신비로운 빛, 성스러운 빛으로 '변화'된다. 이로써 스테인드글라스의 빛은 천국의 거룩한 빛으로서 교회 안을 가득 채우게 된다. 고딕 건축이 로마네스크 건축과 다른 새로운 양식으로 거듭나게 된 것은 무엇보다도 이러한 '빛의 미학'을 받아들였기 때문이다. 이 빛의 미학을 건축적으로 구현하고자 한 것이 고딕건축, 고딕성당인 것이다.

쉬제르는 기하학적 설계를 통해 수학적 비례미를 실현하고자 했고, 스테인드글라스를 통해 빛의 아름다움을 극대화하고자 하였다. 이를 통해 하느님의 왕국을 구현하고자 한 것이다. 이렇게 볼 때 고딕성당은 '비례와 광채'라는 중세 미학의 구현체라고 할 수 있다.

늑재궁륭과 첨형아치

고딕건축의 가장 큰 특징 중 하나는 '늑재궁륭(늑골궁륭, 지골궁륭) Ribbed Vault'을 사용한다는 것이다. 고딕 성당의 궁륭을 보면 가느다란 선형의 띠가 보이는데, 이를 '늑재(늑골) Rib'라고 한다. 늑재궁륭에서는 늑재가 사실상 천장의 무게를 지탱하는 뼈대 역할을 한다. 따라서 늑재 궁륭을 만들 때에는 우선 뼈대가 되는 늑재를 만들고, 그 외의 부분은 가벼운 돌로 채워 넣기 때문에 시공 또한 간편하다. 기둥이 받는 하중부담 또한 대폭 줄어들게 된다. 로마네스크 궁륭의 두께가 평균 30-40cm라면, 늑재 궁륭은 절반 정도로 얇아진다. 늑재

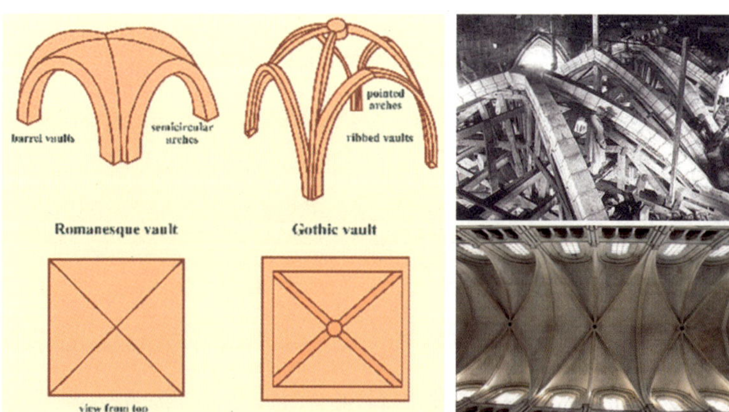

교차궁륭 / 늑재궁륭

와 기둥이 만나는 지점의 압축력은 교차궁륭에 비해 1/3 이상 줄어든다.

고딕건축의 또 다른 특징은 '첨형아치(첨두아치) Pointed Arch'를 사용한다는 것이다. 첨형아치는 이미 9세기부터 북부 아프리카의 이슬람 건축에서 사용되던 것으로, 이것이 유럽에 전해져 특히 고딕건축에서 중요한 역할을 하게 된다. 첨형아치는 출입문이나 창문뿐만 아니라 궁륭에도 사용되었는데, 늑재궁륭과 조합되어 교차궁륭에 비해 더 큰 안정성을 획득하게 된다.

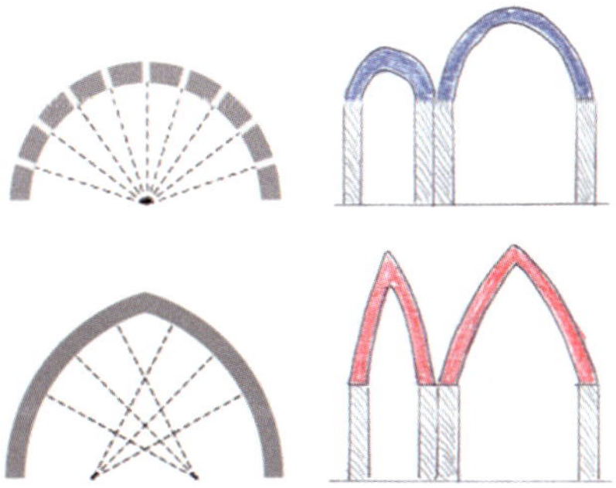
원형아치 / 첨형아치

기존의 원형아치는 두 가지 문제점을 가지고 있었다. 첫째, 건물의 폭을 넓히려면 아치도 키워야 하는데, 원형아치로는 무너져 버린다는 한계가 있었다. 둘째, 건물의 폭이 다르면 높이도 달라야 하기 때문에(폭이 크면 아치도 커야 하므로) 높이를 똑같이 맞출 수 없다는 한계가 있었다. 첨형아치는 이런 문제점을 해결해 주었다. 원형아치는 호(부채꼴의 곡선부분)가 하나인 반면, 첨형아치는 호가 두 개이다. 원형아치는 호가 하나이기 때문에 폭과 높이가 아치의 지름과 반지름으로 한정된다. 반면 첨형아치는 호가 두 개이기 때문에 폭과 높이를 자유롭게 조정할 수 있게 된다.

첨형아치의 사용은 공간 구성의 다양성을 배가시켰다. 원형아치로 된 교차궁륭에서는 천장의 높이를 맞추기 위해 가로 세로의 폭이 똑같아야 했기 때문에 정사각형 공간이 만들어진다. 이것이 로마네스크 건축의 특징인 이른바 '정사각형 도식'으로 발전한 것이다. 정사각형 도식은 성당 구획의 핵심 기준을 교차부의 정사각형 공간으로 삼고, 이 정사각형 공간을 덧붙이는 방식으로 공간을 확대해가는 것을 말한다. 그러나 첨형아치를 쓰면 폭이 달라도 높이를 똑같이 맞출 수 있기 때문에 정사각형 도식을 고수할 필요가 없다. 따라서 로마네스크에 비해 폭이 넓은 공간이 가능하고, 다양하게 변화를 줄 수 있게 된다. 로마네스크 건축의 내부공간은 폭이 좁고 긴 단순한 형태인 반면, 고딕건축은 내부공간이 넓고 다양한 형태를 갖게 된 것은 이 때문이라고 할 수 있다.

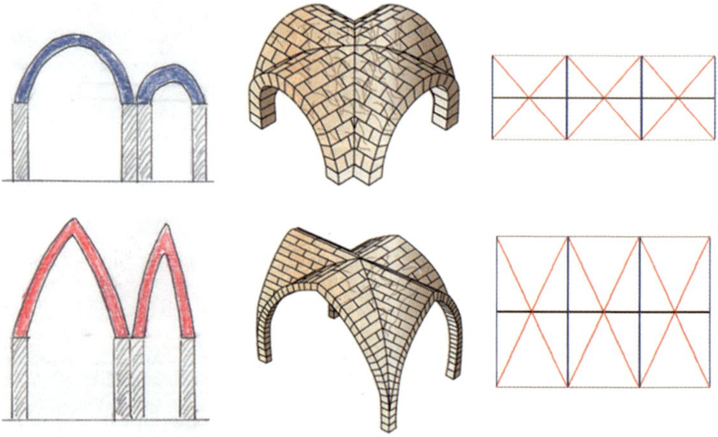

교차궁륭 / 늑재궁륭

부연부벽

고딕건축의 또 다른 중요한 특징 중 하나가 '부연부벽(공중부벽, 벽날개, 버팀도리) Flying Buttress'을 사용한다는 것이다. 고딕 성당의 천장은 늑재궁륭을 사용함으로써 로마네스크 성당에 비해 그 무게가 훨씬 가벼워졌지만, 그래도 석재로 되어 있었다. 부연부벽은 이러한 궁륭의 무게 때문에 중랑벽이 바깥쪽으로 넘어지는 것을 막기 위해 도입되었다. 부연부벽은 높은 중랑벽이 넘어지지 않도록 지탱해주는 역할을 하지만 다른 한편으로는 궁륭의 하중을 밖으로 빼내는 역할을 한다. 궁륭의 압력은 아치 방향을 따라 횡압력으로 작용한다는 점에서 궁륭의 무게가 부연부벽을 타고 내려가 부벽을 통해 성당 외부로 분산되도록 한 것이다. 이로써 중랑벽은 지지 기능을 거의 갖지 않게 되기 때문에 별다른 위험 없이 벽에 큰 창문을 낼 수 있게 된다.

또한 부연부벽은 성당 안으로 더 많은 빛이 들어오도록 하기 위해

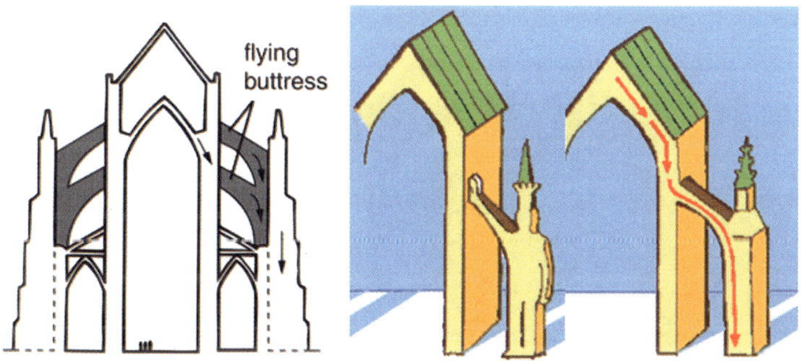

부연부벽

서도 매우 유용했다. 두꺼운 부벽을 성당 벽에 바짝 대서 세울 경우 부벽이 성당 안으로 들어오는 빛을 가리게 된다. 따라서 빛이 많이 들어올 수 있도록 빛을 가리는 부벽의 벽체를 멀리 세우고, 가느다란 지지대 모양의 부연부벽을 사용함으로써 그림자에 가리지 않고 더 많은 빛이 내부로 들어올 수 있도록 한 것이다.

이러한 부연부벽의 예를 〈슈트라스부르크 대성당〉, 〈아미앵 대성당〉, 〈파리 노트르담 대성당〉 등 대부분의 고딕 성당에서 볼 수 있다. 성당 외관은 거대한 다리를 가진 거미처럼 보이기도 하고, 마치 공사 중인 건물 외부에 지지대가 즐비하게 늘어선 것처럼 보이기도 한다. 부연부벽의 박진감은 특히 후진 부분에서 정점에 달한다. 부연부벽이 반원형의 후진 부분을 둘러싼 모습이 마치 회전그네가 돌아가는 것처럼 보이기도 한다. 그러나 성당의 내부에서는 이런 복잡한 구조물들이 전혀 느껴지지 않기 때문에 별개의 세상처럼 보인다.

첨형아치와 부연부벽의 도입으로 대성당들이 높이 경쟁에 들어간다. 〈파리 노트르담 대성당〉은 35m, 〈샤르트르 대성당〉은 36.6m,

슈트라스부르크 대성당 / 아미앵 대성당 / 파리 노트르담 대성당

〈아미앵 대성당〉은 44m, 〈보베 대성당〉(1240-47)은 48m에 달하게 된다. 〈보베 대성당〉은 짓다가 중랑이 무너지는 바람에 완공되지 못하고 동쪽 내진 부분만 남아 있다. 동쪽에서 보면 부벽과 부연부벽이 숲을 이루고 있다.

아미앵 대성당 / 보베 대성당

고딕성당 내부

고딕성당의 지지체계는 전성기에 '다발기둥' 형태로 발전한다. 기둥이 덜 육중하게 보이도록 가는 기둥을 다발처럼 묶은 모양으로 만든 것이다. 좀 더 자세히 보면 다발 속의 가는 기둥 하나하나가 위쪽의 아치와 연결되어 있는데, 이 때문에 마치 기둥 하나에서 여러 개의 나뭇가지들이 뻗어나가는 것처럼 보인다. 성당 안이 이런 이미지로 가득 차 있기 때문에 고딕성당 내부는 숲의 세계를 상징한다고 보기도 한다.

고대 게르만족들에게 있어 숲은 두려움의 대상이자 숭배의 대상이었다. 중세 전성기에 이르러 개간사업이 활발히 진행되면서 많은 숲, 특히 도시 부근의 숲이 급속도로 파괴되었다. 고딕성당은 이러한 사라진 숲의 모습을 형상화한 것이라 할 수 있다. 성당 내부는 게르만족들의 숭배 대상이었던 떡갈나무나 졸참나무 등 하늘로 쭉쭉 뻗은 나무들이 가득 찬 숲의 모습과 닮아 있다. 우뚝 서있는 기둥들은 아름드리 나무라 할 수 있고, 늑재는 거대한 나무에서 뻗어 나간 가지의 곡선을 나타낸다고 할 수 있다. 성당 내의 어슴푸레하고 신비로운 분위기는 한낮에 우거진 숲속에 들어갔을 때의 분위기를 연상시킨다. 스테인드글라스를 통해 들어오는 빛은 빽빽한 숲속의 나뭇잎들 사이로 쏟아지는 은은한 빛에 비유할 수 있다.

쾰른 대성당 내부

고딕건축의 현대적 변용

스페인 바르셀로나의 〈성 가정 대성당(사그라다 파밀리아) Sagrada Familia〉은 안토니 가우디 Antoni Gaudi(1852-1926)가 1882년에 시작했지만, 여전히 미완성인 건축이다. 이 성당은 고딕성당의 숲 속 분위기를 재현한 현대판 고딕 성당이라 할 수 있다. 성당 내부는 마치 떡갈나무 숲을 그대로 재현한 것처럼 보인다. 자연의 이미지를 그대로 살리고 있기 때문에 오히려 생경하게 느껴질 정도이다. 기둥들은 마치 진짜 떡갈나무를 떠올리게 하고, 기둥에서 뻗어나간 가지는 나뭇잎 모양의 장식은 한 천장으로 이어지면서 숲 속의 한 장면 같은 분위기를 만들어내고 있다. 건축가 가우디는 자연을 모티브로 전통적인 고딕 양식에 새로운 생명력을 불어 넣었다고 할 수 있다.

고딕건축의 특징이라 할 수 있는 늑재나 부연부벽 등은 사실 로마

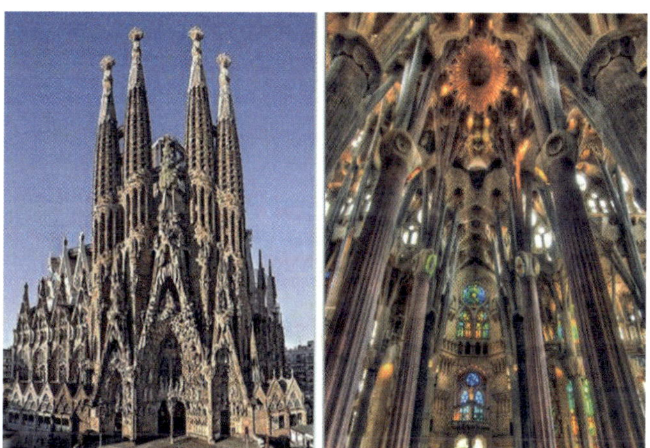

성 가정 대성당

네스크 건축에서 이미 사용되던 것이었다. 다만 로마네스크 건축에서는 이것들을 숨기거나 부득이해서 노출시키는 방식으로 사용되었다. 그러나 고딕건축에서는 로마네스크 건축에서처럼 이것들을 숨기거나 부득이하게 노출시키는 것이 아니라 의도적으로 밖으로 드러내 예술적 표현으로 승화시켰다. 고딕건축에서는 이것들을 건축구조로 이해하고 체계적으로 사용함으로써 기능적인 면에서 견고함은 물론 심미적인 면에서도 이런 대담한 설계를 직접 보고 즐길 수 있도록 하였다. 이러한 발상을 현대건축에 착안한 건물이 파리의 〈퐁피두 센터〉(1971-1976)이다.

퐁피두 센터

〈퐁피두 센터〉는 현대 하이테크 건축의 대표작으로 고딕건축의 원리를 응용한 것이라 할 수 있다. 건물 내부에 융통성 있는 공간을 만들기 위해 설비용 파이프, 복도, 에스컬레이터 등을 색깔이 있는 금속틀에 짜 넣어 건물의 유리 외벽 바깥에 설치하였다. 계단과 에스컬레이터 등 운송수단은 빨간색이고, 냉난방 시설은 파란색, 수도파이프는 녹색, 전기배선은 노란색으로 표시하였다. 그러나 이것들은 기능적이라기보다는 심미적 효과를 위한 것이다. 기능적인 면에서는 관리하기가 쉽지 않기 때문이다. 이런 점에서 기능적인 면과 심미적인 면을 모두 고려한 고딕 건축과는 차이가 있다고 할 수 있다.

샤르트르 대성당

샤르트르 대성당

〈샤르트르 대성당〉(1194-1220)은 '고딕건축의 요약본', '고딕건축의 백과사전'이라 불릴 정도로 고딕건축의 진수를 이루고 있다. 정식 명칭은 '샤르트르 노트르담 대성당 Cathédrale Notre-Dame de Chartres'이다. 여기서 '노트르담'은 '우리의 귀부인'이란 의미로 성모 마리아를 가리킨다. '노트르담 대성당'이라고 하면 〈파리 노트르담 대성당〉을 연상하지만, 노트르담 대성당은 파리에만 있는 것이 아니다. 12세기에 성모 마리아 신앙이 대두되면서 성모나 성모자상이 많이 만들어지고 새로 건립된 많은 교회가 '노트르담' 마리아에게 바쳐졌다. 〈샤르트르 대성당〉 외에도 〈랭스 대성당〉, 〈파리 대성당〉, 〈아미앵 대성당〉, 〈루앙 대성당〉 등 많은 성당들이 '노트르담'이라는 이름으로 건립되었다.

샤르트르 대성당

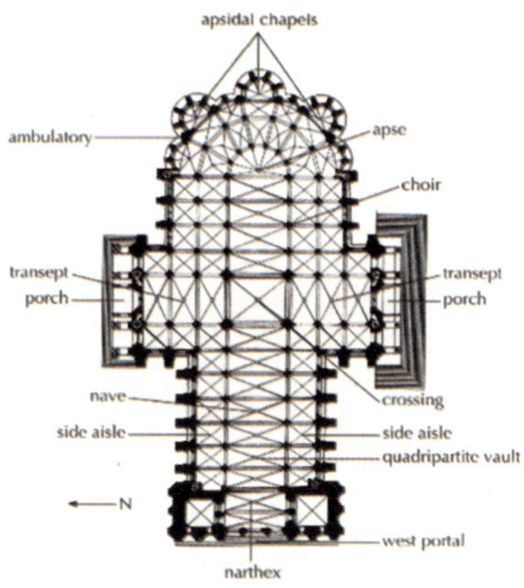

샤르트르 대성당 평면도

〈샤르트르 대성당〉은 원래 4세기에 프랑스 최초로 성모 마리아에게 바쳐진 성당이다. 이 성당은 9세기에 카알 대제의 손자가 예루살렘에서 가져온 성모의 옷을 기증하면서 성모신앙의 중심지가 되었고, 순례성당이 되었다. 1020년 화재 후 재건되었으나 1194년 또 화재가 나 교회가 거의 타버리고 말았다. 그러나 성모의 성의는 타지 않았기 때문에 이를 기적이라고 생각한 시민들의 헌금이 줄을 이으면서 성당이 다시 재건되었다.

〈샤르트르 대성당〉은 고딕 성당이지만 서쪽 정면 파사드를 보면 로마네스크적 분위기가 남아 있다. 이는 1194년 화재 시 유일하게 불타지 않은 서쪽 정면 파사드를 그대로 살리면서 재건축이 이루어졌기 때문이다. 또한 이 성당은 프랑스 성당으로서는 예외적으로 정면에 높은 첨탑을 가지고 있다. 두 탑의 생김새는 각기 다르다. 105m의 남쪽 탑은 초기 고딕식이고, 117m의 북쪽 탑은 후기 고딕식으로 16세기에 완성되었다.

샤르트르 대성당 구조

샤르트르 대성당 내진 칸막이벽

〈샤르트르 대성당〉은 〈파리 노트르담 대성당〉에 비해 확실한 라틴십자형 평면을 하고 있다. 서쪽은 물론 남북으로도 정문이 나 있어 정문이 세 개인 특이한 구조이다. 이 때문에 서쪽 중랑 부분은 3랑식이고, 안쪽의 내진 부분은 5랑식이다. 이는 순례자들이 남북의 문을 통해 들어와 내진 뒤쪽의 회랑을 따라 안쪽에 자리한 예배당을 둘러볼 수 있도록 배려한 것이라 할 수 있다. 이때 순례자들로 인해 미사의식 등이 방해를 받지 않도록 하기 위해 내진 주위에 칸막이벽을 설치하였다. 이 벽에는 성모와 예수의 일생이 묘사되었다.

〈샤르트르 대성당〉은 건축 구조면에서도 매우 중요한 진전을 이루어냈다. 우선 이 성당에서 로마네스크 구획체계가 최초로 극복되었다. 교차궁륭 공간 하나가 성당 건축의 한 구획을 이루는 '정사각형 도식'이 극복된 것이다. 궁륭의 한 구획이 네 개로 나뉘는 이른바 '4분 볼트'가 됨으로써 천장의 궁륭과 기둥체계가 처음으로 일치하게 된다. 초기 고딕에 해당하는 〈파리 노트르담 대성당〉의 '6분 볼트'와 비교해 보면 그 차이를 잘 알 수 있다. '6분 볼트'는 성당 건축에서 아직 '정사각형 도식'의 영향을 받고 있다는 것을 말해준다.

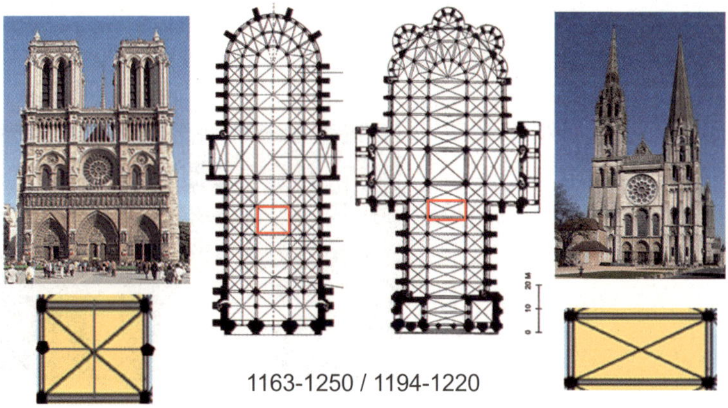

파리 노트르담 대성당 / 샤르트르 대성당 구조

또한 〈샤르트르 대성당〉에서는 중랑벽이 고딕 표준형인 3단 구성으로 정립되었다. 초기 고딕에 해당하는 〈파리 노트르담 대성당〉에서 보듯이 초기 고딕에서는 중랑벽이 4단 구성과 3단 구성이 혼재하는 경향을 보였다. 그러다 〈샤르트르 대성당〉에 와서 3단 구성으로

고딕성당 중랑벽의 변화(파리 노트르담 대성당 / 샤르트르 대성당)

정립된 것이다. 3단 구성은 '아케이드 – 트리포리움 Triforium – 클리어스토리'로 되어 있다. '트리포리움'은 바깥쪽이 막혀 있어 '블라인드스토리 Blindstory'라고도 하는데, 로마네스크의 '트리뷴'에 비해 공간이 좁거나 아예 없다. 부연부벽의 발달로 벽면 구성이 자유로워지면서 특히 위쪽의 클리어스토리가 커져 많은 빛이 들어오게 된다. 기둥을 보면 본기둥에 네 개의 가느다란 대응기둥을 둘러싸듯 덧대고 있고, 이것이 다시 위쪽의 더 가는 기둥들을 통해 궁륭으로 이어지도록 하였다. 이는 기둥의 수직성을 강화한 것이라 할 수 있다.

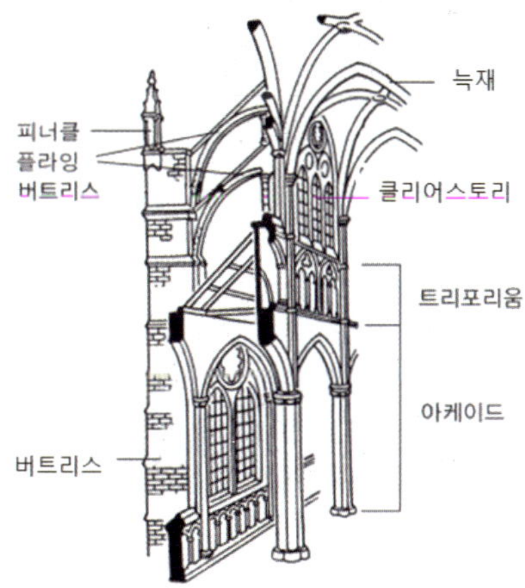

고딕성당의 구조

스테인드글라스

〈샤르트르 대성당〉의 스테인드글라스는 중세 스테인드글라스 중 손상되지 않고 가장 잘 보존된 것 중 하나이다. 모두 179군데 창문에 스테인드글라스가 설치되어 있고, 그 면적을 합치면 2,000제곱미터에 달한다. 이들 대부분이 13세기에 만들어졌다. 그 중에서도 서쪽 정면과 남북 익랑의 장미창이 압권이다. 장미창은 모두 12개의 크고

북쪽 익랑 장미창

작은 원과 사각형, 반원형들이 반복해서 배치되어 있다. 숫자 12는 완전함을 뜻하고, 하느님의 계획을 뜻하기도 한다. 〈북쪽 익랑 장미창〉은 '프랑스의 장미'라 불리는데, '성모의 영광'을 주제로 다루고 있다. 루이 9세의 어머니 블랑슈 왕비가 기증한 것으로, 블랑슈 왕비는 루이 9세가 1226년 어린 나이에 즉위하자 10년간 섭정을 했는데, 그 시기에 만들어졌다. 이 장미창은 특히 기하학적 구성이 돋보인다. 가운데의 큰 원 안에 성모자가 있고, 그 밖으로 성령(비둘기)과 천사, 왕들이 각각 넷씩 모두 열두 형상이 둘러싸고 있다. 사각형 안에는 성모의 조상인 유대의 열두 왕이 그려져 있는데, 사각형의 각도가 조금씩 다르게 되어 있어 마치 회전하는 것처럼 보인다. 마지막으로 바깥쪽 반원형에는 열두 명의 예언자가 그려져 있다. 사각형과 반원형 사이에는 사입원(원 네 개가 모여 만들어진 무늬)이 그려져 있는데, 이는 성모의 순결을 상징하는 백합꽃을 나타낸다.

장미창은 우선 성모 마리아를 상징한다. 장미는 순결(흰색)과 사랑(붉은색)의 꽃으로, 장미창은 성모의 동정과 사랑을 나타낸다. 또한 장미창은 빛이 통과해도 유리가 깨지지 않는다는 점에서 성모의 처녀성을 나타내기도 한다. 다른 한편 장미창은 우주의 질서를 상징하기도 한다. 중세 도상학에서 원이나 바퀴는 신과 우주의 질서를 상징하는데, 장미창이 바퀴가 굴러가는 것처럼 보인다는 점에서 우주의 수레바퀴나 태양의 수레바퀴가 굴러가는 모습과도 연관된다.

〈아름다운 스테인드글라스의 성모〉는 〈샤르트르 대성당〉 내진 남쪽에 위치한 스테인드글라스 속의 성모를 지칭한다. 여기에서 성모는 '천상의 모후'의 모습으로 아기 예수를 무릎 위에 안고 있는데, 성모와 예수가 일체를 이루고 있는 것처럼 보인다. 성모의 머리 위에는 성령을 상징하는 흰 비둘기가 있고, 양 옆에는 촛대와 향로를 든 천사들이 보좌하고 있다. 성모자 부분은

아름다운 스테인드글라스의 성모

12세기에 제작된 것으로 1194년 화재 때에도 무사했다. 양 옆은 13세기에 제작된 것이다. 전체적인 구성도 아름답지만, 특히 진홍색 배경에 푸른 옷을 걸친 성모의 모습이 무척 아름답다. 푸른색은 성스러운 색으로 성모 마리아를 상징한다. 〈샤르트르 대성당〉에서 성모 옷의 푸른색은 그 아름다움으로 인해 특별히 '샤르트르 블루'라고 불린다.

스테인드글라스 기술은 로마네스크 시대에 이미 완성되었지만, 고딕시대에 이르러서는 건축 조각의 영향을 받아 독특하면서도 다채롭게 구성되었다. 스테인드글라스는 작은 색유리를 납으로 된 테두리로 둘러 짜 맞추는 방식으로 제작되었다. 색유리는 유리에 망간이나 코발트 등 금속산화물을 섞어 색을 내는데, 적색, 청색, 황색이 주를 이루고 있다. 이 색유리들은 색채에 따라 빛의 투과도가 다르기 때문에 신비로운 분위기를 연출한다. 스테인드글라스 창문은 그 안에 재현된 내용도 내용이지만, 더 중요한 것은 스테인드글라스의 빛이 만들어내는 분위기였다. 고딕을 창안한 쉬제르도 "유리창에 그림을 그려 넣은 것은 오직 성서를 읽지 못하는 사람들에게 무엇을 믿어야 하는지 보여주기 위해서일 뿐이다."라고 하면서 스테인드글라스의 교육적 효과를 강조했지만, "물질적인 것을 비물질적인 것으로 만드는" 스테인드글라스의 마술적 효과를 부정하지는 않았다. 스테인드글라스는 그 자체가 빛의 상징적인 체험을 고양시킴으로써 영적인 깨달음으로 이끄는 하나의 매개체라고 할 수 있다. 이러한 효과 때문에 고딕성당은 천국의 분위기를 미리 느껴보는 일종의 체험공간으로 꾸며졌다.

샤르트르 대성당 미로

샤르트르 대성당 미로

〈샤르트르 대성당〉의 중랑 바닥에 있는 '미로'도 중요한 상징성을 갖는다. 미로는 그리스 신화에서 미노스왕이 미노타우로스를 가두기 위해 만든 것이 유명하다. 기독교의 미로는 미노타우로스의 미로와 달리 언제나 입구와 출구가 있고, 중심에는 그리스도가 있다. 그러나 이 미로는 그리스도가 있는 중심에 다가가는가 싶으면 다시 멀어지기를 반복하다가 마침내 중심에 도달하도록 되어 있다. 기독교 문화에서 미로는 삶의 의미, 영적 행로, 구원에 이르는 길을 상징한다. 기독교 문화에서 삶의 중심은 그리스도이다. 인간은 늘 삶의 중심을 향해 다가가다가도 다시 중심에서 멀어지기를 반복하곤 한다. 괴테가 『파우스트』에서 지적하고 있듯이 인간은 노력하는 한 방황하기 마련이다. 미로가 중심에 다가갈 것 같다가 다시 나오기를 반복하는 것은 늘 흔들리는 인간의 믿음을 나타낸다. 또한 미로는 예루살렘까지의 고된 순례를 상징하기도 한다. 중세 때에는 미로의 입구에서부터 무릎으로 걷거나 기어갔다고 한다. 미로는 〈아미앵 대성당〉 등에서도 볼 수 있다.

아미앵 대성당 미로

독일 고딕

독일은 13세기 중엽에야 프랑스에 가까운 라인강 서쪽 지역을 중심으로 프랑스 고딕이 도입되면서 본격적으로 고딕 건축이 시작된다. 독일 고딕은 크게 두 가지로 구분된다. 첫째, 프랑스 고딕을 직접 모방한 경우이다. '프랑스식 고딕'이라 부른다. 〈쾰른 대성당〉, 〈슈트라스부르크 대성당〉이 대표적인 성당으로 바실리카식 교회의 형식을 따르고 있다. 둘째, 프랑스 고딕을 받아들이되 독일 전통에 맞게 변형시킨 경우이다. '독일식 고딕' 이라고 부른다. 마르부르크의 〈성 엘리자베스 성당〉과 14세기 이후 건립된 많은 독일 교회들이 여기에 해당한다. 대표적인 형식은 '할렌키르헤(홀교회) Hallencirche이다.

독일에서는 고딕이 늦게 시작되었지만, 다른 나라보다 늦게까지

지속된다. 다른 나라에서는 이미 르네상스가 시작되는 15세기까지 지속되면서 유럽 고딕의 역사를 100년 이상 늘여놓았다는 평가를 받는다. 이는 19세기에 이르러 독일이 고딕을 자신들의 양식이라고 주장하는 한 근거가 되기도 한다.

쾰른 대성당

〈쾰른 대성당〉(1248-1560, 1826-80)은 독일의 프랑스식 고딕을 대표한다. 프랑스 〈아미앵 대성당〉을 모델로 했으나 외관은 전혀 다르게 보인다. 〈아미앵 대성당〉과 달리 정면의 좌우 대칭을 엄수하고 있고, 거대한 쌍 탑을 두고 있다. 높이 152m의 거대한 쌍 탑이 정면의 대부분을 차지하고 있어 위압적인 인상을 준다. 내부 역시 〈아미앵 대성당〉을 모델로 하고 있다. 그러나 〈아미앵 대성당〉을 능가하는 최고의 고딕 성당을 짓고자 하였고, 그 결과 천장 높이가 46m로 〈아미앵 대성당〉보다 3m 더 높은 거대한 성당이 되었다. 서쪽 정면

아미앵 대성당 / 쾰른 대성당

파사드와 첨탑은 19세기 후반에 완공된 것이다. 16세기에 중단된 성당 건축공사는 19세기에 일어난 민족주의 운동과 고딕 양식에 대한 재평가가 일어나면서 재개되었고, 630여년 만에 완공되었다.

성 엘리자베스 성당

성 엘리자베스 성당

성 엘리자베스 유골함

독일 중부 마르부르크에 위치한 〈성 엘리자베스 성당〉(1235-83)은 튀링엔의 영주 루트비히 4세의 부인으로 성인의 반열에 오른 엘리자베스의 유해가 모셔진 성당이다. 그녀는 헝가리의 공주로 어린 나이에 결혼해 병자와 가난한 사람들을 돌보다 24세의 젊은 나이에 죽었다. 4년 후인 1235년 성인으로 시성되었고, 가난한 사람과 병자, 과부와 제빵사들의 수호성녀가 되었다. 그리고 엘리자베스의 유골이 성유물이 되면서 이후 마르부르크는 스페인의 산티아고 다음가는 중요한 순례지가 되었다.

〈성 엘리자베스 성당〉은 라인강 동쪽에서는 최초로 지어진 고딕 양식의 교회이다. 프랑스 고딕을 받아들였지만, 독일 전통과 필요에 맞게 변형시켜 독일 고유의 고딕 양식을 창출하였다. 〈쾰른 대성당〉에 비하면 훨씬 작은 약 80미터 높이이지만 역시 쌍탑식이다. 그러나 〈쾰른 대성당〉이 정면 입구가 고딕 표준형인 '삼문식'인 반면, 이 성당에는 입구가 하나 밖에 없기 때문에 마치 정면 파사드 전체가 육중한 쌍탑으로만 이루어진 것 같은 강한 인상을 준다. 또한 파사드에 장식이 거의 없고 부벽만 누드러져 보이기 때문에 투박한 느낌마저 들게 한다.

〈성 엘리자베스 성당〉을 동쪽에서 보면 프랑스 성당들에서 볼 수 있는 복잡한 버팀벽 체계가 없이 단순한 형태이다. 측면에서 보아도 중랑과 측랑의 구분 없이 2층 구조로 되어 있고, 따라서 지붕 또한 단일 구조이다. 프랑스 고딕 성당에서는 볼 수 없는 이러한 특이한 구조는 이 성당이 바실리카식이 아닌 독일 고유의 '할렌키르헤' 형식이기 때문이다.

성 엘리자베스 성당

성 엘리자베스 성당 구조

할렌키르헤 형식이란 중랑과 측랑의 높이를 같게 해 성당 내부 전체가 하나의 홀처럼 보이도록 한 것이다. 할렌키르헤란 말 자체가 '홀 교회 Hall-church'라는 뜻이다. 할렌키르헤는 바실리카식 교회와 달리 복잡한 버팀벽 체계가 불필요하다. 중랑과 측랑의 구분 없이 실내 공간이 하나의 홀처럼 툭 트여있고, 측랑 쪽의 2층으로 된 높은 창문에서 많은 빛이 들어오기 때문에 성당 내부 전체가 밝고 넓은 공간이 확보된다. 이런 독특한 구조의 할렌키르헤는 당시 독일 사회의 교회건축에 대한 인식변화에서 비롯되었다. 당시 독일 교회는 성당이 하느님의 왕국을 상징하는 곳이 아니라, 하느님의 말씀을 전하고 기도하는 곳이라고 보았고, 무엇보다 설교를 중시하였

성 엘리자베스 성당 내부

다. 효과적인 설교를 위해서는 교회 안 어느 곳에서든 제단과 설교단이 잘 보이고, 성직자와 평신도들이 서로 교감할 수 있는 밝고 툭트인 공간이 필요했다. 이러한 교회 형식은 당시 독일에서 활동하던 시토 수도회의 사목 방향과도 일치해 급속도로 퍼져 나갔다. 시토 수도회는 베네딕트 수도회의 세속화에 반발해 생겨간 개혁수도회로서 청빈과 검소함을 추구했고, 할렌키르헤 같은 단순한 공간을 선호했다.

결론적으로 할렌키르케, 즉 홀 교회는 현실적인 것을 중시하는 독일 시민계급의 실용적인 사고와 시토 수도회의 사목방향이 만나서 생거난 양식이라고 할 수 있다. 할렌키르헤 형식은 14세기에 독일 전역으로 확산되었고, 15세기에는 독일 성당건축의 주요형식으로 발전하였다.

성 엘리자베스 성당 구조

삼엽형 내진

〈성 엘리자베스 성당〉은 익랑 양쪽 끝부분을 후진처럼 반원형으로 둥글게 처리하고 있다. 이러한 내진의 형태를 '삼엽형 내진'이라 부른다. '삼엽형 내진'이란 남북 익랑에 해당하는 부분이 동쪽 내진과 동일한 형태, 동일한 크기로 구성되어 내진 전체의 평면이 마치 세개의 잎파리가 같이 붙어있는 것처럼 생겨 붙여진 이름이다.

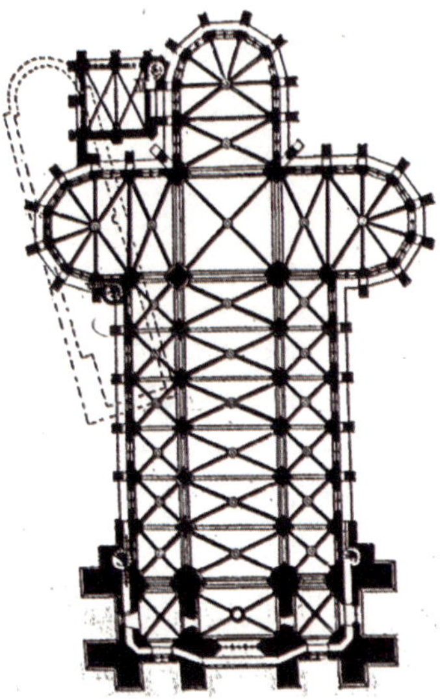

성 엘리자베스 성당 평면도

카피톨의 성모 마리아 성당

삼엽형 내진은 원래 교차부를 중심으로 중앙집중성을 강화한 것이다. 라틴십자 형태에 중앙집중식 성당의 전통을 받아들인 것이라 할 수 있다. 독일에서 중앙집중식은 로마에서부터 프랑크왕국을 거쳐 신성로마제국으로 이어지는 '황제교황주의(황제가 속권과 교권을 모두 가지는 신정일치주의)'의 전통을 의미하는 것으로, 로마교회에 맞서는 세속적 상징성을 구현하는 의미를 지닌다. 11세기에 건립된 쾰른의 〈카피톨의 성모 마리아 성당〉에서 보듯이, 서유럽 교회의 표준양식인 순수 바실리카식 대신 삼엽형 내진을 채택해 중앙집중식을 가미한 것은 같은 가톨릭이지만 로마 교회와 구분되는 독일 교회의 독립성을 강조하기 위한 것이었다.

그러나 〈성 엘리자베스 성당〉의 경우 삼엽형 내진은 건립 당시 이익집단들의 역학관계와 밀접하게 연관되어 있다. 엘리자베스의 시동생이자 헤센의 영주가 된 콘라트는 동프로이센 지역의 영토확장을 위해 '독일 기사단'을 끌어들였다. 당시 잔인하기로 소문이 자자했던 독일 기사단은 자신들의 이미지 세탁을 위해 성 엘리자베스의 유산을 이용하기로 하고 그녀가 세운 구빈원 옆에 성당을 건립하였다. 이 성당이 삼엽형 내진, 즉 세 개의 동일한 형태의 내진을 갖게 된 것은 성 엘리자베스 숭배에 열정적인 순례자들과 영토확장과 경제적 이익에 관심이 많은 독일 기사단, 집안의 영묘를 갖고자 하는 영주, 이 세 집단의 이해관계가 합치되는 과정에서 나온 결과물이라 할 수 있다.

이 성당은 성 엘리자베스를 모신 성당이지만, 그녀가 중심이 아니다. 성당 정문 위 팀파눔에서 순례자를 반기는 것은 성 엘리자베스가 아니라 성모 마리아이다. 성모 마리아는 독일 기사단의 수호성인이다. 교차부의 제단 역시 성 엘리자베스 제단이 아니라 '십자가 제단'이고, 그 뒤 칸막이 너머의 동쪽 내진에 설치된 중앙제단화 역시 성모가 중심이다. 동쪽 내진의 왼쪽에는 제의실 같은 부속 공간이 붙어있는데, 그 안에 성 엘리자베스의 황금 유골함이 안치되어 있다. 이 공간은 동쪽 내진을 통해서만 들어갈 수 있기 때문에 순례자들의 접근은 불가능했다. 순례자들은 북쪽 내진에 있는 성 엘리자베스의 무덤만 참배할 수 있었다. 순례자들의 공간인 북쪽 내진에는 성 엘리자베스의 무덤이 중앙도 아닌 한쪽 가장자리에 자리하고 있다. 반대편의 남쪽 내진은 영주 집안의 공간으로 헤센 영주들의 무덤이 즐비하게 놓여 있다.

이와 같이 〈성 엘리자베스 성당〉은 성 엘리자베스를 모시는 성당이지만 독일 기사단의 영향으로 성모 마리아가 성당의 중심을 차지하고 있고, 영주의 영향으로 영주 가문의 영묘가 한쪽 내진을 차지하고 있다. 이 성당이 삼엽형 내진을 갖게 된 것은 순례자들과 독일 기사단, 영주 간의 타협의 산물이라 할 수 있다.

동쪽 내진 중앙 제단화 / 성 엘리자베스 무덤 / 남쪽 내진

영국 고딕

영국은 프랑스 고딕을 비롯해 유럽 대륙의 여러 양식을 도입하면서 영국만의 독자적인 양식을 형성하였다. 프랑스 성당은 독립된 건물 하나에 공간이 집중 배치되어 있는 반면, 영국 성당은 공간이 집중적으로 배치되지 않고, 성당을 구성하는 개별단위들이 불규칙하게 흩어져 있는 것이 특징인데, 이는 성당이 수도원 경내에 같이 있기 때문이다.

솔즈베리 대성당

영국 남부에 위치한 〈솔즈베리 대성당〉(1220-58)은 영국의 초기 고딕을 대표하는 성당이다. 이 성당의 정면 파사드에서 보듯이 영국식 고딕은 높이에 비해 폭이 넓은 편이다. 영국 성당들은 높이가 프랑스 성당의 2/3도 안 되어 부연부벽이 발달하지 못했다. 정면의 트레이서리 장식이 없는 단순한 창문과 급경사의 지붕은 영국 성당만의 특징 중 하나이다.

솔즈베리 대성당

이 성당의 내부는 프랑스 성당에 비해 폭이 좁고 낮은 편이다. 내부의 중랑은 낮고 2층 트리포리움에 의해 수평선이 강조되고 있다. 중랑벽 구성은 프랑스 성당에 비해 장식적이다. 각 단에 기하학적 분위기가 나타나는데, 특히 아치볼트를 여러 겹으로 처리한 것이 특징적이다.

솔즈베리 대성당 내부

〈솔즈베리 대성당〉의 익랑은 프랑스 양식보다 돌

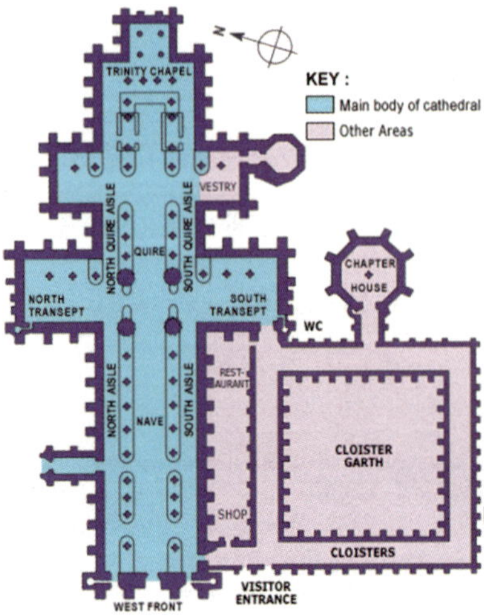

솔즈베리 대성당 평면도

출되어 있는데, 특이한 이중 익랑 구조이다. 십자 형태의 평면이 두 개가 있는 이른바 '복십자' 구조인데, 이는 영국 성당 고유의 특징 중 하나이다. 반면 중랑 폭은 상대적으로 좁은 편이다. 사각형의 각진 평면 형태에서는 절제미가 느껴진다. 영국 성당은 대부분 수도원에 부속되어 있는데, 당시 시토 수도회는 청빈과 검소함을 추구했고, 수도원도 단순한 형태를 선호했다. 수도원의 단순함을 따라 성당의 평면도 엄격한 각진 형태이고, 동쪽 후진 뒤쪽 부분도 둥그런 형태가 아닌 사각형으로 처리되었다.

제단 뒤쪽에는 '삼위일체 예배당'이라 불리는 부인용 예배당이 있는데, 동쪽 제단 뒤에 별도의 예배당을 두는 것도 영국적 특징이다. 전체적으로 공간이 분산 배치되어 있는데, 본당 옆에 연결되어 있는 팔각형의 '쳅터하우스 Chapter House'도 그런 경우이다. 영국은 대륙에 비해 대성당 참사회의 역할이 컸는데, 쳅터하우스는 참사회의 회의가 열리던 참사회관이다. 13세기 후반 팔각형의 쳅터하우스가 발달하였다.

이중의 익랑 중 첫 익랑과 중랑의 교차부에 123m의 첨탑이 우뚝 서있다. 교차부 첨탑은 다른 건물에 비해 100년 뒤에 건립되었다. 이 첨탑은 성당의 전체적인 수평감과 대비되는데, 영국 고딕이 점차 수직식으로 발전했음을 보여준다.

삼위일체 예배당 / 첩터하우스

웨스트민스터 대사원

런던의 〈웨스트민스터 대사원〉(1245년 시작, 중랑 1258-69)은 단순한 성당이 아니라, 영국의 정치적, 민족적, 종교적 의미가 함축된 건물이다. 역대 왕들의 대관식장이자 왕들의 묘가 안치된 곳이고, 내부에는 영국을 대표하는 정치가나 예술가, 과학자들의 묘비나 기념비로 가득 차 있다. 이 점에서 이 사원은 진정한 의미에서 영국의 심장이자 성소라고 할 수 있다.

〈웨스트민스터 대사원〉은 7세기에 설립한 수도원 자리에 세워졌다. 1065년 참회왕 에드워드가 수도원을 증축해 수도원과 왕궁으로 사용하는 한편, 자신의 영묘로 사용하기 위해 수도원을 증축하며 성당을 건립했다. 이 때문에 '성당'이 아닌 '사원 Abbey'이라 불리게 되었다. 현재 규모의 성당은 13세기 헨리 3세 때 건립되었다. 당시 영국은 프랑스를 앞서게 되면서 대륙에 대한 열등감으로부터 벗어나고 있었다. 이를 상징적으로 보여줄 건축물이 필요했기 때문에 로마네스크 사원을 개축해 1269년에 축성식을 가진 것이다. 정면의 쌍탑 등은 18세기에 와서야 완성되어 오늘날의 모습을 갖추었다.

웨스트민스터 대사원

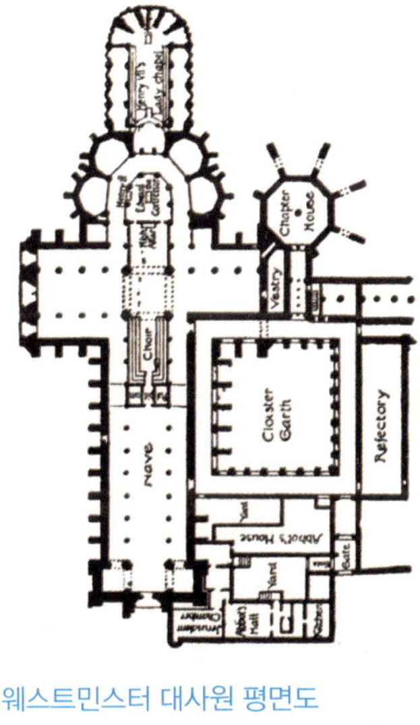

웨스트민스터 대사원 평면도

〈웨스트민스터 대사원〉은 프랑스 고딕을 차용해 영국 고유의 양식을 창출한 건축으로, 여기에서 영국고딕이 완성되었다는 평가를 받는다. 이 사원은 간결한 구조의 프랑스 성당과 달리 화려하고 복잡한 구조로 프랑스식과 영국식이 혼합되어 있다. 여기서 프랑스식이란 익랑이 하나이고, 내진을 사각형이 아닌 둥그렇게 처리하고 작은 예배당과 회랑을 두는 방식을 말한다. 프랑스 성당은 독립된 건물 하나에 공간이 집중 배치되어 있는 반면, 영국 성당은 공간이 집중적으로 배치되지 않고, 성당을 구성하는 개별단위들이 불규칙하게 흩어져 있는 것이 특징이다. 이는 성당이 수도원 경내에 같이 있기 때문이다. 동쪽 끝에 별도의 예배당을 두는 것도 영국식이다. 또한 영국의 고딕성당은 유난히 큰 창문을 내고 격자 창살과 가는 기둥 등을 사용해 수직성을 강조하고 있다. 이른바 '수직식 Perpendicular'이라고도 불리는 이 양식은 환상적 이미지나 창의적 측면에서는 떨어지지만, 큰 창문은 영국의 기후를 감안해 채광이 잘되도록 함으로써 성당 안을 밝게 만들어 주는 데에도 효과적이었다.

웨스트민스터 대사원 내부

〈웨스트민스터 대사원〉은 중랑의 높이가 32m로 영국 성당으로는 예외적으로 높은 편이다. 영국 성당들은 프랑스 성당에 비해 내부 폭이 좁고 낮은 편이다. 내진과 중랑 사이에는 칸막이벽이 설치되어 있다. 중세 성당들은 원래 성소와 평신도 공간을 엄격히 구분, 그 사이에 칸막이를 두었고, 미사도 요즘처럼 신자들을 보고하는 것이 아니라 모두가 동쪽 성소를 보고 진행되었다. 프랑스 성당에 비해 기하학적 장식과 공예적 처리가 많다. 대리석 색을 이용해 장식성을 강화하고 있다.

5. 샤르트르 대성당 조각 / 스크로베니 예배당 프레스코

고딕 건축조각과 샤르트르 대성당

고딕의 건축조각 역시 로마네스크의 건축조각처럼 정문을 중심으로 발달하였다. 고딕 대성당들은 서쪽뿐만 아니라 남쪽과 북쪽의 익랑 끝에도 정문을 내고 파사드를 화려하게 장식하였다. 남쪽과 북쪽의 파사드는 기념비적 차원에서는 서쪽 파사드에 비해 의미가 작지만 장식면에서는 서쪽 파사드 못지않게 화려하고 풍성한 모습을 보인다.

고딕의 건축조각 역시 건축과의 밀접한 관계 속에서 성당의 신학적 의미 체계를 구체화하기 위해 체계적으로 도입되었다. 성당에 다가가면 우선 문설주에 새겨진 구약성서의 선지자나 왕, 사도 등 신앙의 모범으로 간주되는 인물들이 사람들을 맞이한다. 그리고 천국의 문을 상징하는 정문 입구에 서면 중앙기둥에 새겨진 그리스도나

파리 노트르담 대성당 서쪽 중앙문

성모 마리아를 만나게 되고, 그 위쪽으로 눈을 돌리면 최후의 심판과 그리스도의 성육신과 재림, 마리아의 생애 등이 주요 테마로 등장하는 팀파눔을 볼 수 있다.

〈샤르트르 대성당〉은 '돌로 만든 기도문'이라고 불릴 정도로 다양한 형상의 조각들로 장식되었다. 이 성당은 서쪽은 물론 남쪽과 북쪽에도 정문이 나있어, 정문이 총 세 개이다. 모두 가운데 큰 문이 있고 양 옆에 작은 문이 있는 '삼문식'으로, 삼문식은 고딕성당의 표준형이다. 성당의 정문을 로마의 삼문식 개선문처럼 만든 이유는 성당의 정문 자체가 승리의 장으로 들어가는 입구라는 상징성을 갖기 때문이다. 개선문을 조각으로 장식했듯이 성당의 정문 주변 또한 다양한 조각들로 장식되었다. 서쪽 정문은 1145년부터 1150년 사이에 만들어졌고, 북쪽 정문은 1200년부터 1210년경에, 마지막 남쪽 정문은 1230년경에 만들어진 것으로 추정된다. 따라서 각 정문을 장식하고 있는 조각들 역시 조성 시대가 다르기 때문에 이 조각들을 비교해보

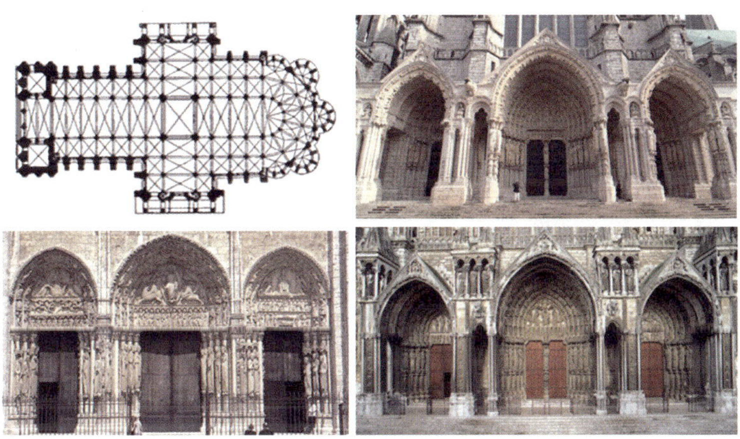

샤르트르 대성당 정문(서쪽 / 북쪽 / 남쪽)

면 고딕 조각이 시대에 따라 어떻게 발전했는지를 잘 알 수 있다.

서쪽 정문 조각

샤르트르 대성당의 서쪽 정문은 '왕의 정문'이라고 불리는데, 여기에서 고딕성당의 조각 장식이 처음으로 체계화되었다는 점에서 중요한 의미를 갖는다. 정문 조각은 모두 도상학적 체계를 그리스도에 의한 구원의 테마와 결부시킨다. 팀파눔의 중앙에는 최후의 심판자로서의 그리스도와 복음사가들을 볼 수 있고, 팀파눔을 둘러싼 아치볼트에는 천사들과 묵시록의 장로들이 새겨져 있다. 상인방 위에는 사도들의 모습이 보이고, 문설주에는 구약의 선지자들 형상이 커다랗게 새겨져 있다.

서쪽 정문 조각은 고딕 초기인 1150년경에 제작된 것이다. 따라서 이 조각들에는 여전히 로마네스크적 특성이 남아 있다. 로마네스크 조각은 대부분 성당건축의 한 부분으로서 건축구조와 그 크기에 맞춰서 제작해야 했기 때문에, 자연스런 크기의 비율이 무시되고 형태가 왜곡되거나 변형되었다. 서쪽 정문 문설주에 묘사된 '구약의 선지자들'을 보면 가늘고 긴 인물들이 뻣뻣한 자

샤르트르 대성당 서쪽 중앙문

세로 기둥의 일부분을 이루고 있고, 발 위치가 각기 달라 마치 떠있는 듯한 느낌을 준다. 또 로마네스크 조각은 육체적인 면보다는 정신적인 면을 강조하기 위해 주로 선 중심의 이차원적인 저부조로 되어 있는데, '구약의 선지자들' 역시 옷주름을 보면 얕은 선 중심으로 양식화되어 있다.

그러나 로마네스크 조각이 뒤틀린 자세를 취하거나 서로 엉켜있는 경우가 많은 반면, 서쪽 정문 조각에서는 각 인물들이 별개의 존재로 두드러져 보인다. 고딕 조각은 대칭성과 명료성을 강조하기 때문에 조상들이 독립적인 조각, 즉 환조를 지향하는데, 이 조각들에서는 인물들이 별개의 존재로 묘사되었다는 점에서 고딕적 특성을 읽을 수 있다. 더욱이 건축의 한 부분으로 남아있긴 하지만 로마네스크 조각에 비해 기둥으로부터 상당히 돌출되어 있기 때문에 독립적인 환조의 성격이 나타나고 있다. 조각된 인물이 누구인지는 알 수 없지만 얼굴의 엷은 미소로 인해 인간적인 온화함도 느껴진다.

샤르트르 대성당 서쪽 정문 조각

북쪽 정문 조각

샤르트르 대성당 북쪽 정문 조각

북쪽 정문 조각은 서쪽 정문 조각보다 약 50년 후인 1200년경에 제작된 것이다. 불과 50년 차이이지만, 고딕 조각이 얼마나 개성화를 지향하고 있는가를 잘 보여준다. 중세 전성기에 이르면 점차 자연과 인간에 대한 관심이 높아지면서 보다 자연스러운 조각상이 대두된다. 북쪽 정문 조각을 보면 조상들이 기둥으로부터 강하게 돌출되어 있고, 작은 조상들을 밟고 있기 때문에 마치 독립적으로 서 있는 것처럼 느껴진다. 서 있는 방향도 제각각이다. 자유로운 자세와 얼굴 표정, 굵은 옷주름 등에서 서쪽 정문 조각보다 생동감이 느껴지고 개개인의 개성을 읽을 수 있다. 기독교 문화권의 사람이라면 인물이 누구인지 금방 알아볼 수 있을 정도로 개성이 두드러진다.

맨 왼쪽에서 그릇과 향로를 들고 있는 사람은 아브라함이 십일조를 바쳤던 제사장 멜키세덱이다. 왼쪽에서 두 번째, 손에 칼을 들고 손발이 묶여있는 아이를 죽이려고 하는 사람은 이삭을 제물로 바치려는 아브라함이다. 그는 천사의 음성을 듣고 그 쪽으로 고개를 돌리고 있다. 아브라함의 시선이 향하는 쪽에 천사가 보인다. 가운데에서 십계명이 적힌 석판을 들고 있는 사람은 모세이다. 그는 구리뱀이 감긴 기둥도 들고 있는데, 모세가 이 구리뱀으로 광야에서 독사에 물린 사람을 고쳐주었기 때문이다. 모세 다음에는 모세의 형 아론이 칼과 양을 데리고 서있다. 하느님의 어린 양이신 예수의 속죄 희생을 예시한다. 마지막 맨 오른쪽 인물은 다윗으로, 창을 들고 가시관을 쓰고 있는 것처럼 보인다. 이러한 다윗의 모습은 예수의 희생을 예시한다.

남쪽 정문 조각

남쪽 정문 조각은 북쪽 정문 조각보다 약 30년 후인 1230년경에 제작된 것이다. 얼핏 보아 북쪽 정문 조각에 비해 다소 자연스러운 분위기가 느껴지지만 큰 차이는 없는 것처럼 보인다. 그러나 여기서 주목되는 것은 맨 왼쪽의 '성 테오도르' 상이다. 아마세아의 성 테오도르는 4 세기 초 로마 기병으로 로마 신들에게 희생 제물을 바치길 거부하고 기독교에 대한 신앙을 고백한 후 순교한 인물이다. 그가

샤르트르 대성당 남쪽 정문 조각

'영웅적인 용의 학살자'라는 이미지를 갖게 된 것은 그에게 기도를 드렸더니 악마가 물러가고 병이 치유되었다는 이야기가 전설처럼 전해지면서 시작되었다. 그 후 성 테오도르는 '창을 통해 악을 극복한 기병'이라는 기독교적 도상의 원형으로 등장하는데, 용의 학살자로서의 성 테오도르의 도식적 표현은 7세기 초, 확실하게는 10세기 초까지 거슬러 올라간다. 그러나 이러한 용 모티브는 11세기 초 성 게오르기우스 전설로 옮겨가게 된다. 이후 유럽의 많은 조각과 회화에서 성 테오도르와 성 게오르기우스가 같이 등장하기도 하지만, 용을 무찌르는 성 게오르기우스의 모습을 더 많이 볼 수 있다.

남쪽 정문의 〈성 테오도르〉은 새로운 묘사방식이 사용되었다는 점에서 주목된다. 약간 어색하긴 하지만 인물의 서있는 자세에서 고대의 '콘트라포스토'가 엿보이기 때문이다. 자세히 보면 왼쪽 발에 힘을 주고 서있고, 오른쪽 발은 힘을 빼고 약간 구부리고 있다. 두꺼운 옷에 가려 잘 드러나지 않지만, 오른쪽 무릎 부분이 약간 튀어나온 것을 알 수 있다. 걸치고 있는 갑옷도 쇠그물 모양 하나하나가 정교하게 묘사되었고, 옷주름의 묘사 방식도 북쪽 조각에 비해 덜 인위적이고 자연스럽다. 이와 같이 13세기에 이르면 고딕 조각은 인물이 누구인지를 구분할 수 있을 정도로 개성화가 이루어지고 점차 자연주의적 경향으로 나아간다. 이후 조각들은 더욱 자연주의를 발전시키면서 르네상스에 영향을 미치게 된다.

성 테오도르

가고일 조각

고딕성당 곳곳에는 다양한 형상의 가고일 Gargoyle로 장식되었다. 원래 '가고일'은 처마에 붙여 지붕의 물을 빼내는 홈통을 가리켰다. 빗물이 성당 벽에 떨어지지 않도록 안에 홈을 판 돌을 길게 돌출시킨 낙수받이용이었던 것이다. 이런 가고일이 어느 시기에 괴물모양의 낙수받이를 의미하는 말로 변질된다. 〈샤르트르 대성당〉에도 가고일이 많지만, 대체로 낙수받이 역할을 하고 있다. 그러나 〈파리 노트르담 대성당〉의 가고일은 그 수도 많고 형상이 매우 다양한데, 낙수받이용이라기보다는 일종의 장식용인 경우가 많다. 이것들은 대부분 19세기 대대적인 성당복원 작업 과정에서 만들어진 것이다.

괴물모양의 가고일 형상은 기독교 이전 토착신앙에서 유래했다고 하나 정확한 도상학적 의미는 밝혀지지 않고 있다. 교회의 성스러움에 놀라 밖으로 튀어나와 낙수받이 신세가 된 악령을 표현했다고 보기도 한다. 일반적으로 교회에 조각된 악마는 그리스도에게 정복된 악을 상징하는 것으로, 미래의 불행을 막는 역할을 한다.

가고일(샤르트르 대성당 / 파리 노트르담 대성당)

스크로베니 예배당 프레스코

스크로베니 예배당

13세기 북유럽 조각가들에게서 시작된 자연주의 기법은 알프스를 넘어 이탈리아에도 전해졌고, 특히 회화에서 새로운 흐름을 형성하게 된다. 당시 이탈리아 회화의 새로운 흐름을 선도한 대표적인 화가는 조토 Giotto di Bondone(1267?-1337)이다. 그는 비잔틴 회화의 명암법과 단축법을 바탕으로 북유럽 조각의 자연주의 기법을 받아들여 평면 위에 깊이감을 창조해 내는 새로운 미술을 시도했다. 그는 성서의 이야기를 마치 기록하듯이 그리는 종래의 방식 대신 실제 사건이 바로 눈앞에서 펼쳐지는 것과 같은 환영을 만들어내고자 하였다. 그는 평면적인 중세 회화와는 전혀 다른 새로운 회화를 창조함으로써 '회화의 시대'를 열었고, 그런 점에서 조토는 '서양회화의 아버지'라고 불린다.

조토의 새로운 회화양식은 파도바에 있는 〈스크로베니 예배당〉(1504-05)의 프레스코 연작에서 잘 나타난다. 이탈리아 북부 파도바에 위치한 이 예배당은 엔리코 스크로베니라는 부유한 상인이 아버지의 죄를 회개하기 위해 자신의 저택 옆에 건립해 성모 마리아에게 봉헌한 것이다. 근처에 고대 로마의 원형경기장이 있어 '아레나 예배당'이라 불리기도 한다. 엔리코 스크로베니의 아버지 레지날도 스크로베니는 금융업에 종사했는데, 당시 금융업은 사실 교회에서 금기시하는 고리대금업에 해당되기 때문에 지옥에 갈 죄를 짓는 일이었다. 아들 엔리코는 이를 두려워해 예배당을 지어 성모에게 바친다. 그리고 조토가 예배당 내부에 그린 〈최후의 심판〉 하단의 '천국' 쪽에 이 장면을 그려 넣었다. 이 자리는 수태고지 축일(성모 축일, 3월 25일)에 창문에서 들어온 빛이 엔리코와 성모의 손 사이에 비치도록 계획된 것이었다. 이렇게 해서 스크로베니 일가는 마음의 위로를 얻었을 것이다.

천국의 심판 부분

스트로베니 예배당 내부

조토가 말년에 건축 작업에도 참여해 〈피렌체 대성당〉의 종탑을 설계하기도 한 걸로 보아, 아마도 예배당 건물 디자인도 직접 맡았을 가능성이 크다. 예배당은 길이 13m, 폭 8.5m, 높이 13m의 아담한 규모인데, 내부에 벽화를 그리기 위해 가능한 한 벽을 많이 확보해야 했기 때문에 한쪽에만 창문을 내고 있다. 조토는 1304-06년 사이에 〈구세주 그리스도와 성모 마리아전〉 38개 장면과 〈최후의 심판〉, 〈미덕과 악덕〉 등의 프레스코화를 통해 내부를 장식하였다.

스크로베니 예배당 내부

프레스코는 여러 장면으로 나뉘어 삽화형식으로 그려졌다. 현관으로 들어가면 맨 안쪽에 제단이 배치되어 있으며 가장 윗부분에는 그리스도의 이미지가 묘사되어 있고, 아치의 중간 부분에는 성모와 천사의 이미지가 양편에 배치되어 수태고지 이야기를 전달한다. 이는 그리스도의 신성과 인성을 모두 강조하기 위한 것이라 할 수 있다. 이야기 순서는 북쪽의 벽면 위의 왼쪽부터 시작되어 남쪽 벽면 아래의 오른쪽에서 끝나도록 되어 있다. 맨 위 열은 성모 마리아의 이야기이고, 가운데 두 열은 그리스도의 이야기인데, 각각의 장면이 독립적이면서도 상호 유기적으로 연결된다. 예수의 신적이고 초자연적인 면보다는 인간적인

신앙

면을 강조하고 있는 것이 특징이다. 예수의 기적 이야기는 대폭 축소되고, 성모의 부모 이야기, 성모 이야기, 예수의 어린 시절 이야기, 예수의 수난 이야기 등이 주를 이루고 있다. 연작 아래 하단에는 미덕과 악덕의 이미지가 회색톤의 단색 기법으로 그려졌는데, 이곳에 묘사된 14개의 〈선과 악의 알레고리〉는 중세 고딕 건축의 대리석 조각상들을 회화로 옮겨 놓은 것 같은 착각을 불러일으킨다. 조토가 사용한 프레스코 기법은 안료와 석회를 섞어 벽에 바르는 새로운 기법이었다. '진짜 프레스코'라는 의미로 '부온 프레스코 Buon fresco'라고도 부른다. 이 기법은 마르기 전에 작업해야 하고 마른 후에는 수정이 불가하지만, 내구성이 좋고 색이 아름답다는 장점이 있었다.

예루살렘 입성

조토의 작품을 동시대 화가인 두치오 Duccio di Buoninsegna(1255-1319)의 작품과 비교해보면 그 위대함을 잘 알 수 있다. 두치오는 폭이 약 4m(396×213㎝)나 되는 〈시에나 대성당〉의 〈마에스타 제단화〉(1308-11)를 그린 당대 최고의 화가였다. 이 작품에서 두치오는 인습적인 비잔틴 양식에서 탈피해 우아하고 정서적인 표현기법을 사용해 새롭게 주목받았다. 〈마에스타 제단화〉 뒷면 그림 중 '예루살렘 입성'을 다룬 그림과 같은 주제의 조토 그림을 비교해 보기로 하자. 작품의 주제는 예수가 나귀를 타고 예루살렘에 입성하는 이야기이다. 마가복음 11장에 의하면 사람들은 예수가 무너진 다윗왕조를 회복하고 이스라엘의 영광을 구현할 구세주라고 생각해 겉옷이나 종려나무를 꺾어 길에 깔고 그를 환영했다고 한다.

예루살렘 입성(두치오 / 조토)

두치오의 〈예루살렘 입성〉은 옷주름 처리가 부드럽고 입체적으로 묘사되었다. 인물과 건물을 동시에 그려 넣은 것은 건물의 입체적 묘사를 통해 환영적인 공간감이 느껴지도록 하기 위한 것이다. 이 작품은 멀리 위에서 내려다보는 시점이어서 인물 크기가 작고 획일적으로 묘사되었다. 배경은 전통적인 황금빛으로 처리되었다.

스크로베니 예배당의 프레스코화 중 하나인 조토의 〈예루살렘 입성〉은 두치오에 비해 구성이 최대한 간결하게 압축되었다. 인물 수가 적고, 건축적 배경도 간단하다. 두치오에 비해 인물이 크게 묘사되었고 마치 조각과도 같은 입체감이 뚜렷하다. 두치오가 건축 구조를 통해 인위적으로 공간감을 강조했다면, 조토는 인물만으로도 3차원적 입체감이 느껴진다. 두치오는 앞쪽 인물이나 뒤쪽 인물의 크기를 비슷하게 그렸지만, 조토는 앞쪽 인물은 크게 뒤쪽 인물은 작게 그려 공간의 깊이를 창조하였다. 두치오는 모든 인물의 얼굴이 드러나도록 처리해 마치 공중에 떠있는 느낌이 들지만, 조토는 뒤쪽 인물들은 앞쪽 인물에 가려 보이지 않게 처리해 현실감이 느껴진다. 두치오의 그림은 멀리서 보는 것 같은 거리감이 느껴지는 반면, 조토의 그림은 인물들이 전면에 부각되어 바로 눈앞에 있는 것처럼 보인다. 이 때문에 조토의 그림은 관람자가 같은 공간에 있는 것 같은 느낌이 들도록 한다. 실제 사건이 바로 우리 눈앞에서 전개되는 것 같은 극적인 느낌을 갖게 하는 것이다.

애도

〈애도〉는 스크로베니 예배당 북쪽 벽에 그려진 연작 중 하나이다. 이 작품 역시 소수의 등장인물과 단순한 동작으로 압축되어 있는데, 인물들은 마치 조각에 채색을 해 놓은 것처럼 입체감이 두드러진다. 예수의 시신을 안고 슬퍼하는 성모를 중심으로 인물들이 전면에 클로즈업 되어 있고, 틀에 박힌 경직된 모습이 아니라 다양한 모습을 통해 인간의 심리와 감정을 깊이 있게 드러냄으로써 극적인 박진감을 전해준다. 인물들의 감정과 슬픔이 개성화되어 있는데, 여인들의 애절한 슬픔과 남자들의 덤덤한 슬픔이 다르게 표현되었고, 슬픔을 표현하는 자세도 각기 다르다. 천사들의 애통해 하는 모습도 매우 다양한 자세와 표정으로 몸부림치듯 격렬하게 표현되었다.

애도

애도 부분

그러나 이 작품에 절망만 있는 것은 아니다. 작품의 구도상 관람자의 시선은 인물들의 시선을 따라 성모가 안고 있는 예수의 얼굴로 집중되지만, 이곳으로부터 다시 대각선의 언덕을 따라 오른쪽 위에 서있는 나무에게로 향하게 된다. 언덕 위의 나무는 비통한 현실을 대변하듯 삭막하게 메말라 보이지만, 나뭇가지 끝에서 움트고 있는 새싹은 예수의 부활에 대한 희망을 암시한다.

또한 이 작품에는 기존 회화에서는 볼 수 없는 등을 보인 인물들이 등장한다. 이들의 얼굴은 보이지 않지만, 넓은 등은 이 작품 안에 펴져 있는 슬픔 이상의 침통함을 오히려 더 잘 전해준다. 조토는 다른 작품에서도 등을 보인 인물을 즐겨 그렸는데, 이는 정면만 바라보는 비잔틴 미술과 차별화를 꾀하고, 인물의 정면을 강조해 공간의 깊이를 만들어내는 효과가 있기 때문이었다. 또한 관람자도 그들과 함께 보고 있다는 느낌을 갖게 한다.

애도 부분

조토는 이 작품에서 기존 그림들에서 보아왔던 평평한 황금빛 배경 대신 대각선의 언덕을 그려 넣어 사람들이 있는 전경과 산이 있는 후경 사이에 공간을 형성하고 있다. 인물과 인물 사이에서도 공간감이 느껴진다. 인물을 입체적으로 묘사하고, 앞쪽 인물이 뒤쪽 인물을 가리게 처리해 공간감을 만들어낸다. 팔을 벌리고 있는 요한의 자세는 슬픔의 표현이기도 하지만, 화면 안에 공간의 깊이를 창출하고자 하는 시도이기도 하다. 마치 연극의 한 장면을 보고 있는 것 같은 현실감과 현장감이 느껴진다.

고딕 회화와 조토

조토의 작품은 기존 화가의 작품에 비해 공간, 부피, 동작, 얼굴 표정 등에서 뛰어난 현실감을 부여한다. 그의 작품을 스승인 치마부에 Giovanni Cimabue(1240-1302)의 작품과 비교해 보아도 그 차이가 분명해진다. 치마부에는 14세기 초 '피렌체 화파'를 형성해 이탈리아 전역에 영향을 미친 까닭에 '이탈리아 회화의 아버지'라 불리는 화가이다. 그는 비잔틴 양식에서 벗어나 현실 관찰에 기초한 근대미술로 이행하는 전환점을 이룬 작가로 평가된다. 그런 치마부에의 〈영광의 성모〉(1280-90)를 보면, 이 작품은 여전히 비잔틴의 이콘을 연상시킨다. 성모의 부드럽고 둥근 얼굴, 금빛 줄무늬 의상, 색채 등에서 비잔틴적 경향이 엿보인다. 천사들이 바닥에 서있지 않고 허공에 떠있거나 위로 쌓아올린 것처럼 층을 이루고 있어 공간의 깊이감이 없기 때문에 모든 것이 부자연스럽게 느껴진다. 인물들이 모두 정면을 향해 감상자를 쳐다보고 있고, 성모가 옥좌 위에 앉아있지만 방석은 뒤에 세워놓은 듯이 보인다. 아기 예수를 안고 있는 성모의 자세나

영광의 성모(치마부에 / 조토)

발과 무릎의 위치 또한 부자연스럽다.

반면 조토의 〈영광의 성모〉(1310년경)는 구도뿐만 아니라 색상에서 훨씬 자연주의적이고 인체에서도 입체감이 느껴지면서 비잔틴 양식을 극복하고 있다. 천사들도 옥좌를 둘러싸고 서있는 느낌이 들고, 서있는 위치에 따라 얼굴 각도를 달리하고 있다. 인물의 명암표현이나, 얼굴이 기둥에 가려진 채로 묘사된 것 등에서 공간감을 느낄 수 있다. 성모의 모습도 천상의 모후라기보다 마치 로마의 평범한 아낙네처럼 보인다. 그러나 조토 역시 중세양식을 완전히 벗어나지는 못하고 있다. 고딕 건물을 연상시키는 옥좌에 중세의 기운이 남아있고, 원근과 관계없이 중요한 인물을 크게 그리는 '크기의 법칙'을 따르고 있다.

조토 이전의 고딕 회화는 필요한 형상들을 화면 가득히 적절하게 나열하고 있고, 그려진 대상에 중점을 두고 있기 때문에 각 대상에 시점을 맞추면서 감상해야 한다. 반면 조토의 작품은 화면 전체를 크고 단순한 형태로 최대한 간결하게 압축하고, 관찰자의 시점을 고려해 그림 전체가 한 눈에 들어오게 하였다. 고딕회화가 이야기를 기록하듯이 그림을 그렸다면, 조토는 사건이 눈앞에서 전개된 것 같은 환영을 창조해 내고 있다. 이러한 조토의 새로운 시도는 전 유럽에 알려졌고, 당대 최고의 시인이자 고향 친구였던 단테 Alighieri Dante나 보카치오 Giovanni Boccaccio가 자신들의 책 속에 조토의 이름을 남겼을 정도로 명성을 구가했다. 조토의 그림이 다른 사람의 그림에 비해 워낙 뛰어났기 때문에 그는 누구에게도 영향을 받지 않았고, '오직 자연의 제자일 뿐'이라고 칭송되었다. '조토'라는 이름은 오랫동안 '화가'와 동의어로 사용될 정도였다.

조토의 명성이 자자하다 보니 그에 대한 이야기도 많이 전해지고 있다. 당대 최고의 화가로 명성을 날리던 치마부에가 피렌체 근처 시골마을 베스피냐노에 갔다가 열두 살 양치기소년이 바위에 그림을 그리는 것을 보고 피렌체로 데려와 제자로 삼았다. 하루는 치마부에가 그린 인물 그림 위에 조토가 파리를 그려 넣었는데, 스승이 그 파리가 진짜인줄 알고 쫓으려 했다는 것이다. 교황이 보낸 사자에게 아무 도구 없이 완벽한 원을 그려 주어 교황을 감탄시켰다는 일화도 있다. 당시까지만 해도 사람들은 예술가 개인에 대해 별 관심을 갖지 않았고, 예술가들도 자신의 명성에 대해 큰 관심을 갖지 않았다는 점을 감안할 때, 예술가 자신이 역사적이고 전설적인 인물이 되었다는 사실 또한 미술사에서 획기적인 일이라 할 수 있다. 이러한 사실은 감동적이고 실제적인 삶을 창조해내는 그의 예술적 재능과 더불어 그를 르네상스의 선구자로 간주하게 하는 중요한 요소라고 할 수 있다.

조토, 1490-1550, 작자 미상

Ⅲ. 헬레니즘과 헤브라이즘의 융합

미술로 읽는 유럽문화

헬레니즘과 헤브라이즘의 변주

1. 파치 예배당 / 산 안드레아 대성당

르네상스 문화

르네상스 Renaissance는 대략 14세기 후반 이탈리아에서 시작되어 16세기에는 북유럽으로까지 확산된 사상과 문화, 예술 전 분야의 새로운 경향을 일컫는다. '르네상스'라는 용어는 이탈리아어 '리나시멘토 Rinascimento'를 프랑스어로 번역한 것으로, 이 말은 16세기 이탈리아 화가이자 미술사가인 바자리 Giorgio Vasari(1511-74)가 고전미술의 부활을 주장하면서 사용한 '리나시타 Rinascita(부활)'라는 말에서 비롯되었다. 이탈리아인들의 부활, 부흥이라는 관념은 '위대한 로마'를 부흥시킨다는 의미를 내포하고 있다. 당시 이탈리아인들은 로마제국 시대에 모든 학문과 예술, 과학 등이 만개해 있었고, 이 모든 것이 고트족 같은 야만족들에 의해 파괴되었으며, 이 영광스러운 과거를 다시 부흥시켜 새로운 시대를 이룩하는 것이 그들의 과제라고 생각했다.

르네상스라는 말을 일반적인 용어로 정착시킨 사람은 스위스의 미술사가 부르크하르트 Jacob Burckhardt(1818-1897)였다. 그는 르네상스가 인간성의 해방과 인간의 재발견, 그리고 합리적인 사유와 생활태도의 길을 열어 준 근대문화의 선구라고 보았다. 그는 『이탈리아의 르네상스 문화』(1860)에서 르네상스와 중세를 완전히 대립된 것으로 파악하고, 중세를 '암흑시대'라고 혹평하는 한편, 근세의 시작은 중세로부터가 아닌 고대로부터라고 주장하였다.

르네상스가 이른바 '부활'이라고 불렸지만, 사실 르네상스는 이미 사라졌던 고대 문화가 다시 살아난 것이 아니라, 중세의 부흥을 가져왔던 원동력이 사실상 가속화된 것이라고 할 수 있다. 12세기에는 십자군원정과 동방무역의 증가로 인해 비잔틴과 이슬람지역으로부터 고전문화가 유입되었고, 문화적 세속화가 이루어진다. 이른바 '12세기 르네상스'라 불리는 새로운 문화가 형성되면서 이후 유럽에는 종교적인 분위기와 현실주의적이고 세속적인 분위기가 공존하게 된다. 르네상스는 이런 문화를 이어받아 종교적인 것보다는 인간적인 것에, 내세보다는 현세의 삶에 훨씬 더 많은 관심을 갖게 되었다는 것을 의미한다. 이런 점에서 르네상스는 중세의 연속이고, 중세의 부흥을 가져왔던 바로 그 원동력이 사실상 가속화된 것이라고 할 수 있다.

사실 르네상스 시기는 정치적으로나 사회적으로 불안과 소요의 시대였다. 전쟁이 끊이지 않았고, 마녀로 찍혀 사형당하는 일이 도처에서 일어났으며, 많은 책과 예술품들이 신앙에 해가 된다는 이유로 불태워지는 일이 다반사로 일어났다. 그럼에도 불구하고 사람들의 관심이 인간적인 것과 현세적인 삶으로 전환되었다는 것은 곧 세계와 인간에 대한 발견이자 근대정신의 탄생으로 평가될 수 있다.

이러한 르네상스 정신의 가장 보편적이고 근본적인 지적 이상은 '휴머니즘 Humanism'이라는 말로 요약된다. 좁은 의미에서의 휴머니즘은 신학 중심의 학문체계를 거부하고 '보다 인간다운 학예'를 부활시키려는 학문적 경향을 의미한다. 중세 학예는 신학의 시녀에 불과했지만 이제 인간적인 관점에서 그리스 로마의 고대 문헌을 연구하고 예술을 모방함으로써 고대인들의 위대한 업적을 재발견하고 나아가 이를 능가하고자 하였다. 넓은 의미에서의 휴머니즘은 '인간다움'을 존중한다는 신념에서 인간의 존엄성을 강조하는 것을 의미한다. 고대 연구를 통해 인간의 자의식에 눈을 뜨게 됨으로써 인간을 재발견하게 되었고, 인간의 의지와 능력, 개성을 강조함으로써 신의 굴레로부터 인간성을 해방시켰으며, 내세 중심적인 사고로부터 벗어나 현세의 삶을 중시하게 되었다.

르네상스는 이러한 인간중심주의의 부활이라는 의미에서 헬레니즘의 부활이라고 할 수 있다. 그러나 당시는 엄연한 기독교 사회였고, 여전히 종교가 중심에 있던 시대였다. 인간중심주의가 되살아났다고는 하지만 기독교적 전통을 부정하는 것은 아니었기 때문이다. 따라서 이 시기는 기존의 기독교적 전통 위에 인간중심주의의 새로운 문화가 혼합된 시대라고 보는 게 합당하다. 그런 점에서 르네상스 문화는 헤브라이즘과 헬레니즘이 융합된 문화라고 할 수 있다.

우리가 르네상스를 생각할 때 가장 먼저 떠오르는 인물이 레오나르도 다 빈치 Reonardo da Vinci(1452-1519)나 미켈란젤로 Michelangelo Buonarroti(1475-1564)라는 데에서 알 수 있듯이, 르네상스가 이룩한 업적 중에서도 가장 뛰어난 업적은 예술 분야에서 이루어졌다. 예술이 종교적 목적이라는 굴레에서 벗어나게 되자 자유로운 창조활동이 전면에 등장하게 되었다. 예술가들은 자신의 천부적 재능에 대한 확실한 자각 속에서 스스로를 단순한 '장인'이 아니라 창조적인 '예술가'

로 인식하였다. 이러한 예술가들의 새로운 자각은 자신의 창작행위에 대한 자신감으로 이어졌고, 시간과 공간에 대한 개념도 변화시켰다. 그들은 고대의 범례를 따르는 데에서 나아가 자연을 직접 관찰하고 그 속에 숨은 원리를 찾아내고자 하였다. 또한 원근법이나 해부학적 연구를 통해 예술을 지배하는 법칙을 발견하고자 했고, 자신만의 예술세계를 통해 독창적인 미를 추구하고자 하였다. 그러나 르네상스가 추구하는 미는 예전처럼 초월적이고 형이상학적인 미가 아니라 물질적이고 감각적인 미였다. 인간에 대한 새로운 이해와 현세의 삶에 대한 적극적인 관심은 물질적이고 감각적인 욕구를 자극했고, 그 결과 보다 현실적이고 인간중심적인 새로운 미학을 낳게 되었다.

피렌체 대성당 세례당

중세 고딕이 파리 외곽의 〈생 드니 수도원 성당〉에서 시작되었다면, 르네상스는 〈피렌체 대성당〉에서 시작되었다는 것이 정설이다. 〈피렌체 대성당〉의 정식 명칭은 '산타 마리아 델 피오레(꽃의 산타 마리아)'이다. 이탈리아 성당은 본당, 종탑, 세례당을 따로 두는 것이 전통인데, 여기에서도 이러한 모습을 볼 수 있다. 본당은 캄비오 Arnolfo di Cambio(1240?-1310?)의 설계로 1296년에 짓기 시작한 고딕양식이고, 82m 높이의 종탑은 14세기 당대의 유명한 화가 조토가 설계한 고딕양식이다. 팔각형의 세례당은 〈피렌체 대성당〉이 지어지기

전 〈산타 레파라타 성당〉 앞에 있던 것으로 11세기경에 지어진 로마네스크 양식이다.

피렌체 대성당

피렌체 대성당 세례당

미술사가들은 르네상스의 진정한 기원을 1401년에 있었던 〈피렌체 대성당〉의 세례당 북문 공모전으로 잡는다. 여기서 '공모전'은 중요한 의미를 갖는다. 기존에는 주문자가 요구하는 대로 작품을 생산하는 방식이었다. 심지어 청동을 얼마만큼 쓸 건지, 무슨 색 안료를 얼마만큼 사용할 건지 등을 계약서에 명시했고, 예술가는 이를 지켜야 했다. 그러나 이제 공모전을 통해 예술가가 자신의 기량을 마음껏 발휘해 작품을 만든 뒤 이를 평가받는 방식으로 바뀌게 된 것이다. 이는 예술에 대한 이해가 근본적으로 바뀌었음을 의미한다. 그런 점에서 〈피렌체 대성당〉의 세례당 북문 공모전은 새로운 시대를 여는 출발점이었다고 할 수 있다.

세례당 북문 제작 공모

피렌체 세례당 남문 조각

〈피렌체 대성당〉 세례당의 정식 명칭은 〈산 지오반니 세례당〉이다. '성요한 세례당'이라는 말이다. 이 세례당의 남문은 원래 목조문이었으나 1336년 청동문으로 바뀌게 된다. 이 때 청동문의 조각을 맡은 사람이 피사노 Andrea Pisano(1290년경-1348)였다. 그가 만든 청동문은 사각형과 네잎 클로버를 겹친 형태의 기본틀로 장식되었다.

그로부터 60여년이 지난 1401년 세례당 북문을 청동문으로 제작하기 위해 공모전이 열린다. 공모전이 내걸린 시점은 피렌체가 밀라노로부터 노골적인 위협을 받고 있던 때였다. 외부의 위협에 직면한 상황에서 피렌체는 시민들을 하나로 모을 수 있는 구심점을 찾았고, 그 대안이 피렌체의 수호성인의 이름을 딴 〈산 지오반니 세례당〉의 문을 청동으로 제작하는 것이었다. 이를 통해 피렌체는 도시의 정체성을 공고히 하고 민심을 안정시키는 일석이조의 효과를 얻고자 하였다. 그리고 효과를 극대화하기 위해 공모전을 통해 청동문을 제작하기로 한다.

청동문 제작의 비용을 댈 직인조합은 크기와 외형을 세례당 남문의 선례를 따르기로 하고, 주제는 당시 상황과 딱 맞아떨어지는 '이삭의 희생'으로 정하였다. 공모전 주제로 정해진 '이삭의 희생'은 구약성서 창세기 1장에 나오는 이야기로, 이스라엘의 조상인 아브라함이 하느님의 명에 따라 하나 뿐인 늦둥이 아들을 제물로 바치는 내용이다. 이 이야기에서 아브라함이 이삭을 제물로 바치고 칼로 그의 목을 치려는 순간 천사가 날아와 이를 제지한다. 이삭은 목숨을 구하게 되고 아브라함은 아들 대신 숫양을 제물로 바친다. 공모전의 주제가 '이삭의 희생'으로 정해진 것도 피렌체의 운명이 제물로 바쳐질 이삭의 운명처럼 위급하다고 생각했고, 이삭이 신의 뜻에 따라 구원되었듯이 자신들도 밀라노의 위협으로부터 벗어나게 되리라는 희망을 담고자 했기 때문이었다.

이삭의 희생

공모전의 최종 심사에 올라간 후보는 피렌체의 조각가 기베르티 Lorenzo Ghiberti(1378-1455)와 브루넬레스키 Filippo Brunelleschi(1377-1446)였다. 이때 출품한 그들의 작품은 피렌체의 '바르젤로 미술관'에 남아

이삭의 희생

있다. 두 작품은 똑같은 주제와 형식으로 제작되었고 두 예술가 모두 고대의 조형에서 영감을 얻어왔음에도 불구하고 두 사람의 작업은 판이한 결과를 낳았다. 두 작품을 서로 비교해 보면 초기 르네상스 미술이 지향했던 바가 무엇이었는지 알 수 있다.

오른 쪽의 브루넬레스키 작품은 이삭이 희생되기 직전의 순간에 초점을 맞춰 극적인 긴장감이 돋보인다. 아브라함이 이삭을 칼로 찌르려는 순간 천사가 나타나 아브라함의 손목을 잡아 제지하는 모습이 극적으로 묘사되어 있다. 작품 왼쪽 아래에 고대 조각인 〈가시 뽑는 소년〉(기원전 1세기)을 직접 모방한 인물을 포함시켰는데, 이는 주제와는 무관하지만 고전문화에 대한 관심을 직접적으로 표현한 것이었다. 그러나 이 작품은 가장 중심이 되는 사건을 가운데에 배치하고, 나머지 사항들, 즉 데리고 간 숫양이나 두 명의 하인과 말 등 개별 소재들은 네잎 클로버 모양의 전체 틀 안에 적절히 끼워 넣고 있다. 전체적으로 수평 구성을 하고 있고, 별다른 공간적 배경도 없다. 이점에서 이 작품은 중세적 묘사방식을 벗어나지 못했다고 할 수 있다.

가시 뽑는 소년

왼쪽의 기베르티 작품은 극적인 긴장감이 완화되어 인물들이 절제되고 우아하게 표현되었다. 이삭은 고대 운동선수처럼 균형 잡힌 몸매에, 자신의 운명을 기꺼이 받아들이는 영웅적인 순종의 태도를 취하고 있다. 직접적이지는 않지만 극적인 요소를 더 많이 내포하고 있다. 사건이 왼쪽에서 오른쪽으로 발전하면서 묘사될 이야기에 집중하고 있다. 구성에 있어서도 형상들을 압축해 사선으로 양분하고 있는데, 오른쪽 상단에 아브라함과 이삭, 천사를 배치하고, 왼쪽 하단에 두 하인과 말을 배치함으로써 두 부분의 균형과 조화를 이루고 있다. 빈 여백은 바위를 입체적으로 처리해 공간 개념을 강조하였다. 천사의 모습도 단축법을 적용해 먼 곳에서 날아오는 것처럼 묘사함으로써 공간의 깊이를 창조하고 있다. 이로써 이 작품은 인물과 소재들이 훨씬 자유롭게 공간적 제약을 극복하고 있고, 고대의 자연주의적 조형 전통이 부드럽게 녹아 있다.

피렌체 세례당 북문

나아가 브루넬레스키의 작품이 형상 하나하나를 개별적으로 제작한 뒤 하나의 판 위에 붙이는 방식을 사용한 반면, 기베르티는 청동 재료를 하나의 틀에 부어서 통으로 주물을 뜨는 기법을 사용했다. 따라서 기베르티의 작품은 기술적인 면에서도 뛰어나지만, 부조의 무게를 1/5로 줄였고 비용도 절감하는 효과가 있었다. 결과는 기베르티의 승리였다. 이후 기베르티는 곧바로 세례당 북문 제작에 착수하였다. 높이 6m, 폭 4.6m의 거대한 문을 제작하는데 1톤이나 되는 청동이 사용되었고, 제작기간도 무려 22년이나 걸렸다. 이 때 기베르티가 제작한 북문이 현재 세례당의 주 출입문으로 사용되고 있다.

세례당 동문

그 후 기베르티는 세례당 동문 제작을 의뢰받아 더욱 정교한 청동문을 만들게 된다. 대성당 정문에서 바로 보이는 문이 세례당 동문이다. 피렌체 시와 체결한 계약에 따라 기베르티는 아무런 제약도 받지 않고 자신의 의도에 따라 마음껏 구상을 펼칠 수 있었다. 예술가가 주문자의 요구로부터 벗어나 자유롭게 작품을 만들수 있게 된 것이다. 이는 예술가에게 온전한 창작의 자유가 주어졌다는 점에서 미술의 역사에 하나의 획을 긋는 사건이었다. 기베르티가 27년에 걸쳐 완성한 세례당 동문은 28개 장면으로 이루어진 북문과 달리, 전체 구획 수를 줄여 구약의 이야기를 10개의 장면에 담고 있다. 장면 수가 줄어든 만큼 하나의 장면에 여러 이

피렌체 세례당 동문

야기가 삽입되었지만, 단순한 정사각형 틀로 되어 있고 화면 자체가 크기 때문에 오히려 시원한 느낌이 든다. 기베르티는 이 작품에서 부조를 회화적으로 처리하고 원근법의 규칙을 일관되게 적용함으로써 공간적 깊이를 창조하고 있다.

세례당의 북문과 동문은 기베르티의 평생에 걸친 역작이었다. 그는 동문의 문고리에 자신과 작업을 도운 아들의 흉상을 나란히 조각해 넣음으로써 자신의 작품에 대한 자부심을 표현하였다. 그는 자신의 자서전을 쓰기도 했는데, 이는 자신이 예술가로서 특별한 존재라는 것을 자각하고 있었다는 것을 말해준다. 그런 의미에서도 기베르티는 르네상스적 인간이라 할 수 있다. 80년 후 미켈란젤로가 세례당 동문을 보고 "천국의 문이라 해도 손색이 없다."라고 찬사를 보냈는데, 이후 이 문은 '천국의 문'으로 불리고 있다. 기베르티

피렌체 세례당 동문 조각

기베르티와 그의 아들

의 천국의 문은 15세기 중반 피렌체 르네상스의 가장 빛나는 수작으로 평가되고 있다.

피렌체 대성당 돔 공모

르네상스 건축도 〈피렌체 대성당〉에서 시작되었다. 본당은 캄비오의 설계로 1296년에 착수했으나, 1302년 캄비오가 사망한 후 여러 차례 공사가 중단되는 우여곡절 끝에 15세기 초에는 돔과 정면 파사드를 빼고는 거의 완공된 상태였다. 자금을 댄 모직물 생산자 조합에서 고용한 '작업위원회'의 요구에 따라 로마의 〈판테온〉을 능가하는 돔을 올리고자 했지만, 기술상의 문제로 미완성인 채 남아 있었던 것이다. 마침내 1418년 기술적인 문제를 해결하기 위한 공모전이 실시되었다. 지상 55m 높이에 지름 42m의 돔을 얹는 대공사였다.

피렌체 대성당 구조

브루넬레스키는 〈산 지오반니 세례당〉 조각 공모전에 낙선한 후 로마로 가서 〈판테온〉 등 고대의 건축과 기념물들을 연구한 후, 〈피렌체 대성당〉의 돔 건축을 위한 획기적 제안을 통해 공모전에 당선된다. 그가 비록 조각 공모전에 낙선한 후 조각계를 떠나야 했지만, 돔 공모전 당선은 전화위복의 계기가 되었다. 이후 그가 창안한 건축이 19세기까지 무려 500년 동안 서양건축을 주도하게 되었기 때문이다.

〈피렌체 대성당〉에서 브루넬레스키는 200년 동안 거의 잊혀졌던 거대한 돔 양식을 재도입함으로써 전체 높이 136m, 추정 중량 2만5천 톤의 돔을 완공한다. 무엇보다 돔의 전체적인 무세를 줄이는 것이 중요했기 때문에 안팎으로 돔을 쌓는 '이중각(이중돔)' 구조가 도입되었다. 우선 아치의 원리를 이용해 24개 늑재로 뼈대를 구성하고 (24개 늑재 중 외부로 드러난 것은 가장 큰 힘을 받는 8개뿐이다) 안팎의 두 개의 돔을 서로 얽어매는 구조였다. 안쪽의 두께 2.3m의 돔과 바깥쪽의 두께 1m의 돔 사이에 브릿지를 두어 서로 지탱하도록 했고, 이를 계단삼아 오르내릴 수 있도록 해 작업하기도 편리했다. 지금도 성당

피렌체 대성당 돔

헤링본 쌓기

왼쪽 입구에서 436개 계단을 통해 돔 위로 올라갈 수 있다. 돔의 아래쪽은 석조로, 위쪽은 좀 더 가벼운 벽돌로 쌓았는데. 이 때 벽돌을 수평과 수직으로 교차시키는 이른바 '해링본 Herringbone 쌓기' 기법을 사용해 무게를 분산시켰다. 돔 아래 기부는 링으로 조여 돔 파열을 방지하였다. 수많은 우여곡절을 거치며 16년만인 1436년 마침내 돔이 완성되었다. 이 돔이 갖는 명쾌하고 단순한 조형미는 르네상스 건축의 도래를 예고하는 것이었다.

돔 위 20m 높이의 '정탑 Lantern'은 1461년에 미켈란젤로가 완성한 것이다. 마지막으로 1472년 베로키오 Andrea del Verrocchio(1435-88)가 정탑 위에 청동 성물함을 올림으로써 공사가 마무리되었다. 돔 내부의 프레스코화 〈천지창조〉는 1568년 바자리가 그리기 시작해 1579년 주카로 Taddeo Zuccaro(1540-1609년경)가 완성하였다. 바자리는 1550년 『가장 뛰어난 화가, 조각가, 건축가의 삶』(일명 '예술가 열전')을 집필하기도 했는데, 그는 이 책에서 르네상스 예술가의 삶과 작품을 다루고 있다. 이 때문에 그는 최초의 미술사가로 평가된다.

피렌체 대성당 돔 내부

파치 예배당

〈파치 예배당〉(1430년경)은 최초의 르네상스 건축 중 하나이다. 이 예배당에는 브루넬레스키 건축의 특징이 잘 나타나 있다. 〈파치 예배당〉은 피렌체의 〈산타 크로체 성당〉의 중정 안쪽에 위치해 있는데, 피렌체의 귀족 가문인 파치가의 가족 예배당으로 건립된 것이다. '예배당 Chapel'은 일반 성당과 달리 성채를 모시지 않는 곳으로 '경당'이나 '예배실'이라고도 한다. 〈파치 예배당〉은 규모는 작지만 많은 건축가들에 의해 피렌체의 그 많은 역사적 건축물 중 최고의 건축으로 꼽히는 아름다운 건물이다.

파치 예배당

〈파치 예배당〉 정면은 첫눈에 단순하고 분명하며 간결한 구조가 돋보이는데, 이것은 브루넬레스키 건축의 특징이자 르네상스가 추구하는 인간중심주의적 세계관을 구현하는 것이라 할 수 있다. 우선 이 예배당은 규모가 아담해 위압적이지 않고 편안해 보인다. 또한 보는 사람의 입장에서 건물의 통일성을 추구하고 있다. 가운데 큰 원형아치를 통해 현관 출입문을 강조하고, 그 출입문을 중심으로 코린트식 원주가 세 개씩 대칭으로 배열되었다. 수직적인 기둥에 수평의 엔테블러쳐를 적용해 변화를 줌으로써 수평과 수직이 조화를 이루고 있다. 위쪽 벽에도 수평과 수직이 교차하는 장식을 사용하였는데, 십자형태의 창살을 가진 창문처럼 보인다.

열주 뒤에 있는 예배당 외벽에서도 동일한 구성이 반복되어(물론 납작 기둥이지만) 통일성 있는 일관된 장식효과가 나타나고 있다. 입구문은 삼각형 박공으로 장식되었는데, 이는 고대 신전 양식을 응용한 것으로 르네상스 건축에서 흔히 볼 수 있는 것이다. 입구문 양쪽에는 아치 창문을 두 개씩 끼워 넣었다. 입구문 앞의 '포르티코 Portico'라 불리는 열주랑의 천장은 가운데 팬던티브 돔을 중심으로 좌우에 원통형 궁륭이 있는 구조이다. 이러한 구조는 내부에서도 그대로 반복된다.

파치 예배당 포르티코 천장

파치 예배당 내부

예배당의 외부 모습처럼 내부 또한 단아한 분위기가 느껴진다. 외부에서 보았던 장식 요소들이 내부 벽면에서 그대로 반복되고 있다. 둥근 아치, 수직적 기둥과 수평적 아키트레이브 등이 반복되어 내외부의 유기적 연관성이 이루어진다. 두터운 띠줄을 이용해 내부 공간의 수평과 수직 형식을 하나로 통일시키고 있다. 일정한 크기의 정사각형과 직사각형이 규칙적으로 배열되어 기하학적 조화를 이루고 있는데, 정확한 수학적 비례와 균형의 원리를 도입했기 때문에 정돈되어 보이고 작은 규모에 비해 공간이 넓어 보인다.

내부 천장 역시 입구 포르티코에서 보았던 팬던티브 돔과 좌우의 원통형 궁륭이 반복되고 있다. 그러나 여기서는 좌우의 원통형 궁륭보다 가운데 돔이 압도적이라는 점에서 돔이 중심이 되는 중앙집중식 구조라는 것을 한눈에 알 수 있다. 돔의 안쪽은 늑재를 통해 열두 구획으로 나뉘어 있는데, 이는 예수의 열두 제자를 가리킨다. 예수의 제자들 모티브는 벽면 상부의 둥근 메달 부조에서도 되풀이된다.

파치 예배당 내부

파치 예배당 구조

〈파치 예배당〉은 중앙집중식 구조 개념이 도입된 르네상스 최초의 건축이다. 전체적인 평면은 황금비례를 적용한 직사각형 구조이다. 그러나 평면도를 보면 알 수 있듯이 기본 구조는 정사각형 공간 위에 돔을 얹고, 그 좌우에 직사각형 공간을 덧붙이는 형식을 하고 있다. 정사각형 평면 위에 아치를 세우고 그 위에 돔을 얹는 중앙집중식이 도입된 것으로, 이후 르네상스 건축에서는 중앙집중식을 선호하게 된다.

중앙집중식은 동방 기독교를 대표하는 교회형식이라고 할 수 있는데, 그동안 서유럽에서는 로마의 황제교황주의 전통을 잇는 상징

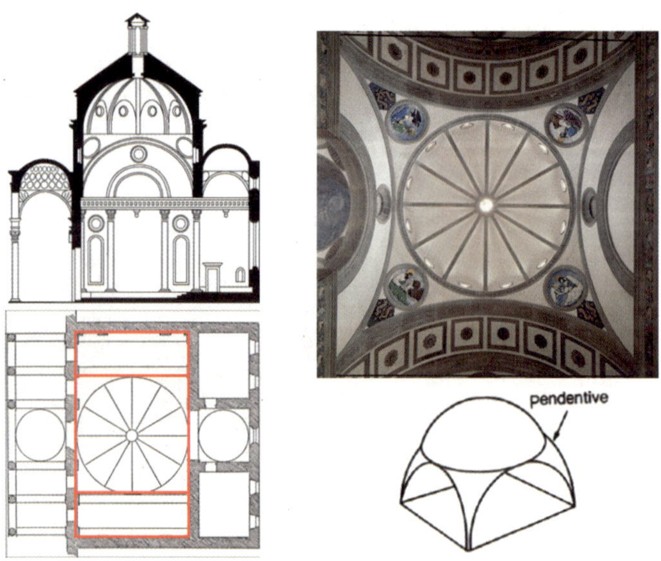

파치 예배당 구조

적 공간이거나 로마에 대한 독일교회의 독자성을 강조하는 의미를 가졌다. 그러나 르네상스 때에는 중앙집중식이 완벽한 조화와 균형, 평등을 구현하고, 완벽한 우주의 표현이라는 상징성을 갖게 된다. 르네상스는 고전적인 비례와 조화를 추구했기 때문에 중앙집중식이 선호되었다. .

〈파치 예배당〉에 사용된 건축 요소는 사실 새로운 것이 아니다. 기둥의 오더는 고대 로마의 것이고, 중앙에 아치를 두고 양쪽에 수평의 엔테블러쳐를 두는 구성은 로마 개선문에서 비롯된 것이다. 기와지붕은 로마의 민가에서 온 것이고, 포르티코의 원통형 궁륭은 고대 로마와 로마네스크에서 가져온 것이다. 팬던티브 공법의 돔은 비잔틴에서 왔고, 중앙의 돔을 늑재로 구성한 것은 고딕에서 비롯된 것이다. 이 예배당은 과거의 전통을 이어받아 독창적인 구조로 통합하고 있는데, 이것이 브루넬레스키가 창안한 르네상스 건축의 중요한 특징이다. 이러한 건축 방식은 이후 500년간 서양건축에

르네상스 건축의 특징

절대적인 영향을 미친다.

산 안드레아 대성당

이탈리아 북부 만토바의 〈산 안드레아 대성당〉(1470-1790)은 '르네상스 건축의 완성자'라 불리는 알베르티 Leon Battista Alberti(1404-72)가 설계한 작품이다. 건물은 300여년 후에 완공되었다. 알베르티는 인문학적 소양을 바탕으로 건축과 예술에 관한 많은 이론서를 출간하였다. 그는 법학, 고전학, 수학, 시학은 물론 회화와 조각, 음악과 운동경기 등 다방면에 뛰어난 실력을 가진 이른바 '르네상스적 천재'였다. 특히

산 안드레아 대성당

1450년에 출간한『건축론』10권은 건축가로서의 경험과 미학적인 원리를 정리한 것으로 그의 건축 이론은 후대에까지 많은 영향을 미친다. 그는 여러 지방을 돌아다니면서 활동한 까닭에 르네상스가 피렌체를 넘어 이탈리아 전역으로 확산되는 데에도 크게 기여하였다.

〈산 안드레아 대성당〉은 15세기 교회 건축의 본보기로서 17-18세기까지 영향을 미친 중요한 성당이다. 정면 파사드는 신전과 개선문 형태를 응용하고 있다. 신전건축처럼 네 개의 기둥(사각 붙임기둥) 위에 수평의 엔터블레이쳐를 올리고, 삼각형 페디먼트로 마감하였다. 사각 붙임기둥들은 개선문처럼 거대한 아치를 감싸고 있고, 정면 좌우의 벽면은 아치형태의 장식을 통해 3층으로 구성되었다. 정면은 높이와 폭을 동일한 크기로 맞추었는데, 이는 완벽한 대칭구조를 이루도록 한 것이다.

산 안드레아 대성당 구조

〈산 안드레아 대성당〉의 평면은 전체적으로 라틴십자형을 취하고, 교차부에 돔을 설치한 구조이다. 기존 라틴십자형 평면과 다른 점은 성당 내부의 선형 공간인 측랑을 길게 트지 않고, 칸을 막아 독립 공간의 예배당으로 구획했다는 것이다. 이는 선형성을 줄이고 중앙집중성을 강화하기 위한 것이다. 주지하듯이 르네상스 시기에 중앙집중식은 완벽한 조화와 균형을 구현하고, 완벽한 우주의 표현이라는 상징성을 갖는다. 따라서 르네상스 시기에는 고전적인 비례와

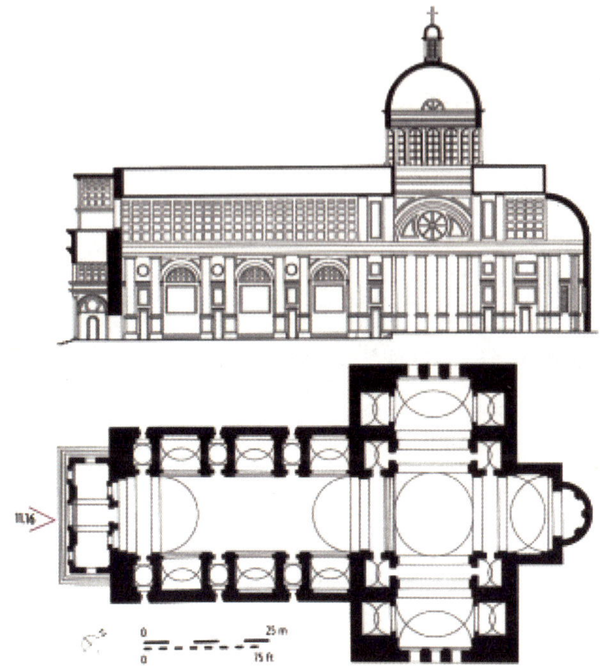

산 안드레아 대성당 구조

조화를 추구했기 때문에 중앙집중식이 선호되었다.

〈산 안드레아 대성당〉은 르네상스가 선호하는 중앙집중식에 라틴 십자형의 선형 공간이 결합된 구조이다. 사실상 중앙집중식의 그리스 십자 평면에서 서쪽 팔 부분이 길게 확장되었다고 볼 수 있다. 거대한 교차부 중심의 중앙집중식 구성이라는 점에서 르네상스 종교 건축의 전형이지만, 예배의식에서 신도들을 위한 공간을 확보하기 위해 중랑을 길게 확장한 것이다.

성당의 천장은 원통형 궁륭으로 처리되었다. 이는 로마의 건축가 비트루비우스의 견해를 따른 것이다. 비트루비우스는 그의 저서 『건축서』에서 원통형 천장은 종교건축의 위엄과 영속성을 나타낸다고 하면서 종교건축에는 필수적이라고 하였다. 그의 견해에 따라 교회 건축의 위엄과 영속성을 위해 원통형 궁륭이 사용되었다. 궁륭의 천장은 개선문의 안벽처럼 규칙적인 사각형 코퍼로 장식되었다. 그리고 이러한 무거운 궁륭을 떠받치기 위해 기둥이 아닌 벽체가 도입되었다. 중랑벽은 물론 성당 내부 공간 전체에서도 정면 파사드에서 보았던 개선문 모티브가 반복되고 있다.

교차부의 돔은 알베르티 작품이 아니고 후대인 바로크 시대에 완공된 것으로 드럼부 창문에서 빛이 많이 들어오도록 되어 있다. 궁륭의 무게를 고려해 중랑벽에 창문을 거의 내지 않았고 교차부의 돔을 통해서만 빛이 들어오기 때문에 중랑의 내부는 어두운 반면, 제단 쪽은 돔으로부터 빛이 가득 들어와 신비로운 느낌을 자아낸다.

산 안드레아 대성당 내부

이와 같이 빛을 이용해 극적인 분위기를 만들어내는 것은 알베르티의 원래 의도와는 다른 것이지만, 이는 빛의 극적인 효과를 이용하는 바로크 건축에서 흔히 볼 수 있는 특징 중 하나이다.

〈산 안드레아 대성당〉은 이후의 유럽 교회 건축에 많은 영향을 미친다. 이 성당은 신전과 개선문 형태의 정면, 라틴십자형 교차부에 돔, 원통형 궁륭, 중랑의 벽체 구조 등이 결합된 유형이다. 이러한 성당 유형은 17세기 바로크를 거쳐 이후 유럽 교회 건축의 한 전형으로 자리 잡는다.

르네상스가 이탈리아에서 일어난 이유

르네상스가 이탈리아의 피렌체에서 시작된 데에는 15-16세기 피렌체를 실질적으로 통치하고 있던 메디치 가문의 역할이 중요했다. 메디치 가문의 수장이었던 조반니 디 비치(1360-1429)는 금융업(대금업)으로 부를 축적한 후 교회와 종교시설 확충에 많은 돈을 후원하였다. 조반니는 점차 영향력을 확대해 정계에도 진출했고, 마침내 최고 행정관에 올라 피렌체를 통치하게 된다. 조반니의 아들 코시모 메디치(1389-1464)는 귀족들과의 불화로 피렌체에서 추방되기도 했지만, 민중들의 지지와 상업자본을 바탕으로 다시 피렌체를 장악하고 기베르티나 도나텔로 Donatello(1386-1466) 등 많은 예술가를 후원하는 등 학문과 예술을 장려하였다. 메디치가는 로렌초 데 메디치(1449-92)에 이르러 절정에 도달한다. 로렌초는 뛰어난 외교적 수완으로 피렌체를 이탈리아 정치의 중심지로 부각시켰고, 학문과 예술에 대한 지원을 아끼지 않음으로써 르네상스 문화를 발전시켰다. 그는 수많은 고전 문헌들을 수집하여 그리스 아카데미를 설립하였고 주변국의 학자들을 피렌체로 끌어들였다. 또한 보티첼리 Botticelli(1445?-1510)나 미켈란젤로 등 수많은 예술가들을 지원함으로써 르네상스가 만개하는데 절대적인 영향을 미쳤다.

로렌초 데 메디치, 브론치노 Agnolo Bronzino, 1560년경

메디치가를 비롯한 이탈리아의 상인들, 특히 대금업자들이 교회와 종교시설 확충에 앞장섰고, 그것이 결국 예술가들에 대한 후원으로 이어지게 되었는데, 여기에는 그만한 이유가 있었다. 중세 이래 기독교인들은 대금업에 종사하는 것이 금기시 되었다. 고리대금으로 이웃에게 부당한 이익을 취하는 것이 죄악시되었기 때문이다. 따라서 대금업은 길드에도 가입할 수 없었던 유대인들이나 하는 것이었다. 이런 상황에서 대금업자들의 가장 큰 두려움은 비기독교적인 행위로 지옥에 떨어질지 모른다는 것이었다. 그들은 자신들의 죄를 면하기 위해 교회나 종교시설을 확충하는데 전폭적인 지원을 하게 된다. 또한 1400년경부터 평민들도 수도원이나 교회 안에 무덤을 만드는 것이 허용되면서 돈 많은 상인들은 앞 다투어 교회 안에 개인 예배당을 설치하고 예술가들을 동원해 예배당을 장식하였다. 이 과

메디치 예배당, 미켈란젤로 설계, 16-17세기

정에서 르네상스 예술이 비약적으로 발전하게 된다.

피렌체에서 시작된 르네상스는 로마를 거쳐 베네치아를 비롯한 이탈리아의 여러 도시로 퍼져 나갔다. 르네상스가 이탈리아에서 일어나 발전하게 된 이유는 다음과 같다.

첫째, 이탈리아는 고대 로마의 발상지로 고대의 유적과 전통들이 많이 남아있었다. 또한 시칠리아를 비롯한 이탈리아 남부는 오랫동안 이슬람의 지배를 받았는데, 당시 이슬람은 서유럽에 비해 선진문명이었고 고대의 문헌이 많이 남아있었다.

둘째, 이탈리아는 지리적으로 비잔틴(동로마)과 인접해 있었기 때문에 서로마가 멸망한 후에도 어느 정도 교류가 지속되었다. 게다가 1453년 비잔틴이 이슬람에 의해 멸망되었을 때 비잔틴의 많은 지식인과 예술가들이 이탈리아로 유입되었다.

셋째, 이탈리아에는 중세 유럽을 지배하던 봉건제도가 발전하지 못했다. 서로마가 멸망한 후 이탈리아에는 통일국가가 들어서지 못한 채 수많은 도시국가와 소국들로 분열되었고, 이들이 서로 경쟁하면서 독자적인 생존을 모색하는 가운데 문화가 발전하였다.

넷째, 이탈리아 국가들은 12세기 이후 지중해를 장악해 중계무역의 중심지로 떠올랐다. 비잔틴과 이슬람으로부터 다양한 문물이 이탈리아로 유입됨으로써 각 도시 상인들의 교양과 문화적 수준 또한 높아지게 되었다. 상인들은 축적된 부를 바탕으로 자신의 문화적 취향을 과시하기 위해 학문과 예술을 후원하였다.

2. 성 삼위일체 / 비너스의 탄생

원근법

원근법 Perspective은 관람자가 일정한 시점에서 봤을 때 2차원의 평면 위에 그려진 그림이 마치 3차원의 공간처럼 입체적으로 느껴지도록 묘사하는 회화기법이다. 르네상스의 인간중심주의 미학은 이러한 원근법을 통해 가장 극명하게 나타난다. 인간중심주의가 원근법을 통해 잘 드러난다고 하는 이유는 원근법이 어떤 대상을 관찰하는 주체의 관점에서 그것을 묘사하기 때문이다. 원근법은 보는 사람의 입장에서 화면 속의 전 공간을 한눈에 파악하도록 하는 것으로, 이는 인본주의 세계관을 반영한 것이라 할 수 있다.

페루지노 Pietro Perugino(1450-1523)의 〈베드로에게 천국의 열쇄를 주는 예수〉(1481-83)를 보면 논리적으로 정확하지는 않지만 원근법이 비교적 잘 구사되어 있다. 이 작품은 바티칸 궁전의 〈시스티나 예배당〉 벽화 중 하나이다. 마태복음에 의하면 예수가 베드로에게 축복을 내리면서 "나는 너에게 하늘나라의 열쇠를 주겠다. 네가 무엇이든지 땅에서 매면 하늘에도 매여 있을 것이며 땅에서 풀면 하늘에도 풀려 있을 것이다."(마태 16:19)라고 말한다. 가톨릭은 이 구절에서 예수가 베드로를 초대 교황으로 삼았다는 근거를 찾는다. 이후 교황은 베드로의 후계자로서 '열쇠의 권능'을 가졌다고 추앙받았고, 열쇠는 교황권의 상징이 되었다. 페루지노의 작품은 바로 그 이야기를 다루고 있다.

페루지노의 작품 앞에 서면 광장 전체가 한 눈에 들어오는데, 이는 원근법이 비교적 잘 구현되어 있기 때문이다. 원근법은 크게 '대기원근법 Aaerial Perspective'과 '선원근법 Liner Perspective'으로 나눌 수 있다. 대기원근법(공기원근법)은 가까운 곳과 먼 곳 사이에는 대기와 빛의 작용에 의해 가까운 곳은 또렷하게 보이지만 먼 곳은 희미하게 보인다는 것을 전제로 한다. 페루지노의 작품에서 보면 앞쪽의 인물들은 또렷하고 진하게 묘사되었지만, 뒤쪽의 산은 흐릿하게 묘사되었는데, 이러한 묘사방식은 대기원근법을 적용한 것이라 할 수 있다. 반면 선원근법은 같은 크기의 물체가 일정한 거리를 유지한 채 앞 뒤로 여러 개가 놓여 있을 때 앞 쪽의 물체는 크게 보이고 뒤쪽으로 갈수록 점차 작게 보인다는 것을 전제로 한다. 페루지노의 작품

베드로에게 천국의 열쇠를 주는 예수

에서 보면 화면이 3분되어 있는데, 전경의 인물은 크게 묘사되었고, 중경의 인물은 좀 작게, 원경의 인물은 더 작게 묘사되었다. 또한 광장 바닥에 그려진 선들을 연결해 보면 뒤쪽 건물 출입문의 한 지점에서 모이게 되는데, 이 지점을 '소실점 Vanishing Point'이라고 한다. 이런 식의 수학적 비례를 도입한 묘사방식은 선원근법을 적용한 것이라 할 수 있다.

산 로렌초 성당

선원근법의 원리를 최초로 파악한 사람은 건축가 브루넬레스키였다. 그는 고대 로마의 건축을 연구하는 과정에서 원근법의 원리를 터득한 것으로 알려지고 있다. 피렌체의 〈산 로렌초 성당〉(1420-1461) 안에 들어서면 브루넬레스키가 어떻게 해서 원근법의 원리를 터득

산 로렌초 성당

했는지 이해할 수 있다. 이 성당은 최초의 르네상스 건축 중 하나로, 브루넬레스키가 메디치가의 의뢰를 받아 기존 로마네스크 성당을 개축한 것이다. 브루넬레스키가 완성을 보지 못하고 죽자 마네티 Antonio Manetti(1423-1497)가 이어받아 1461년 완공했지만 정면 파사드는 마무리 되지 못했다. 지금도 정면 파사드는 미완성인 채로 남아 있다.

성당 내부는 우아하면서도 차분한 분위기가 느껴진다. 브루넬레스키는 이 성당을 개축하면서 수학적 비례와 균형을 통해 질서정연한 기하학적 선명성과 논리를 도입하였다. 측랑의 폭이 기본 단위로서 1이라고 할 때, 중랑의 폭은 2, 측랑의 높이는 4, 중랑의 높이는 8이다. 그리고 열주들의 기둥 간격은 1이다. 이와 같이 모든 것이 수학적 비례관계로 정확히 맞추어져 있고, 각 건축 요소들을 서로 연결해보면 소실점이 주 제단에 위치한다. 선원근법의 원리가 정확하게 적용되고 있는 것이다. 건축에서 볼 수 있는 이러한 원리를 2차원의 평면 안에 구현하고자 한 것이 선원근법이다.

산 로렌초 성당 내부

선원근법의 원리

원근법은 2차원의 평면 위에 3차원의 공간을 표현하는 방법으로, 엄밀한 의미에서 화면에 구사된 원근법은 하나의 기법이지 현실이 아니다. 원근법적 묘사가 실제로 눈에 비친 세계를 객관적으로 재현할 수 있는 것은 아니기 때문이다. 르네상스 이전에도 화가들은 원근을 표현하는 방식에 대해 알고 있었다. 선원근법은 과거에 이용되었던 방식을 수학적으로 객관화한 것이다. 이를 위해 '소실점'을 도입하고 과학적인 투시에 따라 공간 내에서의 원근을 표현한다. 선원근법은 '중앙 투시원근법', '일 점 투시도법'이라고도 한다. 우리가 고정된 한 눈으로 대상을 보면서 그 눈과 대상의 윤곽을 선으로 연결한다고 가정할 경우 대상과 눈 사이에는 피라미드 모양이 생긴다. 이를 '시각 피라미드'라고 하는데, 선원근법은 이 피라미드의 중간을 절단하면 대상의 윤곽이 얻어진다는 원리이다.

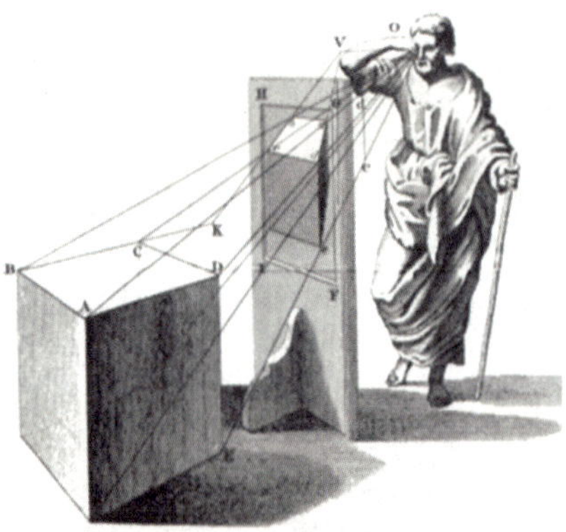

선원근법의 원리

이러한 선원근법은 무엇보다도 세계를 고정된 한 눈으로 봐야 한다는 전제 하에서 성립된 것이다. 그러나 우리는 움직이는 두 눈을 통해 세상을 볼 뿐만 아니라, 보는 각도에 따라 사물을 달리 보기도 하고, 자신의 심리상태에 따라 다르게 보기도 한다. 따라서 원근법은 대상을 재현하는 유일한 방식도 아니고 절대적 방법도 아니다. 선 원근법은 2차원의 평면 위에 3차원의 세계를 재현하는 하나의 약속에 불과하다. 그런 점에서 선원근법은 르네상스가 '발명'한 위대한 회화기법이라고 할 수 있다,

선원근법은 알베르티에 의해 이론적으로 정립된다. 그는『회화론』(1453)에서 원근법을 이론적으로 정리해 원근법이 회화기법으로 확실히 자리 잡는데 기여하였다. 그 후 원근법은 레오나르도 다빈지, 우첼로 Paolo Uccello(1397-1475) 등에 의해 본격적으로 보급되었다. 우첼로의 〈산 로마노 전투〉(1450년경)는 원근법이 잘 구사된 작품이다. 이 그림 밑 부분의 창들을 연결하면 모두 하나의 소실점에서 만나도록 되어 있다. 아래쪽 공간이 좁기 때문에 원근법적 묘사가 너무 지나치다고 느껴질 수 있는데, 이 작품이 약 2m 정도의 높이에 걸려 있고 관람자가 아래쪽에서 보게 된다는 것을 감안하면 우첼로의 의도를 이해할 수 있다.

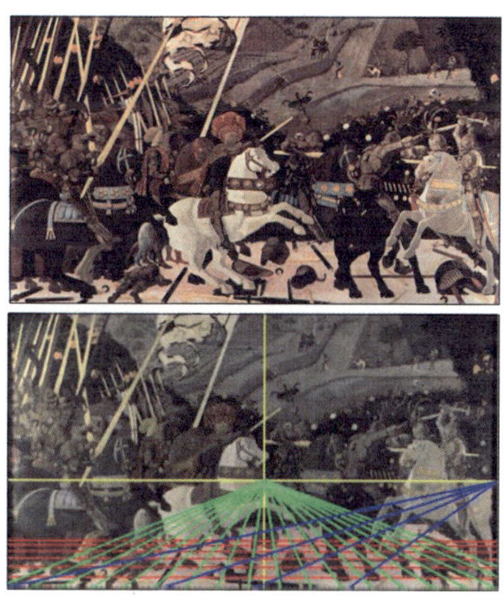

산 마리노 전투

성 삼위일체

마사치오 Masaccio(1401-1428)의 〈성 삼위일체〉(1424-27)는 선원근법에 의거해 그려진 최초의 그림 중 하나이다. 마사치오는 본명이 구이디 Tommaso di Giovanni di Simone Guidi로 알려져 있지만, 요절하는 바람에 그에 관한 정보는 많지 않다. 그는 조토의 조형적 회화 기법을 이어받고 브루넬레스키로부터 원근법의 원리를 받아들여 새로운 예술 세계를 창조한 화가로 평가된다. 〈성 삼위일체〉는 그의 대표작이다. 이 작품은 피렌체의 〈산타 마리아 노벨라 성당〉 왼편 측랑 벽에 그려져 있다.

〈산타 마리아 노벨라 성당〉은 원래 14세기에 지어졌으나, 현재의 서쪽 정면 파사드는 15세기 알베르티가 리모델링한 것이다. 중앙의 둥근 창과 맨 밑 부분의 장식 등 기존의 부분을 절묘하게 살리면서

산타 마리아 노벨라 성당과 성 삼위일체

새로 구성했는데, 기하학적 질서가 돋보인다. 벽면의 색대리석을 이용한 기하학적 무늬는 당시 피렌체를 중심으로 토스카나 지방에서 성행했던 이탈리아 특유의 장식법으로, 시각적 효과를 나타내고 있다. 미켈란젤로는 이 성당에 반해 '나의 신부'라 불렀다고 전해진다.

성 삼위일체의 공간

마사치오의 〈성 삼위일체〉는 높이 6.4m, 폭 3.2m 규모의 큰 벽화이다. 이 그림은 벽면 위에 그려진 것이지만, 선원근법을 정확히 적용함으로써 벽이 아니라 별도의 공간이 뚫려 있는 것 같은 환영의

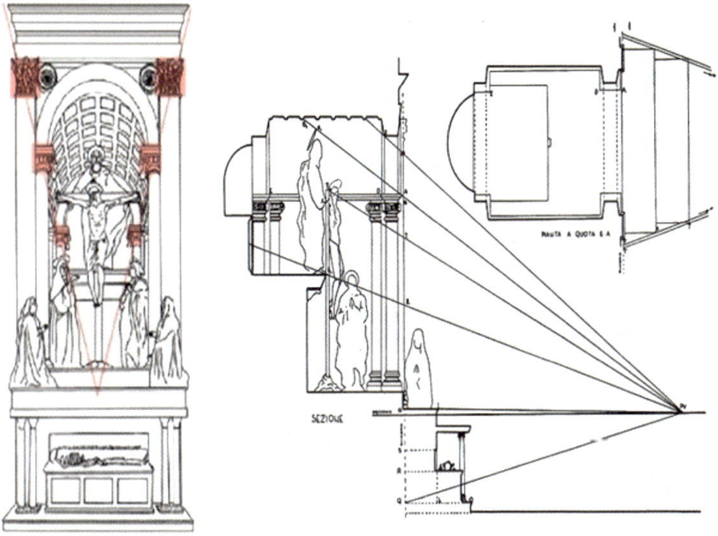

성 삼위일체의 공간

공간을 만들어내고 있다. 오늘날 보아도 공간적 깊이감이 실감 있게 다가오는데, 원근법에 익숙하지 못한 당시 사람들의 눈에 어떻게 보였을지는 미루어 짐작할 수 있다.

〈성 삼위일체〉는 선원근법을 정확히 적용함으로써 가상의 현실을 만들어내고 있다. 이를 위해 관람자의 눈높이(약 160-170cm 정도)에 해당하는 제단에 소실점을 두고 약 5m 정도 떨어진 곳에서 볼 경우 공간감을 실감할 수 있도록 고안되었다. 이 때문에 그림은 제단을 경계로 크게 위아래로 나뉘게 된다. 그림 앞에 서면 건축물은 올려다 보이고, 아래 석관은 내려다보인다. 건축물은 들어가 보이고, 석관은 돌출되어 보인다. 적어도 4-5중의 공간적 깊이가 느껴진다. 특히 배경의 예배당 천장은 수학적으로 정확하게 계산해 구획됨으로써 공간감을 강조하고 있다. 마치 코퍼 폭 30cm, 능선 폭 10cm, 천장 높이 213cm, 깊이 275cm의 공간이 존재하는 것처럼 보인다.

성 삼위일체

제단의 위쪽에 예배당처럼 보이는 건축물 안에는 중앙에 실물대를 웃도는 예수가 십자가가 매달려 있고, 성부 하느님은 안쪽 단상 위에 서서 십자가 위에서 수난당하는 그리스도를 지탱하고 있다. 성령은 성부와 성자 사이에

하얀 비둘기 모습으로 날고 있다. 십자가 발치에는 좌우로 성모와 사도 요한이 서있다. 그 아래 제단에 무릎을 꿇고 있는 두 사람은 이 그림을 봉헌한 도미니코 렌지 부부이다. 이들이 앉아 있는 공간은 위쪽의 골고다에서의 책형 장면과 분리되어 있는데, 이들이 앉아 있는 제단은 관람자의 시선이 위치하는 곳이다. 따라서 관람자의 눈에는 위쪽의 삼위일체 공간은 예배 공간이고 자신은 봉헌자 부부와 함께 그 앞에서 예배를 드리는 것 같은 착각을 갖게 된다. 제단을 중심으로 아래쪽에 내려다보이는 곳에는 유골이 담긴 석관이 놓여 있다.

성 삼위일체 부분

중세 그림에서는 중요한 것은 크게 그리고 그렇지 않은 것은 작게 그리는 이른바 '크기의 법칙'이 존재했다. 따라서 십자가 책형도를 그릴 경우에는 그리스도나 성인들은 크게 그려졌지만, 일반인들은 비교적 작게 그려지는 것이 관례였다. 그러나 〈성 삼위일체〉에서는 무릎을 꿇고 있는 봉헌자들을 관례대로 작게 그리지 않고 그리스도나 성인들과 똑같은 크기로 그려 넣었다. 이는 그림 속의 내용이 눈앞의 현실에서 벌어지고 있는 것 같은 착각을 일으키게 한다. 더구

성 삼위일체 부분

나 성모는 시선을 밖으로 향한 채 손짓을 하고 있다. 이는 관람자를 삼위일체의 현장으로 이끌어 들이는 효과를 갖는다. 관람자로 하여금 묘사된 현실의 일부가 되도록 유도하고, 그리스도 수난의 신비가 신앙의 문제이면서 동시에 현실의 문제라는 것을 체험하게 하는 것이다. 마치 고대 조각의 표면처럼 보이는 굵은 옷주름 묘사 등 이 작품의 독창적인 명암법은 깊이와 공간감을 살리고 있고, 간결하면서도 무게감 있는 인물묘사는 종교적 신비의 장엄한 효과를 더해준다.

그림의 아래쪽에는 유골이 담긴 석관에 놓여있는데, 한 때 이 유골의 주인이 누구인가를 두고 논란이 일었다. 그러다 1990년 한 미술사학자가 이 그림의 유골에서 갈빗대 하나가 모자라다는 것을 발견한다. 이로써 이 유골의 주인은 아담인 것으로 결론지어졌다. 천지창조 때 하느님께서 아담의 갈빗대 하나를 떼어내 이브를 창조했기 때문이다.

그런데, 여기서 왜 아담의 유골이 등장할까? 예수가 십자가형을

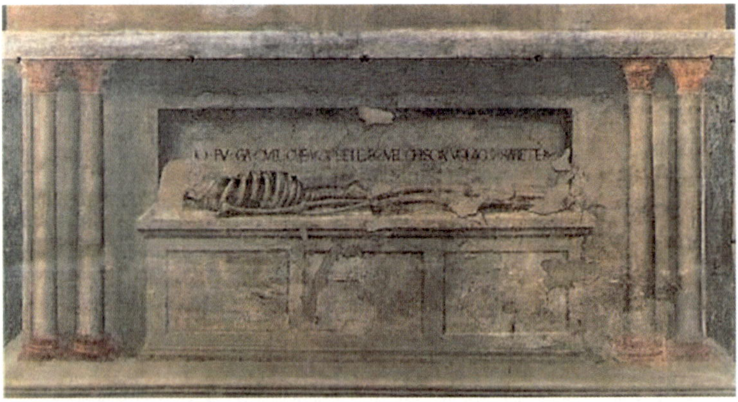

성 삼위일체 부분

당한 곳이 골고다 산인데, '골고다'는 해골이나 해골산이라는 의미이다. 이 때문에 전통미술에서는 예수의 십자가 책형도에서 십자가 발치에 아담의 유골을 그려 넣는 경우가 많았다. 이는 아담과 예수를 원죄(죽음)와 구원(생명)의 고리로 연결하려는 신학적 의도가 반영된 것이었다. 예수를 두 번째 아담, 마리아를 두 번째 이브로 보고 성모자상에 사과를 끼워 넣는 것도 마찬가지이다. 이는 곧 구약과 신약을 예언과 실현이라는 인과관계로 묶어서 보고자하는 성서의 유형학적 해석에서 비롯된 것이다. 석관에는 '나의 어제는 그대의 오늘, 나의 오늘은 그대의 내일'이라는 문구가 새겨져 있다. '메멘토 모리 Memento mori', 는 죽음은 생각하라는 의미이다.

처형장으로 가는 야고보 / 예수의 죽음

마사치오에 의해 원근법이 도입된 이래 초기 르네상스 시대에는 원근법을 엄격히 적용한 그림들이 많이 그려졌다. 특히 15세기 후반 북 이탈리아의 '파도바 화파'를 대표하는 만테냐 Andrea Mantegna(1431?-1506)는 원근법을 능숙하게 구사한 화가로 알려져 있다. 그는 파도바에 있는 〈에레미타니 성당〉의 '오베타리 예배당'에 성 야고보의 생애를 연작으로 그렸는데, 이 예배당이 제2차 대전 중에 파괴되는 바람에 현재는 남아있지 않다. 〈처형장으로 끌려가는 성 야고보〉(1455)는 그 중 한 작품이다.

이 작품은 성 야고보가 처형장으로 끌려가는 도중에 개선문 앞에

처형장으로 끌려가는 성 야고보

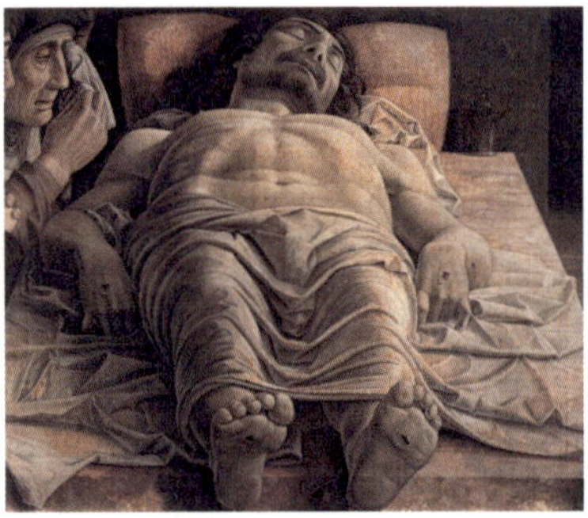

예수의 죽음

서 호송행렬을 잠시 멈추고 절름발이를 치유한 이야기를 다루고 있다. 성 야고보는 병자를 바라보며 강복을 하고 있는데, 호송중인 병사들은 이를 지켜보며 놀라거나, 몰려드는 군중들을 제지하고 있다. 이 작품은 시점이 화면 아래쪽에 있어 관람자가 위로 올려다보도록 되어 있다. 인물은 물론 배경이 되는 개선문 역시 원근법을 활용한 사실적 묘사가 돋보인다.

〈예수의 죽음〉(1475)은 예수의 시신 앞에서 성모와 사도 요한이 슬퍼하는 모습을 그린 것이다. 이런 그림은 인간으로 나고 인간으로 죽은 예수 그리스도의 인성을 강조하기 위한 것이라 할 수 있다. 이 그림은 원근법을 엄격하게 적용해 관람자가 바로 예수의 시신 아래쪽에서 보고 있는 것 같은 현장감이 느껴진다.

그런데 이런 그림들을 보면 뭔가 어색하다. 원근법이 너무 엄격하게 적용되고 있기 때문이다. 원근법을 엄격하게 적용할 경우 구성이 자유롭지 못하다는 문제점이 발생한다. 대상을 임의로 적절하게 배열할 수가 없기 때문에 전체적인 조화가 깨지기 쉽다. 〈처형장으로 끌려가는 성 야고보〉의 경우 시점이 너무 아래쪽에 있는데다 원근법이 극단적으로 적용되어 전체적으로 불안한 느낌이 든다. 건물 배치가 너무 압도적이고, 개선문의 형태가 일그러져 보이는 등 오히려 어색하게 느껴진다. 〈예수의 죽음〉의 경우도 굉장히 사실적이기는 하지만 전체적으로 조화를 이루지 못하고 있다. 예수의 인체가 극도로 단축되어 있기 때문에 자연스럽지 못하고 오히려 기괴한 느낌마저 들게 한다. 이런 문제점을 극복하고자 시도한 사람이 바로 보티첼리이다.

비너스의 탄생

보티첼리 Sandro Botticelli(1445?-1510)는 초기의 엄격한 사실주의를 버리고 양식화된 표현과 장식적 구도, 곡선의 아름다움을 통해 새로운 시적 세계를 표현한 화가이다. 그는 원근법 등 새로운 기법이 야기한 문제점을 인식하고, 현실세계를 실감나게 묘사하면서 구성에 있어서도 조화로운 그림을 추구하고자 하였다. 〈비너스의 탄생〉(1485년경)에서는 이러한 그의 예술관이 잘 드러나 있다. 작품은 전체적으로 원근법이 무시되어 공간적 깊이가 제대로 드러나지 않는다. 인물의 배치도 비논리적이고 평면적이다. 마치 고딕 회화에서처럼 인물들이 전면에 나열되어 있다. 그렇지만 전체적으로 조화를 이루면서 우아하고 아름다운 화면을 만들어내고 있다.

비너스의 탄생

〈비너스의 탄생〉에서 비너스는 수줍은 듯 자신의 몸을 감싸고 있는데, 이러한 자세는 그리스 조각 〈메디치의 비너스〉에서 따온 것이다. 〈메디치의 비너스〉와 비교해 보면 인체묘사에서 고대의 이상적인 비례를 따르지 않고 있다. 비너스의 인체 비례가 정확하지 않고 길게 늘어져 보인다. 15세기 후반 보티첼리는 원근법과 자연 탐구 등 새로운 발견이 야기한 문제점들을 인식했다. 중세 때에는 비현실적이고 비논리적이지만 적절한 배치와 형태의 변형을 통해 완벽한 화면구성을 이룰 수 있었던 반면, 초기 르네상스에 와서는 마치 현실세계와도 같은 예술적 환상을 만들어냈지만, 수학적이고 논리적인 것만으로는 완벽한 화면구성이 어려웠고, 무엇보다도 자연스럽지 못하다는 한계가 있었다. 이에 보티첼리는 현실세계를 실감나게 묘사하면서 전체적인 구성에 있어서도 조화로운 그림을 추구하게 된다.

〈비너스 탄생〉은 원근법이나 정확한 해부학적 비례, 세부묘사에 주력하고 있지 않다. 인물들은 마사치오의 인물처럼 정확하게 그려지지는 않았지만 우아하고 부드러운 곡선을 살려 오히려 더 자연스럽게 보이며, 전체적으로 완벽하게 조화로운 화면을 이루고 있다. 물론 전성기 르네상스에 가면 원근법이나 인체비례는 물론 구성상으로도 완벽한 조화를 이루는 아름다운 작품들이 등장하게 된다. 〈비너스 탄생〉은 일종의 과도기적 작품이라 할 수 있다.

메디치의 비너스 / 비너스의 탄생 부분

새로운 미의 도래

〈비너스의 탄생〉은 르네상스 미학의 인간중심주의를 잘 보여준다는 점에서 중요한 작품이다. 르네상스가 가져온 인간 자의식에 대한 변화와 인간 자체에 대한 관심은 무엇보다 인체의 재현으로 나타났다. 누드의 재등장은 너무도 당연한 수순이었다. 르네상스 시대의 미는 예전처럼 정신적이고 형이상학적인 미가 아니라 물질적이고 감각적인 미였다. 중세 동안 금기시되었던 인간 육체의 아름다움에 눈을 돌리게 되었고, 감성적인 육체미를 직접 표현하고자 하였다. 르네상스 화가들이 가장 선호하는 누드는 역시 비너스였다. 원래 비너스는 이탈리아에서 숭배되던 식물의 여신, 특히 봄에 피는 꽃의 여신이었다. 그리스에서 사랑과 미의 여신으로 숭배되던 아프로디테와는 다른 존재였다. 이 두 여신이 일체가 된 것은 로마 시대이다. 그리스의 아프로디테가 시칠리아를 거쳐 이탈리아로 들어오면서 이와 비슷한 성격의 비너스와 합쳐지게 된 것이다. 이런 비너스가 르네상스 때에는 미의 여신이자 봄의 여신으로 받아들여졌다.

〈비너스의 탄생〉은 일차적으로 봄(봄의 여신)의 도래를 그리고 있다. 바다에서 탄생한 비너스가 대지의 여신 클로리스(그녀는 꽃의 여신 플로라이기도 하다)를 껴안은 서풍의 신 제피로스의 입김에 실려 육지

봄

에 닿자 계절의 여신 호라이가 망토를 들고 마중 나오는 장면을 그리고 있다. 서풍의 신 제피로스가 대지의 여신 클로리스를 껴안자, 그녀는 꽃의 여신 플로라로 변신한다. 이 장면은 보티첼리의 다른 작품 〈봄〉(1482)에서 보다 구체적으로 묘사되고 있다. '프리마베라 La Primavera'라고 불리는 이 작품의 오른쪽에는 대지의 여신이 서풍의 신의 손길이 닿자 꽃의 여신으로 변신하는 과정이 잘 묘사되어 있다. 이는 계절의 변화, 즉 겨울이 가고 봄이 오는 과정을 나타낸다.

일차적으로 봄의 여신의 도래는 새로운 시대가 시작되었음을 나타낸다. 나아가 비너스가 봄의 여신이자 미의 여신이라는 점에서 이 작품은 또한 미(아름다움)가 이 세상에 전해지는 신비를 상징화하고 있다. 신플라톤주의적 입장에서 미의 신성한 의미가 이 세상에 전해지는 신비를 상징화한 것이다.

〈비너스의 탄생〉에서 비너스를 맞이하는 호라이 여신의 모습은 세례 요한이 예수에게 세례를 주는 기독교의 전통적 도상을 취하고 있다. 15세기 이탈리아 화가 프란체스카 Piero della Francesca(1415?-1492)의 〈예수의 세례〉(1440년경)와 비교해 보면 잘 알 수 있다. 이런 도상을 도입한 것은 예수가 세례요한의 세례를 통해 공적 인간으로 다시 태어났듯이, 고대에 성적인 아름다움을 상징하던 비너스가 세례를 통해 순결한 미의 여신으로 다시 태어났음을 전하고자 한 것이다. 이는 고대 신화를 기독교적으로 재해석한 것이라 할 수 있다. 비너스의 새로운 탄생은 '신의 재생'을 의미할 뿐만 아니라, 르네상스의 이상인 '인간의 재생'을 의미하기도 한다. 이 작품이 고대의 신화를 주제로 다루었다는 사실 자체가 르네상스의 인간중심주의를 반영한 것이다.

비너스의 탄생 / 예수의 세례 부분

이 작품에서 종교라는 벽에 가려져 있던 비너스가 순결한 미를 내세우며 다시 등장했지만, 실은 감성적인 육체미를 거침없이 드러내고 있다. 이 작품은 로렌초 메디치가 사촌의 결혼 선물로 주문한 그림으로 알려져 있다. 결혼을 축하하기 위한 것으로 첫날밤 신랑 신부를 위해 그려진 그림이라는 것이다. 이렇게 볼 때 비너스는 신부의 육체적 아름다움과 겸손을 구현하고 있다. 비너스 양편의 신은 육체적 격정과 정신적 순결이라는 미의 양면성을 상징한다.

이 작품은 여러 가지 비유적 의미를 담고 있지만, 사실상 보고 즐기기 위한 그림이라고 할 수 있다. 당시 사회는 인문주의의 영향으로 세속화가 진행되고 있었지만, 엄연히 기독교적 윤리가 지배하고 있었다. 누드화를 대놓고 감상하기 어려운 상황에서 누드의 주인공은 비너스라는 신화의 옷을 입고 등장한다. 작품 속 비너스의 눈을 보면 초점이 약간 비켜간 것을 알 수 있는데, 이는 관람자를 배려하기 위한 수동성을 드러낸 것이다. 이제 미술은 성서 이야기의 의미를 전달하는 단순한 수단이 아니라, 삶의 아름다움과 우아함을 즐기고 보다 풍부하게 해주는 기능을 갖는다는 생각이 전면에 대두되었다는 것을 알 수 있다.

비너스의 탄생 부분

고딕 회화와 르네상스 회화

르네상스 회화는 중세 고딕 회화와는 본질적으로 다르다. 중세 필사본 기도서에 그려진 그림(1250-1300년경)과 페루지노의 작품(1495)을 비교해보면 르네상스 회화와 고딕 회화의 차이를 이해할 수 있다. 두 작품 다 '그리스도의 매장'이라는 주제를 다루고 있다.

첫째, 중요시 하는 것이 다르다. 고딕 회화에서 중요한 것은 각 요소들의 상징성인 반면, 르네상스 회화에서는 전체적인 조화와 통일성이 중요하다. 고딕 회화에서 중요한 것은 화면 속의 각 대상들 자체이고, 그것이 지니는 상징적 의미이다. 따라서 고딕 회화에서는 원근에 관계없이 개개 요소들이 갖는 비중에 따라 크기가 다르게 그려진다. 중요한 것은 크게, 덜 중요한 것은 작게 그린다. 중세 기도서에서도 예수와 성모, 사도 요한 등은 크게 그렸지만, 앞쪽의 일꾼들은 작게 그렸다.

르네상스 회화에서는 작품 전체가 하나의 통일체가 되어야 하고 그 자체로서 완결된 세계가 되어야 한다. 개개 요소 자체보다는 그들이 말들어내는 전체적인 조화와 통일성이 중요시 된다. 페루지노의 그림에서도 개개 인물들이 나름대로 독립성을 가지고 있지만, 그들 하나하나가 중요한 것이 아니라 전체적인 조화와 통일성이 중요하다.

둘째, 시점이 다르다. 고딕회화에서는 대상에 대한 시점이 각각 다르기 때문에 대상들이 병렬적으로 나열된 반면, 르네상스 회화에서는 시점이 통일되어 있기 때문에 부분들이 전체에 종속되어 있다. 중세 기도서에서는 각기 다른 시점에서 본 형상들을 화면 위에 나열하듯 병렬적으로 배치하고 있다. 이 때문에 그림 속에 묘사하고자 하는 현실을 파악하기 위해서는 마치 파노라마를 보는 것처럼 여러 부분 부분들을 단계적으로 거쳐 지나가야만 한다. 그러나 페루지노의 그림에서는 부분 부분이 아닌 전체로서 모든 부분을 동시에 파악하도록 하기 위해 시점이 하나로 통일되어 있다. 따라서 화면 속 모든

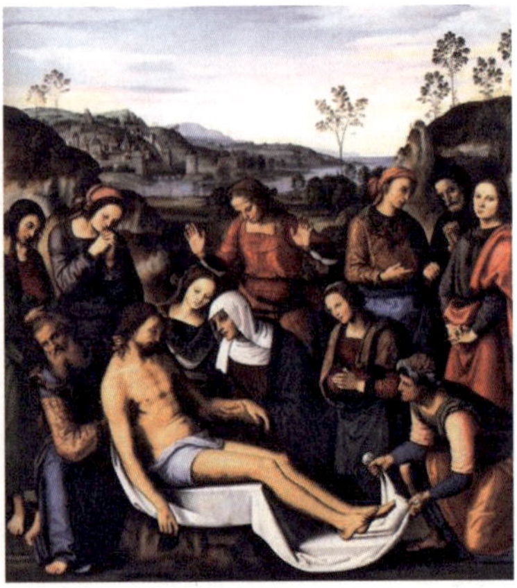

그리스도의 매장(중세 기도서 / 페루지노)

것이 한눈에 파악이 된다.

셋째, 공간을 묘사하는 방식이 다르다. 고딕 회화는 공간이 비논리적이고 평면적인 반면, 르네상스 회화는 공간을 통해 3차원적 현실감, 예술적 환상을 만들어낸다. 중세 기도서에서는 공간이 비논리적이고 평면적이기 때문에 대상이 화면 위에 떠 있거나 평면 위에 박혀있는 것처럼 보인다. 그러나 페루지노의 그림은 화면을 2차원의 평면이 아닌 3차원적인 가상공간으로 만들어내기 위해 원근법을 적용함으로써 공간적 통일성을 부여하였다. 이로써 마치 현실의 한 장면을 보는 것 같은 환영을 만들어낸다.

넷째, 세계를 표현하는 방식이 다르다. 고딕 회화는 관념과 지식에 기반하고 있고, 르네상스 회화는 현실과 시각에 기반하고 있다. 고딕 회화의 세계는 눈에 보이는 현실처럼 그린 것이 아니라 머리속에 있는 세계를 그림으로 표현한 반면, 르네상스 회화는 눈앞의 현실을 그대로 옮겨 놓은 것처럼 보인다. 따라서 화면 속의 세계는 마치 창문을 통해 그곳을 보고 있는 것 같은 느낌이 든다. 이런 의미에서 중세 기도서가 머리로 그린 그림이라면, 페루지노 그림은 눈으로 그린 그림이라고 할 수 있다.

3. 최후의 만찬 / 뒤러의 자화상

전성기 르네상스

16세기 초에는 로마가 예술의 주요 중심지로 부상한다. 15세기까지도 로마는 교황권이 약화되고, 교황의 정치력도 부족해 예술적으로 낙후되었었다. 그러다 16세기 초에 이르러 교황권이 일시적으로나마 회복되고, 1503년 교황에 선출된 율리우스 2세가 고대 로마의 위상을 되살리고자 〈성 베드로 대성당〉을 웅장한 고전양식으로 신축하기 시작하면서 '전성기 르네상스'가 시작된다. 그러나 1517년 종교개혁이 일어나 유럽이 분열되고, 1527년 신성로마제국 황제가 프랑스와 결탁한 교황을 응징하기 위해 로마를 공격함으로써 사실상 전성기 르네상스가 종말을 고하고 만다.

16세기 초 전성기 르네상스 시대는 미술사에 있어서 가장 위대한 시대의 하나로 레오나르도 다 빈치, 미켈란젤로, 라파엘로 Raffaello Sanzio(1483-1520) 등 수많은 거장들의 시대였다. 전성기 르네상스는 약 30년 정도의 짧은 기간이지만 고대 그리스 로마에 견줄만한 유럽 미술의 완성기로 간주되어 왔다. 그 때문에 전성기 르네상스 미술은 그리스 로마 미술과 함께 후대의 모범으로서 절대시하는 사고방식이 19세기 중반까지 지배적이었다.

이 시기 미술은 하나의 일관된 성격은 지니고 있지 않지만 우아함과 조화로움, 절제된 아름다움에서 15세기 후반의 경직되고 건조한 미술과는 분명히 구별된다.

초기 르네상스 예술가들의 경우 건축에서는 고대의 범례를 철저히 따르고자 하였고, 회화와 조각에서는 현실 세계를 그대로 재현하는 데 몰두하였다. 예술가들은 예술을 지배하는 법칙을 발견하고자 노력하였고, 이를 위해 수학적 비례나 과학적 원근법, 해부학적 구조 등을 연구하였다. 반면 전성기 르네상스 예술가들은 양식화와 획일화 경향을 지양하고, 자신의 천부적 재능에 대한 확실한 자각 속에서 예술가의 영감을 중시하였고, 고대와 자연을 능가하는 자기 예술세계를 창조하고자 하였다. 초기 르네상스 예술가들이 수학적이고 과학적인 질서나 규칙에 얽매인 반면, 전성기 르네상스 예술가들은 합리적 질서나 규칙보다는 시각적 효과 자체에 더욱 관심을 기울였다. 또한 예술가들은 장인과는 다른 시인이나 철학자와 같은 존재로 대접받고자 하였고, 예술을 인문학의 하나로 정립하고자 하였다.

레오나르도와 미켈란젤로

세계에서 가장 유명한 그림을 꼽으라고 하면 아마도 레오나르도의 〈모나리자〉(1502년경)를 꼽는 사람이 많을 것이다. 레오나르도는 이러한 대중적 인지도는 물론 예술적 측면에서도 미술사에서 중요한 위치를 차지하는 인물이다. 그는 '르네상스적 인간'의 화신이라고 불릴 정도로 다방면에서 천재적인 재능을 발휘하였다. 그는 당시 학자들이 고대의 문헌에만 의존할 때 철저한 실험을 통해 직접 자신의 눈으로 확인해 가는 과정에서 물리 화학 의학 공학 천문학 음악 등 거의 모든 분야에 정통하게 되었다. 그가 손대지 않은 분야는 고전학과 시, 철학 정도였다고 한다. 그리스어는 몰랐기 때문이다.

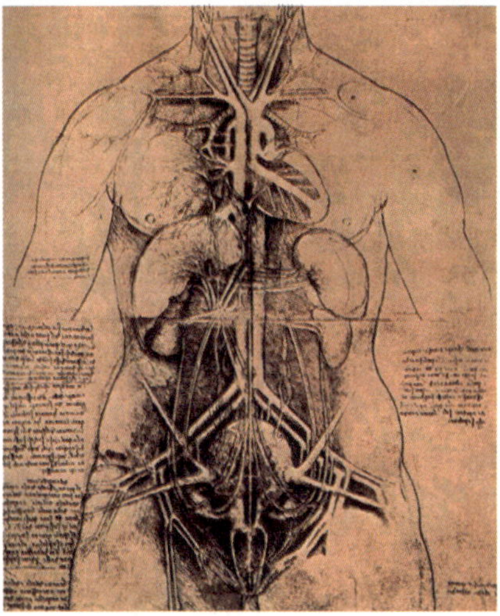

여성의 해부도

그에게 있어 예술은 일종의 과학으로서 세계를 이해하는 수단이었다. 그는 특히 회화를 과학적 토대 위에 올려놓음으로써 수사학이나 철학과 같은 일종의 '자유문예'라는 것을 입증하고자 하였다. 〈여성의 해부도〉(1512)를 비롯한 그의 수많은 드로잉은 이러한 그의 노력을 반영하는 것이다. 그는 그림을 그릴 때 포함되는 육체노동이 시를 쓸 때 손을 쓰는 노고와 마찬가지로 본질적인 것이 아니라는 점을 보여주고자 하였고, 예술은 개인의 타고난 재능에 직결되어 있기 때문에 예술이 모든 학문 위에 군림해야 한다고 주장하였다.

그러나 그가 남긴 작품 수는 많지 않다. 드로잉은 많지만, 회화는 15점, 프레스코는 1점이 남아있을 뿐이다. 그는 주문을 많이 받지도 못했지만, 주문받은 작품을 완성하지 못하는 경우가 많았다. 1476년에는 동성애자로 고발되어 조사를 받았는데, 이 사건은 사생아라는 약점을 안고 있던 그에게 치욕적인 것이었다. 이 때문인지 메디치가는 그를 등용하거나 작품을 의뢰하지 않아 피렌체에서 찬밥신세를 면치 못했다. 또한 그는 바자리가 '변덕스러운 인물'이라고 칭할 정도로 관심사가 워낙 다양했고, 공방주인으로 대접받고 싶지 않았으며, 작품의 완성여부는 자신이 결정한다는 생각 때문에 주문받은 작품이라 할지라도 만족스럽지 못하면 내놓기를 거부하였다. 그러니 작품 의뢰가 끊긴 것은 너무도 당연한 일이었다.

레오나르도,
멜치 Francesco Melzi, 1518

일반적으로 레오나르도는 천재적인 화가로 알려져 있지만, 사실 그는 회화에 집착하지도 않았다. 회화는 그의 천재성을 표현하는데 필요한 다양한 방식 중 하나에 불과했다. 밀라노 대공에게 자신을 소개하는 편지에서도 자신의 여러 가지 재능에 대해 설명한 뒤, 편지 말미에 그림도 그릴 수 있다고 언급할 정도로 그는 회화를 자신의 여러 재능 중 하나라고 생각하였다.

반면 미켈란젤로는 인간적으로나 예술적으로 레오나르도와 서로 대조적이었고, 20살 이상의 나이 차에도 불구하고 긴장어린 경쟁관계를 유지하였다. 레오나르도는 공증인이었던 아버지의 사생아인데다 동성애 사건 이후 피렌체에서 작품 의뢰가 많지 않았던 반면, 미켈란젤로는 귀족출신으로 로렌초 디 메디치의 양아들로 입양되어 평생 동안 메디치가의 후원을 받았다. 레오나르도는 외모도 뛰어나고 삶을 즐길 줄 알았던 반면, 미켈란젤로는 외모에 대한 콤플렉스가 심했고 감수성이 예민해 의심도 많았다. 이 때문에 그는 삶에 대해 고뇌하고 번민했으며 이를 극복하기 위해 끊임없이 자기 자신과 투쟁하였다. 레오나르도와 달리 시와 철학에도 조예가 깊었다.

미켈란젤로 자화상, 1544년경

레오나르도가 모든 자연현상에 대해 깊은 관심을 가졌던 반면, 미켈란젤로는 인체를 완벽하게 표현하는데 관심을 집중하였다. 이를 위해 과거의 위대한 조각들을 연구하고, 인체해부학을 탐구하면서 소묘에 전념했다. 레오나르도가 있는 그대로의 자연을 관찰하고 이를 생동감 있게 구현했던 반면, 미켈란젤로는 자연 중에서도 특히 인간에 집중하였고, 인간의 아름다움을 묘사한 것이 아니라 인간의 내면적 충동과 의지를 형상화하였다. 레오나르도가 한 작품에만 몰두하지 않고 어떤 작품을 하면서도 다른 작품을 구상하고 예술과는 다른 분야의 것들에 골몰하기도 했던 반면, 미켈란젤로는 한 작품에만 몰두해 전력을 다했다. 레오나르도가 예술을 일종의 과학으로 생각하고 예술가를 과학자처럼 자연을 탐구하는 존재라고 생각한 반면, 미켈란젤로는 예술가란 자연을 냉철하게 관찰하는 과학자가 아니라, 영감에 의해 생명이 없는 사물에 생명을 부여하는 창조자라고 믿었다. 레오나르도가 세상의 모든 가시적인 것들을 담을 수 있다는 점에서 회화를 최고의 예술로 생각했던 반면, 미켈란젤로는 조각이 인간의 형상을 직접 만들어낸다는 점에서 최고의 예술이라고 보았으며, 자신은 철두철미 조각가라고 생각했다.

미켈란젤로는 단순한 자연의 모방을 혐오하고 창조적인 상상력을 통해 작품 속에 생명력을 불어넣음으로써 이미 당대에 그 유래를 찾을 수 없는 높은 사회적 명성을 획득하였다. 미켈란젤로를 계기로 이제 예술작품이 아니라 예술가 자신이 바로 존경과 숭배의 대상이 되었고, 예술가는 장인의 지위로부터 벗어나게 됨으로써 예술가의 사회적 지위에 새로운 전환점이 마련되었다.

최후의 만찬

레오나르도의 대표작인 〈최후의 만찬〉(1495-98)은 밀라노의 〈산타 마리아 델라 그라치에 수도원〉 식당 벽을 장식하기 위한 그림이다. '최후의 만찬'은 예수가 십자가에서 수난을 당하기 전 제자들과 마지막 저녁식사를 나누는 장면으로, 15세기 이후 수도원 식당의 벽면을 장식하는 가장 흔한 주제였다. 그러나 레오나르도는 이전의 회화적 전통을 과감히 무시하고 파격적인 순간을 묘사하고 있다. 예수는 평화롭게 식사를 나누는 대신에 그 자리에 배신자가 있다는 사실을 공표함으로써 제자들을 충격과 혼란에 빠뜨리는데, 레오나르도의 〈최후의 만찬〉은 예수의 폭탄 발언에 대한 제자들의 실감나는 반응을 담고 있다.

산타 마리아 델라 그라치에 수도원 / 최후의 만찬

이 작품은 전통적인 프레스코 기법이 아닌 템페라 기법으로 그린 것이다. 프레스코는 하루 작업량만큼 회를 바르고 회가 마르기 전에 재빨리 작업해야 하는데, 작업속도가 느린 레오나르도에게는 적절치 않았기 때문이다. 바자리에 의하면 레오나르도는 그리는 시간보다 구상하는 시간이 더 많았고, 하루 내내 쳐다보고만 있다 가는 날이 많았다고도 한다. 이렇게 작업 속도가 느린 레오나르도에게는 프레스코 기법보다 템페라 기법이 자신의 스타일에 더 적합했을 것이다. 템페라 기법은 달걀이나 벌꿀, 무화과나무 수액 등에 안료를 녹여 그리는 기법이다. 프레스코화는 젖은 회 위에 그리기 때문에 건조가 늦어 수정이 어려운 반면, 템페라화는 건조가 빨라 가필과 수정이 가능했다.

일반적으로 벽화에는 프레스코 기법이 사용되었지만, 레오나르도는 마른 회벽 위에 오일과 템페라로 채색을 하는 특별한 실험을 감행하였다. 이는 자신의 작업 속도를 고려한 것이기도 하지만, 모든 부분을 함께 작업하는 가운데 전체적인 면을 고려함으로써 극적인 효과를 창출하고자 하는 의도 때문이기도 하였다. 그러나 이것은 모험이나 다름없었다. 프레스코화에서는 안료가 젖은 회에 스며들어 그림이 벽 자체의 일부가 되는 데 비해, 그가 그린 템페라화는 해가 갈수록 물감이 들뜨고 부서지는 문제가 발생했다. 더구나 그림이 그려진 곳이 습기가 많은 식당이었기 때문에 문제는 더욱 심각했다. 그 결과 완성된 후 여러 번의 복원작업이 이루어졌고, 근래에도 20년(1979-99)에 걸쳐 복원작업을 해야 했다.

1999년 복원되기 이전의 그림에는 레오나르도의 필치가 20-30% 정도 남아 있다는 평가를 받았다. 반면 복원된 후에는 한 전문가가 "20%는 레오나르도의 작품이고, 80%는 복원 전문가가 그린 새로운 작품"이라고 냉소했을 정도로, 복원 후 그림이 더 밋밋해졌다는 평가를 받기도 한다. 레오나르도 그림들은 윤곽선을 흐릿하게 처리하는 특유의 스푸마토 Sfumato(연기와 같다는 뜻이다) 기법 때문에 복원이 쉽지 않다고 한다. 얼핏 보아도 복원되기 이전의 그림에서 훨씬 생동감이 느껴진다.

최후의 만찬(복원 전 / 복원 후)

〈최후의 만찬〉은 원근법을 적용함으로써 건물과 창문을 통해 공

최후의 만찬에 적용된 원근법

간의 깊이를 만들고, 실내의 모든 것들이 중앙의 예수 머리 부분에 설정된 소실점에 집중되도록 하였다. 이를 통해 식당이라는 공간을 벽면 너머까지 연장시켜, 그려진 공간이 실제로 존재하는 식당의 한 부분처럼 보이도록 하였다. 그리고 이러한 효과를 극대화하기 위해 한쪽 벽을 마치 뒤쪽 창문에서 들어온 자연광이 비치는 것처럼 처리하였다. 또한 그림 전체가 눈높이 보다 위에 있는데도 불구하고 원근법을 통해 시각적 현실을 조정함으로써 중심인물인 예수를 같은 높이에서 본 것 같은 느낌을 갖도록 하였다. 창문 밖의 지평선도 창문 중간쯤에 걸려 있고, 식탁 위도 내려다보는 느낌이 들도록 하였다.

이 작품은 폭 9m, 높이 5m로, 식당 정면 벽 전체를 다 덮고 있다. 이 때문에 마치 우리가 벽면을 가득 채운 대형 거울을 보고 착각하듯이 식당 공간이 계속 이어지는 것 같은 느낌이 들게 한다. 당시 수도사들이 이곳 식당에서 식사를 할 때 이 그림을 통해 최후의 만찬 장면을 매일 보았을 것이다. 그리고 자신들이 예수와 같은 공간에서 그가 주제하는 최후의 만찬에 함께 참여하고 있는 것처럼 느꼈을 것이다.

인간심리 드라마

〈최후의 만찬〉은 공간구성과 인물구성을 긴밀하게 연결시켜 극적인 효과를 연출하고 있다. 예수를 중심으로 세 사람씩 무리를 지워 양쪽에 여섯 제자들을 각각 배치하였는데, 인물들의 제스처와 움직임에 의해 세 사람씩 무리가 형성되고, 이들이 뻗은 손에 의해 다른 무리와 다시 연결된다. 이 때문에 질서 속에 다양한 변화를 읽을 수 있다. 이와 같이 이 작품은 공간구성과 인물구성을 긴밀하게 연결시켜 화면에 확고한 중심과 질서를 부여함으로써 전체적으로 완벽한 조화와 균형, 안정감을 획득하고 있다. 또한 인물 개개인의 표정과 제스처를 서로 연결시켜 표현함으로써 지금까지 그려진 성서 이야기와는 다른 극적인 효과를 창출하고 있다.

최후의 만찬 제자들

나아가 이 작품은 인간들의 심리반응에 대한 깊은 통찰력을 보여준다. 예수가 만찬 중에 "정말 잘 들어 두어라. 너희 가운데 나를 팔아넘길 사람이 하나 있다."(요한, 13:21)라고 말하자 제자들은 크게 동요한다. 이 작품은 예수가 충격적인 발언을 하는 극적인 순간에 초점을 맞추고, 그 순간에 나타나는 제자들의 당황스런 표정과 제스처를 통해 그들의 심리적 태도와 성격 등이 긴장감 속에 어떻게 표현되고 있는지를 보여준다. 다른 화가들의 작품에서는 제자들이 항상 침착하고 성스러운 모습으로 등장하는 반면, 이 작품에서는 제자들이 나약하고 흔들리는 인간적인 모습으로 그려지고 있다.

최후의 만찬 부분

맨 왼쪽 무리 중 첫 번째인 바르톨로메오는 식탁을 잡고 일어나 예수를 향해 몸을 기울이고 있는데, 이는 도저히 믿을 수 없다는 표정과 함께 다시 확인하려는 공격적인 자세가 엿보인다. 세 번째 안드레아는 그 자리에서 손만 펴들고 있는데, 이는 도저히 그럴 리가 없다는 의미로 보인다. 그 가운데에 있는 알패오의 아들 (소)야고보는 무언가를 얘기하려는 듯 손을 뻗어 베드로에게 향하고 있다. 두 번째 무리 중 첫 번째인 베드로는 예수 가까이 앉아 있는 요한을 끌어당겨 예수의 진의를 파악하려는 듯 무언가를 묻고 있다. 성격이 불같았던 그의 한 손에는 분노한 듯 칼을 들고 있다. 이는 마태복음 26장 51-52절에 예수가 겟세마네 동산에서 로마 병사들에게 잡혀가던 날 베드로가 비열한 대제사장의 종의 귀를 칼로 쳐서 잘라버린 사건을 연상시킨다. 그때 예수가 했다는 유명한 말이 "칼을 쓰는 사람은 칼로 망하는 법"이라는 말이다. 가장 어린 나이의 요한은 인간성이 좋은 사람으로 베드로의 말을 조용히 듣고 있다. 곧 이어 예수의 품에 기대며 그가 누구냐고 묻게 된다.

최후의 만찬 부분

오른쪽 제자들 중 예수 가까이에서 손가락을 들어 그게 누구냐고 따지듯 묻는 사람은 토마(토마스)이다. 그는 신중하고 의심이 많은 성격으로 예수가 부활해 제자들 앞에 나타났을 때 예수의 옆구리 상처에 손가락을 넣어 확인해본 사람이다. 토마 앞의 요한의 큰형 (대)야고보는 두 팔을 벌려 자신은 아무 것도 숨길 게 없다는 제스처를 취하고 있다. 그 뒤의 필립보는 자신을 가리키며 결백함을 호소하고 있는 것처럼 보인다. 오른쪽 마지막 무리 중 첫 번째인 마태는 두 손으로 예수를 가리키고 있지만 얼굴은 반대편을 향하고 있는데, 이는 성미 급한 마태의 불안한 심정을 나타낸다. 그 옆의 타대오는 뭔가 진지하게 의견을 피력하고 있고, 맨

최후의 만찬 부분

오른쪽의 시몬은 두 손을 위로 벌려 불안한 심정을 드러내고 있다.

왼쪽에서 두 번째 무리에서 베드로 때문에 앞으로 밀쳐져 소금그릇을 넘어뜨리고 있는 사람이 유다이다. 유달리 얼굴이 검게 묘사된 그는 손에 돈 주머니를 쥐고 있다. 사실 유다는 돈 관리를 맡을 정도로 예수가 가장 신뢰하는 제자였지만 예수를 배반하게 된다. 예수가 잡히기 직전 유다가 와서 인사를 하자 "너는 지금 할 일을 하라"고 했을 때, 다른 제자들은 못 알아듣는데 유다는 예수의 말을 알아듣고 그대로 이행한다. 예수의 구원 사업은 예정되어 있었고, 유다의 배신이 아니었으면 완성될 수 없었다는 점에서 유다의 역할을 새롭게 보아야 한다는 주장도 제기되고 있다.

최후의 만찬 부분

〈최후의 만찬〉을 같은 주제를 다루고 있는 그 이전의 작품들과 비교해 보면 이 작품의 진가를 더 잘 이해할 수 있다. 조토나 기를란다요 Domenico Ghirlandajo(1458-97)의 작품들은 마치 의식을 치르는 것처

최후의 만찬, 조토, 1304-06 / 기를란다요, 1480

럼 엄숙하고 근엄한 분위기가 느껴진다. 반면 레오나르도의 작품에서는 인물들이 다양한 자세를 취하고 있다. 각 인물의 자세는 그 인물의 개성과 관련된다. 다양한 자세를 통해 인물들의 심리 상태를 드러내는 표현 방식은 '회화의 궁극적인 목표는 육체의 움직임 속에서 인간의 영혼을 표현하는 것'이라고 보았던 레오나르도의 생각을 반영한 것이다.

뒤러와 독일 르네상스

14세기 후반 이탈리아에서 시작된 르네상스는 16세기에 이르러 알프스를 넘어 북유럽으로까지 확산된다. 북유럽 르네상스는 16세기 초 주로 독일을 중심으로 전개되었다. 독일 르네상스는 후기 고딕의 영향이 워낙 강하게 남아 있는데다 곧이어 종교개혁이 일어나 크게 발전하지 못했지만, 유독 회화 분야에서 만큼은 독보적인 발전을 이룩하였다. 대략 1490년에서 1540년에 걸친 독일 르네상스는 그 기간은 짧지만, 독일 미술의 최고봉이라 불리는 뒤러 Albercht Dürer(1471-1528)를 비롯해 그뤼네발트 Mathias Grünewald(1475-1528), 크라나하 Lukas Cranach d. Ä.(1472-1553), 홀바인 Hans Holbein d. J.(1497/8-1543) 등 쟁쟁한 예술가들이 등장해 '회화의 황금기'를 구가하였다.

이들의 회화는 후기 고딕 시대에 형성되었던 북유럽의 세밀화 기법의 전통을 유지하면서도 이탈리아에서 시작된 새로운 미술 기법 등을 도입함으로써 독일은 물론 북유럽 르네상스의 발전에 기여하였다. 이 장에서 다루게 될 뒤러 역시 북유럽과 남유럽의 회화전통을 접목시켜 북유럽의 르네상스를 연 장본인이자, 1500년대 유럽문화에 지대한 영향을 미친 위대한 예술가로 평가된다. 독일 미술사는 르네상스 시대를 '뒤러의 시대'라고 부를 정도로 뒤러는 독보적인 위치를 차지하고 있다.

뒤러의 자화상

뒤러는 뉘른베르크에서 금세공사의 아들로 태어나 13세 때 아버지 공방의 도제가 되었다. 그러나 금세공보다는 그림에 관심을 보여 15세 때에 뉘른베르크 최고 화가인 볼게무트 Michael Wolgemut (1434-1519)의 화실에 들어가 목판화 등을 배우면서 화가의 길로 접어들었다. 뒤러는 특히 자화상을 독자적인 분야로 확립한 최초의 화가로 평가된다. 당시 이탈리아에서 예술가들이 점차 자화상을 그리기 시작했지만, 자화상을 단독으로 그리기 보다는 그림 속에 자신을 끼워 넣는 방식이 일반적이었다. 그만큼 예술가들의 자화상은 이해 받지 못하는 장르였다. 이런 상황에서 뒤러는 이미 13세 때부터 자화상을 그리기 시작해 수많은 자화상을 그렸다. 일반적으로 자화상을 많이 그린 화가는 내면적이고 인간의 정신적 갈등에 대한 관심이 남다른 사람이라고 할 수 있다. 그러나 뒤러가 예술가로서의 자신에 관심을 갖고 이를 자화상으로 표현한 것은 무엇보다도 이탈리아 여행을 통한 예술가적 자각에서 비롯된 것이었다.

뒤러는 1494년에 떠났던 첫 이탈리아 여행을 비롯해 두 번에 걸쳐 이탈리아 여행을 하게 된다. 그는 특히 베네치아에 체류하면서 이탈리아의 새로운 예술경향을 직접 체험하였다. 당시 이탈리아에서는 예술작품도 작품이지만, 예술가가 단순한 장인이 아니라 미의 창조자로서 시인이나 인문학자와 같은 최상의 대접을 받고 있었다. 이에 충격을 받은 뒤러는 자신의 정체성에 눈을 뜨게 되고 예술가로서의 새로운 사명을 자각하게 된다. 그는 독일로 돌아온 후 북유럽 화가들에게 이탈리아 예술과 학문세계를 전달하기 위해 노력하는 한편, 예술가에 대한 일반인의 편견을 깨기 위해 진력한다.

그는 첫 번째 이탈리아 여행에서 돌아온 후 1497년부터 자신의 이름에서 이니셜을 따 AD라는 서명을 쓰기 시작했고, 귀족들 앞에서도 대화를 주도함으로써 예술가로서 지적이고 예술적인 힘의 존엄성을 보여주고자 하였다. 1498년에는 귀족들만의 배타적인 모임에도 가입하는 등 예술가로서 뿐만 아니라 사회적으로도 활동 범위를 넓혀나갔다. 〈풍경이 있는 자화상〉(1498)은 이런 상황들을 배경으로 탄생한 작품이다. 이 작품에서 그는 자신의 모습을 잘 차려입은 귀족처럼 화려하게 묘사하

풍경이 있는 자화상

였다. 이를 통해 예술가도 모든 면에서 귀족에 뒤질 것이 없다는 것을 보여주고자 한 것이다. 자화상 오른쪽에는 서명과 함께 라틴어로 "1498년, 이것은 내 모습을 그린 것이다. 나는 26세였다"라고 적어 넣었다. 당시 독일을 비롯한 북유럽에서는 아직 '예술가'라는 개념이 없었다. 예술가는 단지 전통적인 관습에 따라 작품을 만드는 '수공업자'나 '장인'에 불과하다고 생각했다. 따라서 화가나 조각가는 시인과 달리 육체적인 노동을 하는 천한 직업으로 간주되었다. 이런 상황에서 뒤러는 예술가인 자신을 마치 귀족처럼 묘사하고, 지식인의 상징이었던 라틴어를 사용하는가 하면 자신의 서명을 덧붙임으로써 예술가로서의 정체성을 확인하고 이를 드러내고자 하였다.

뒤러는 이탈리아 여행을 통해 새로운 미술에 대한 경외감을 품고 있었지만, 자신이 독일화가라는 데에 자부심을 가지고 있었다. 이는 그가 르네상스의 새로운 기법들을 받아들이면서도 북유럽의 전통적 회화기법을 포기하지 않았다는 사실에서 잘 드러난다. 〈풍경이 있는 자화상〉을 보면 머리카락이나 옷 등은 질감이 느껴질 정도로 세부묘사가 이루어지고 있는데, 이는 북유럽의 전통이라 할 수 있다. 반면 옷주름의 굵은 윤곽선에 나타나는 명암법의 구사와 파노라마처럼 펼쳐지는 창밖의 풍경을 통한 원근법의 표현은 이탈리아 회화의 영향이라 할 수 있다. 이와 같이 북유럽과 남유럽의 회화전통을 결합해 새로운 예술세계를 창조한 것이 뒤러 예술의 중요한 특징 중 하나이다.

뒤러의 예술가에 대한 자의식은 마침내 예술가를 신과 같은 창조자로까지 끌어올린다. 〈모피코트를 입은 자화상〉(1500)은 만 28세 때의 자화상으로 넓은 이마와 쭉 뻗은 코, 크게 뜬 눈 등 이전의 생김새와 달리 모든 것이 대칭적으로 이상화되었다. 더구나 이 자화상은 이전의 자화상과 달리 완전한 정면 자세를 취하고 있다. 당시만 해도 초상화에서 정면으로 그리는 대상은 그리스도나 성인들, 군주들로 제한되어 있었는데, 이 자화상은 정면 포즈에다 자신을 마치 그리스도처럼 묘사하고 있다. 이 때문에 검은 색 배경에 정면을 향한 강렬한 이미지는 '성상화 Icon'의 장엄한 구도를 연상시킨다.

이 자화상에서 특히 주목되는 것은 이마와 눈, 그리고 손이다. 이전의 자화상에 비해 유독 이마가 넓게 드러나 있고, 더욱 커진 눈은 세상을 꿰뚫어보듯 빛나고 있으며, 옷깃을 여민 손은 보는 이의 시선을 집중시킨다. 비교적 어두운 색조로 그려진 이 그림에서 유독 이 부분들이 밝게 그려진 것은 뒤러가 이를 통해 무언가를 전달하고자 했음을 의미한다. 이마는 뛰어난 지성을 나타내고, 눈은 예리한 관찰력을 나타내며, 손은 숙련된 솜씨를 나타낸다고 할 때, 이 세 가지는 예술가의 기본적인 자질이라고 할 수 있다. 그 중에서도 가장 주목을 끄는 것은 손이다. 성상화에서 그리스도의 손은 밖을 향해 있는데, 이는 축복을 하는 의미도 있지만 자신의 정체성을 나타내는 것이기도

모피코트를 입은 자화상

하다. 반면 뒤러의 손은 자신을 향해 있는데, 그가 이런 손을 강조한 것은 무엇보다 자신의 정체성을 나타내려는 의도로 보인다. 뒤러는 예술가가 손으로 작품을 창조한다는 점에서 손을 강조함으로써 예술가를 신과 비견될 정도의 창조자의 위치로 끌어올리고 있다. 예술가는 단순한 장인이 아니라, 만물을 창조한 신과도 같은 창조자라는 주장을 하고 있는 것이다. 왼쪽에는 제작 년도와 함께 자신의 서명을 그려 넣었고, 오른쪽에는 라틴어로 "뉘른베르크 출신의 나 알브레히트 뒤러는 28세에 불멸의 색으로 나 자신을 그렸다"라는 문구를 집어넣었다. 뒤러의 예술가로서의 자부심이 넘치는 작품이라 할 수 있다.

인체비례 연구

뒤러는 두 번에 걸친 이탈리아 여행을 통해 르네상스의 새로운 기법들을 철저히 연구하였다. 1505-07년 사이, 두 번째 이탈리아 여행은 주로 원근법과 해부학 등 과학적 이론을 공부하기 위한 목적이었다. 르네상스 시대에는 어떤 화가도 원근법이나 해부학 등 미술이론을 이해하지 못하고는 최고의 예술가 대접을 받을 수 없었다. 화가들이 미술이론에 몰두한 것은 더 사실적인 그림을 그리기 위한 목적도 있지만, 다른 한편으로는

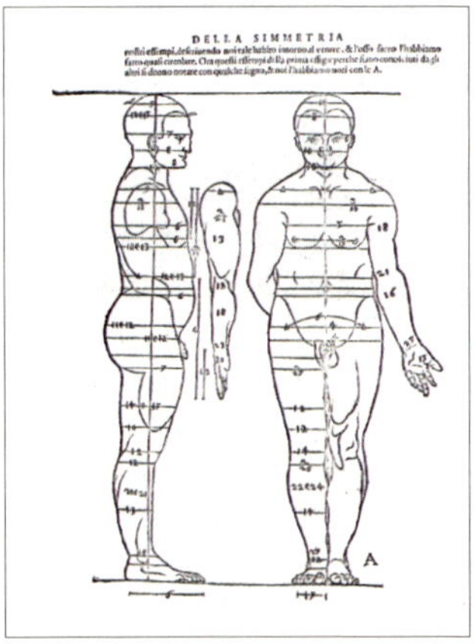

뒤러의 인체비례 연구

아담과 이브

자신이 단순한 장인이 아니라 과학자요 인문학자라는 것을 보여주기 위한 것이기도 했다. 뒤러 역시 이 때문에 원근법이나 인체비례 등 미술이론 연구에 몰두하였고, 이탈리아 여행 중에는 예술가들은 물론 수학자 등 인문학자들을 만나 새로운 이론들을 받아들였다. 뒤러

벨베데레의 아폴론 / 메디치의 비너스

는 특히 인간 형태가 가지는 미의 법칙성을 발견하기 위해 여러 고전을 연구하고 인체 비례에 대한 여러 가지 실험을 시지 실험을 시도하였다. 몸의 각 부분의 상호 비례를 측정해 인간모습을 도표화한 『측정교본』(1525)이나 유작으로 출판된 『인체 비례에 관한 4서』(1528) 등은 이러한 노력의 성과물이다.

동판화 〈아담과 이브〉(1504) 역시 인체비례에 대한 연구와 실험 과정을 보여주는 작품이다. 이 작품 속 아담과 이브를 그리스 조각 〈벨베데레의 아폴론〉과 〈메디치의 비너스〉와 비교해 보면 뒤러가 고대 미술과 인문학에 대해 얼마나 방대한 연구를 했는지 가늠해 볼 수 있다. 여기서 아담과 이브는 '콘트라포스토' 자세를 취하고 있는데, 독일 미술에서 콘트라포스토 자세가 설득력 있게 그려진 것은 뒤러의 작품이 처음이었다. 그러나 아담과 이브의 모습을 좀 더 자세히 보면 고대 조각에 비해 다소 인위적인 느낌이 들기도 하는데, 이는 뒤러가 고대 연구를 바탕으로 자신만의 인체비례를 추구하고 있음을 보여주는 것이라 할 수 있다. 뒤러는 단 하나의 이상적인 인체비례가 있다는 관념을 포기하고, 인체비례를 26개 유형으로 나누었다. 그의 비례론은 이상적 비례의 추구라는 형이상학적 목표에서 벗어나 철저히 경험과학적 연구의 대상이 됨으로써 완전한 근대성에 도달했다고 할 수 있다.

〈아담과 이브〉에서 뒤러는 인체 표현에 있어서는 이탈리아의 새로운 미술을 받아들이고 있으나, 동식물의 세부묘사 등에서는 유럽 회화의 전통을 잃지 않고 있다. 뒤러의 예술적 특징과 장기는 특히 판화에서 잘 드러나는데, 동판화인 이 작품에서도 판화라고 믿기 어려울 정도로 정교하고 섬세한 묘사를 유감없이 보여준다. 뒤러는 출세작인 목판화 〈요한 묵시록〉(1498) 이래 혁신적인 기법을 통해 판화의 대가로 명성을 날렸다. 당시까지도 판화는 회화의 하위 장르로 간주되었으나 뒤러의 성공은 판화의 지위를 격상시키는 계기가 되었다. 그의 목판화와 동판화는 전 유럽에 다량으로 보급되어 르네상스 미술의 확산에 기여하였고, 후대의 미술작품에도 많은 영향을 끼쳤다.

베네치아 화파와 티치아노

16세기 중엽 르네상스 회화의 주도권은 피렌체와 로마를 거쳐 베네치아로 넘어 간다. 피렌체의 화가들은 색채보다는 소묘에 더 관심을 가졌고, 원근법이나 구도를 통해 작품에 통일성을 부여하고자 하였다. 그들이 완벽한 구성과 균형 있는 배치를 통해 완전한 조화를 추구한 반면, 동시대의 베네치아의 화가들은 색채의 조화를 통해 화면에 통일성을 부여하고자 하였다. 또한 베네치아 화가들은 피렌체 화가들에서 볼 수 있는 철학적이고 심리적인 주제보다는 감각과 정서에 호소하고자 하였고, 목가적인 풍경이나 궁정 생활을 우아한 색채로 그리기를 좋아하였다.

당시 베네치아 최고의 화가는 티치아노 Vecellio Tiziano(1488년경-1576)였다. 미켈란젤로에 버금가는 솜씨로 명성을 누렸던 그는 유화 기법을 거의 완벽하게 사용하였고, 기존의 나무판 대신에 헝겊으로 된 캔버스 위에 유화를 그린 최초의 화가로 알려져 있다. 티치아노는 부드러운 윤곽선과 짙은 음영효과를 통해 친밀감 있는 작품을 많이 제작하였다. 그는 초상화에서도 뛰어난 재주를 발휘하였을 뿐만 아니라, 누드화에서도 차갑고 이상적인 누드 대신에 살아 숨쉬는 누드를 선보임으로써 새로운 누드화의 시대를 열었다.

〈우르비노의 비너스〉(1538)는 누드화의 새로운 전형을 제시한 작품이다. 이 작품은 조르조네 Giorgione(1477-1510)의 〈잠자는 비너스〉(1509-10)를 그대로 따르고 있다. 〈잠자는 비너스〉는 최초로 누워있는 비너스를 그리고 있다. 조르조네가 작품을 완성하지 못하고 죽는 바람에 친구인 티치아노가 전원 풍경 등을 그려 완성했다. 그런데 이 작품에는 자연 속에 누워있는 여인이 비너스라는 어떠한 표식도 찾을 수 없다. 그러나 처음부터 그랬던 것은 아니다. 사실 이 작품은 원래 여인의 발 근처에 그녀가 비너스임을 나타내는 작은 큐피트가 그려져 있었다. 티치아노가 완성하는 과정에서 지운 것으로 보인다. 자연 속 비너스는 완만한 곡선미와 탄력 있고 부드러운 피부가 구겨진 옷감과 대비를 이루면서 더욱 아름답게 빛난다.

티치아노의 〈우르비노의 비너스〉는 비너스를 자연이 아닌 실내로

잠자는 비너스

옮겨와 침대에 누워있는 매혹적인 모습으로 그리고 있다. 조르조네의 비너스가 신비적이고 목가적이며 이상화된 천상의 비너스라면, 티치아노의 비너스는 다분히 세속적이고, 당시 상류사회의 귀부인을 연상시킨다. 그녀가 들고 있는 장미꽃으로 보아 비너스임을 알 수 있지만, 배경은 여염집 안방처럼 보인다. 비너스는 몸치장을 받기 위해 기다리고 있고, 안쪽에서는 하녀처럼 보이는 여인들이 궤를 열고 무언가를 찾고 있다. 그런데 비너스의 발 뒤로는 큐피트가 아닌 작은 강아지가 보이는데, 강아지는 특별한 의미를 지닌다. 강아지는 부부간의 정절과 믿음을 상징하는 것으로 결혼과 관련된 그림에 자주 등장하는 도상이다. 그런 의미에서 이 작품이 우르비노 공작 귀두발도의 결혼과 관련되어 있다는 설도 나름 설득력을 얻는다. 사실 이 작품은 우르비노 공작이 결혼기념으로 주문한 작품으로 알려져 있다. 비너스가 누워있는 새하얀 시트는 순수함을, 진홍색 침대는 장미와 더불어 사

우르비노의 비너스

랑을 상징하기도 한다. 창문턱 화분에 심어진 은매화 나무 또한 비너스를 나타내는 전통적인 도상이지만, 비너스 역시 사랑의 여신이라는 점에서 결혼과 무관하지 않다. 하녀들이 무언가를 찾고 있는 뚜껑 달린 궤는 당시 이탈리아에서 혼수용 가구로 널리 사용되던 것이다.

비너스는 침대에 누운 채 시선이 관람자를 향하고 있다. 그림에서 인물의 밖을 향한 시선은 관람자를 그림 속으로 끌어들이는 역할을 한다. 이 작품에서도 비너스는 자신의 아름다움을 은근히 과시하면서 관람자를 유혹하고 있다. 비너스 뒤로 반쯤 가려진 커튼이 은밀함을 강조하면서 육감적이고 관능적인 분위기를 배가시킨다. 침대 위의 흐트러지고 구겨진 천은 매끄러운 육체를 더욱 돋보이게 만든다. 사실 이 작품은 비너스의 이름을 빌리고 있지만 신화의 세계를 묘사한 것이 아니라, 신화를 빌어 당시 상류사회의 관능적 쾌락을 표현한 것이라고 할 수 있다.

서있는 누드가 아닌 누워있는 포즈의 비너스는 주로 16세기 베네치아를 중심으로 유행하였다. 피렌체의 화가들이 지적인 그림을 선호한 반면, 베네치아 화가들은 감각과 정서에 호소하는 그림을 선호하였는데, 누워있는 포즈의 비너스를 그린 것도 이 때문이라 할 수 있다. 여기에는 항구도시가 갖는 낭만적이고 쾌락적인 분위기도 한몫 했을 것으로 보인다. 침대에 누워 있는 관능적인 누드는 이후 많은 화가들이 즐겨 다루는 소재가 되면서 자연스럽게 하나의 전형으로 자리잡는다.

4. 일 제수 성당 / 성 베드로 대성당

바로크

바로크 Baroque는 16세기 중반 종교개혁과 함께 시작되어 18세기 초까지 유럽을 지배하던 예술 양식이다. 일반적으로 바로크는 1575년 로마의 〈일 제수 성당〉 건축에서 시작되어 1715년 프랑스의 루이 14세의 죽음으로 막을 내렸다고 말한다. 바로크 양식은 지극히 다양한 모습으로 전개되었고, 로마로부터 시작해 프랑스 파리와 오스트리아의 빈 등 전 유럽으로 퍼져 나갔다. 그리고 나중에는 예수회의 선교활동을 통해 라틴아메리카에까지 파급되면서 최초의 세계적 양식으로 발전하였다.

양식 자체로서의 바로크는 절대주의와 권위주의를 표현하는 것이었다. 단일양식으로서 예술과 장식에 대한 바로크식 개념은 절대적인 면을 강조했다. 이러한 절대성으로 인해 어떠한 교회도 바로크의 거센 물결을 피해갈 수 없었다. 새로운 양식에 따라 외부를 완전히 바꾸거나 최소한 내부 장식에 변화를 주는 작업이 이루어졌다. 따라서 유서 깊은 중세 건물에서부터 르네상스 건물에 이르기까지 거의 모든 교회가 본래의 모습을 잃어버릴 정도로 바로크 양식으로 개조되거나 바로크 장식이 가미되었다.

로마네스크나 고딕, 르네상스 등 과거의 역사적 시대 구분을 지칭하는 많은 용어들이 대개 미술사에서 비롯된 데 비해, 바로크는 예외적으로 음악에서 먼저 사용된 특이한 경우라 할 수 있다. '바로크'라는 말은 '비뚤어진 진주', '찌그러진 진주'라는 포루투갈어 '바호쿠 Barroco'에서 유래하였다. 18세기 중반 자연스럽지 못하고 지나치게 인위적인 음악의 형태를 가리키는 부정적인 의미로 사용되기 시작했고, 루소 Jean Jacques Rousseau(1712-78)가 1768년 『음악사전』에 표제어로 싣고, 1776년 『백과사전』에 재차 실리면서 하나의 전문용어로 자리 잡게 되었다.

미술에서 '바로크'라는 말은 17세기 미술 경향에 대해 반감을 가졌던 18세기 합리주의 비평가들이 조롱조로 사용하기 시작하였다. '바로크'라는 말은 사실 너무 지나치다거나 과장되었다는 의미를 내포하고 있다. 실제로 바로크 양식은 풍부한 열정과 화려한 장식, 휘돌아가는 곡선과 음영효과, 그리고 도금한 석고장식이나 화려한 색상으로 표현되는 과도한 장식성을 특징으로 한다. 이러한 바로크 양식에 대한 긍정적인 평가는 부르크하르트를 거쳐 그의 제자 뵐플린 Heinrich Wölfflin(1864-1945)에 의해 본격화되었다. 그는 『르네상스와 바로크』(1888)에서 생동감, 풍요로움, 웅장함, 움직임 등을 바로크 양식을 특징짓는 네 가지 주요 효과로 제시함으로써 바로크를 더 이상 기괴하거나 퇴폐적인 것이 아니라 17세기에 절정에 달한 하나의 양식으로 정립하는데 기여하였다.

바로크 미술이 기괴하거나 지나치게 과장되었다고 하지만, 사실 바로크는 전체에 종속되는 부분들의 조화를 통한 균형을 강조한다는 점에서는 고전주의적 르네상스 미술의 연속이라고 할 수 있다.

그런데 왜 바로크 미술은 지나치다고 할 정도로 장식적이고, 과장되었다고 할 정도로 현란하고 역동적이며 극적인가? 이에 대한 해답은 바로크가 생겨난 시대적 배경과 바로크가 어떻게 해서 발전했는지를 살펴보면 알 수 있다.

바로크의 발전: 종교적인 면

종교적인 면에서 바로크는 반종교개혁의 표현수단으로 발전하였다. 바로크는 본래 가톨릭 국가에서 반종교개혁의 유력한 표현수단으로 발전한 미술양식이다. 루터의 종교개혁 이전부터 가톨릭 내에서도 종교개혁의 기운이 무르익고 있었다. 16세기 중반 코페르니쿠스 Nicolaus Copernicus(1473-1543)에 의해 지동설이 널리 전파되면서 지구가 우주의 중심이라는 기독교적 우주관이 무너진다. 이제 사람들의 의식 속에는 인간이 신의 모습으로 창조된 유일한 존재라는 믿음보다는 광대한 우주 속의 보잘것없는 고독한 존재라고 하는 인식이 자리 잡게 된다. 여기에 루터의 종교개혁이 일어나 가톨릭 중심의 세계관이 무너지면서 중세를 지배해 왔던 종교적 믿음이 한 순간에 흔들리고 가치관의 혼란

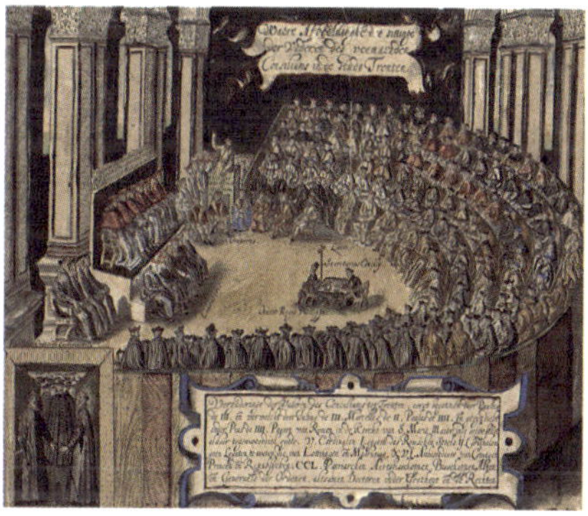

트리엔트 공의회

과 정신적 위기를 겪게 된다. 이를 수습하기 위해 가톨릭에서 1545년 종교회의가 소집되는데, 이것이 '트리엔트 공의회'이다. 18년 동안 계속된 트리엔트 공의회는 개신교 측의 종교개혁에 맞서 가톨릭의 교리와 체계를 재정비한다. 공의회는 개신교의 성상 파괴에 대항해 이미지의 남용과 관련된 여러 항목들을 추가하였지만 오히려 미술의 가치를 존중하고 성상을 통한 포교활동에 적극적인 입장을 취했는데, 이런 공의회의 입장을 예술적으로 뒷받침한 것이 바로크 미술이었다.

개신교가 신앙의 단순성을 추구하면서 여러 교파로 분열되어 가던 상황에서 가톨릭교회는 다양한 예술작품과 화려하고 장엄한 교회를 통해 가톨릭의 일치된 힘과 신앙의 심오함과 웅대함을 드러내고, 가톨릭의 승리를 과시하고자 하였다. 이에 따라 예술의 주제가 근본적으로 바뀌게 되는데, 그 골자는 관람자로 하여금 정서적으로 영향을 받아 자신의 죄를 참회하고 민음을 굳건히 하도록 만드는 것이었다. 이를 위해 성모자상 대신에 순교자들의 모습이나 기적의 장면, 황홀경에 빠져 있는 성인들의 모습이 등장했다. 바로크 미술은 역동적이고 극적인 효과를 통해 공감을 유도함으로써 신앙심을 고취시키고자 하였고, 화려하고 거대한 규모를 통해 가톨릭의 위대함을 선전하고자 하였다.

르네상스와 바로크: 〈피에타〉

바로크는 예술작품을 통해 가톨릭의 심오한 정신을 구현하고, 관람자가 작품에 직접 참여하도록 유도함으로써 신앙심을 고취하고자 하였다. 18세기 독일 조각가 권터 Franz Ignaz Günter(1725-75)의 〈피에타〉(1774)를 미켈란젤로의 〈피에타〉(1468)와 비교해 보면 바로크 미술의 특징을 잘 이해할 수 있다.

피에타(미켈란젤로 / 권터)

'피에타 Pieta'란 이탈리아어로 연민 혹은 자비, 동정심을 뜻하는 말로, 성모 마리아가 죽은 예수 그리스도를 안고 있는 모습을 표현한 그림이나 조각상을 일컫는다. 미켈란젤로의 〈피에타〉는 성모와 예수의 완벽한 합일을 통해 안정적인 피라미드 구도를 만들어내고, 완벽한 조화를 통해 정중동의 아름다움을 추구하고 있다. 반면 권터의 〈피에타〉는 미켈란젤로의 작품과 마찬가지로 전체적으로는 피라미드 구도이지만 성모와 예수가 일체를 이루기보다는 예수가 성모로부터 미끄러져 나갈 듯한 불안함이 느껴진다. 미켈란젤로의 〈피에타〉에서는 성모가 모든 것을 신의 뜻으로 받아들이는 듯 명상에 잠겨있는 모습을 하고 있는 반면, 권터의 작품에서는 성모가 힘에 겨워 어찌할 줄 모르고 당황해 하는 모습을 보이고 있다. 미켈란젤로의 작품에서는 차마 범접하기 어려운 분위기가 느껴진다면, 권터의 작품에서는 예수의 시신을 감당하지 못해 쩔쩔매고 있는 성모를 향해 어서 달려가 돕고 싶은 마음이 절로 우러나오게 한다. 이렇게 현실감 있는 환영을 만들어내면서 역동적이고 극적인 효과를 통해 공감과 참여를 유도하는 방식은 가톨릭의 교화방식의 일환이라고 할 수 있다.

르네상스와 바로크: 〈다윗〉

베르니니 Gian Lorenzo Bernini(1598-1680)의 〈다윗〉(1623)을 미켈란젤로의 〈다윗〉(1501-04)과 비교해 보아도 관람자의 참여를 유도하는

다윗(미켈란젤로 / 베르니니)

바로크 미술의 특징을 이해할 수 있다. 미켈란젤로가 르네상스를 대표하는 조각가라면, 베르니니는 바로크를 대표하는 조각가이다. 다윗은 이스라엘의 양치기 소년으로 불레셋의 장수인 거인 골리앗을 돌팔매질로 쓰러뜨린 후 이스라엘 왕이 된 인물이다. 다윗과 골리앗 이야기는 미술사에서 즐겨 다루는 주제이기도 하다.

미켈란젤로의 〈다윗〉은 다윗이 멀리서 골리앗을 노려보고 있는 모습인데, 숨이 멎을 듯 정적이지만 일촉즉발의 긴장감이 느껴진다. 내적 긴장감과 외적인 고요함이 조화를 이루고 있다. 반면 베르니니의 〈다윗〉은 입을 앙다문 채 반동을 이용하기 위해 몸을 뒤로 젖히고 있는데, 돌팔매가 곧 날아갈 것 같은 역동적인 운동감이 느껴진다. 미켈린젤로의 〈다윗〉에서는 조각의 인물이 자기 충족적이고, 범접할 수 없는 자신만의 공간을 가지고 있다. 따라서 관람자는 감히 근접하지 못한 채 일정한 거리를 유지하게 된다. 반면 베르니니의 〈다윗〉은 관람자가 조각의 인물과 같은 공간에 있다고 느끼게 돼 자신도 모르게 바짝 긴장하게 된다. 그리고 상상력에 의해 다윗의 돌팔매 동작을 완수하면서 감정적으로 끌려간다. 미켈란젤로의 〈다윗〉은 작품 자체가 사방을 돌아가면서 인체의 아름다움을 감상할 수 있게 되어 있는 반면, 베르니니의 〈다윗〉은 지정된 장소에서 보아야만 극적인 맛을 느낄 수 있다. 미켈란젤로의 작품이 이상적인 육체미를 통해 초인간적인 힘과 아름다움을 표현하고자 했다면, 베르니니의 작품은 가장 극적인 순간을 포착해 살아있는 동작을 표현하고자 하였다. 작품에 나타나는 다소의 과장과 연극성이 관람자를 감정적으로 끌어들이는 주요 장치로 작용하고 있다.

바로크의 발전 : 세속적인 면

바로크가 종교적인 면에서는 반종교개혁의 표현수단으로 발전했다면, 세속적인 면에서는 절대왕권의 과시 수단으로 발전하였다. 당시 유럽은 절대왕정이 들어서고 왕권이 확립되어 가던 시기였다. 16세기 이후 유럽에는 기근과 전염병, 자연재해의 반복 등으로 경제적 위기가 확산되었다. 또한 귀족과 부르주아지, 농민계층 간의 갈등이 심화되었고, 전쟁이 끊임없이 지속되었다. 이 시기는 역사상 전쟁이 가장 많았던 시기였다. 17세기를 통틀어 유럽에서 전쟁이 없던 시기는 고작 4년에 불과했다. 이렇게 사회적 갈등과 잦은 전쟁을 겪는 동안 국가의 역할에 대한 요구가 점차 높아졌다. 이를 계기로 국가는 기존의 봉건질서에서 벗어나 중앙집권적인 절대왕정을 확립해 나간다.

절대 왕정을 확립해 가는 과정에서 군주들은 자신의 영광을 드러내기 위한 수단으로 화려하면서도 풍요로운 바로크의 예술적 효과를 이용하고자 하였다. 특히 웅장하면서도 화려한 바로크 건축을 통해 자신의 힘과 권력을 과시하고 매력과 부를 사람들에게 각인시키고 싶어 했다. 그들은 권위와 광채를 통해 사람들을 압도함으로써 자발적인 충성을 이끌어 내고자 하였는데, 이때 예술이 중요한 수단이 된다. 바로크 미술은 웅장함과 화려함 그리고 역동적인 힘을 통해 절대왕정을 확립하는데 크게 기여한다.

마리 드 메디치 연작화

17세기 절대 왕권을 확립하는 과정에서 군주들은 자신의 권력을 과시하고 선전하기 위한 수단으로 바로크 예술을 이용하였다. 대표적인 예가 프랑스 왕비이자 군주였던 마리 드 메디치이다. 그녀는 피렌체의 메디치가에서 앙리 4세의 두 번째 왕비로 시집온 사람이다. 1610년 앙리 4세가 광신적인 가톨릭교도에 의해 암살당한 후 당시 아홉 살이었던 아들 루이 13세를 대신해 8년 정도 섭정을 하였다. 왕비는 당대 최고의 화가 루벤스 Peter Paul Rubens(1577-1640)에게 자신의 업적을 기릴 연작을 주문하면서 자신을 위엄 있는 영웅적 모습으로 묘사할 것을 요구했다. 이에 루벤스는 루브르 궁전의 방 두 개를 채우고 있는 21개 작품을 3년 만에 완성한다. 그 작품들이 〈마리 드 메디치 연작화〉(1622-25)이다.

마리 드 메디치 연작화

이 작품들은 마리 드 메디치의 생애를 기념비적으로 그린 시리즈화이다. 이 작품을 완성하는 과정에서 가장 큰 어려움은 이렇다 할 업적도 없는 왕비의 생애를 어떻게 영광스럽게 윤색해 내느냐하는 문제였다. 루벤스는 소소한 일상을 신화와 연결시켜 마치 대단한 사건인양 장엄하게 표현하였다. 그중 메디치가 결혼식을 위해 마르세이유에 도착하는 장면을 그린 〈마르세이유 도착〉을 보면, 명예의 여신이 황금나팔을 불어 환영하고, 배를 안내해 온 포세이돈과 바다의 요정들이 배를 호위하듯 에워싸고 있는 가운데 메디치가 마르세유에 도착하는 것처럼 화려하게 묘사되었다. 풍부한 색채, 호화로운 의상, 황금으로 만든 배와 같은 바로크적 과장을 통해 장엄하면서도 활력이 넘치게 표현하였다. 또 하나 〈앙리 4세와의 만남〉은 메디치가 앙리 4세와 리옹에서 처음 만나는 장면을 그들이 마치 결혼의 신 하멘의 주제하에 제우스와 헤라가 만나는 것처럼 그려졌다. 실제로는 앙리 4세가 다른 여자에 빠져 약속 장소에도 늦게 나타나는 바람에 27세의 신부는 일주일이나 왕을 기다려야 했다. 당시 앙리

마르세이유 도착

앙리 4세와의 만남

4세는 어려운 재정 상태를 해결하기 위해 정략결혼을 선택했기 때문에 신부보다는 거액의 지참금에 더 관심이 많았다고 한다.

이와 같이 루벤스는 별다른 업적도 없는 왕비의 일생을 신화를 빌어 마치 연극의 한 장면처럼 극적이고 화려하게 묘사하였다. 그는 지극히 사소한 일을 웅장한 구도와 화려한 색채를 통해 장엄하게 표현함으로써 절대군주로 군림하고자 하는 여왕의 야심을 충족시켰다. 사소한 것을 대단한 사건처럼 묘사할 수 있는 능력, 바로 그 부분에서 루벤스의 재능이 빛나고 있다.

베르사유 궁전

절대왕권이 확립되는 과정에서 군주들은 자신의 영광을 드러내기 위한 수단으로 바로크의 예술적 효과를 이용하고자 하였는데, 이러한 행위는 특히 건축 분야에서 두드러졌다. 그 대표적인 예가 프랑스의 루이 14세의 〈베르사유 궁전〉(1660-80)이다. 루이 14세는 '짐이 곧 국가이다.'라는 모토 하에 자신의 왕권을 과시하기 위한 정책적 수단의 하나로 〈베르사유 궁전〉을 웅대한 규모로 신축하였다. 베르사유는 파리 근교 18km에 위치한 시골마을로, 왕의 사냥용 별장이 있던 곳이었다. 루이 14세가 대대적으로 개축과 증축을 한 후 1682년부터 프랑스 왕의 공식 거주지가 되었다. 〈베르사유 궁전〉은 왕의 거주지이자 집무실이었고, 귀족들이 기거하는 아파트 역할을 하였다. 왕은 귀족들을 '궁전의 포로'로 잡아두고 감시함으로써 절대 왕

베르사유 궁전

권을 유지하고자 하였는데, 그 '감옥'이 〈베르사유 궁전〉이었다.

궁전의 본관 건물은 붉은 사암과 회색돌이 다채롭게 엇갈려 배치되어 생동감이 느껴진다. 벽면에 붙어 있는 로마 황제의 흉상과 황금빛 용마루가 있는 급경사 지붕 등이 생기를 불어 넣는다. 본관 건물의 건축 양식은 외관에서 두드러지게 나타나는 엄격함 때문에 '고전주의적'이라는 평가를 받는다. 본관 건물 앞 공간을 '명예의 안뜰'이라고 하는데, 바로크식 궁전에서 흔히 볼 수 있는 곳이다. 정원 쪽에서 바라본 궁전의 파사드는 붉은 사암으로 지어졌고, 비교적 평면적이고 반복적으로 이루어져 통일성을 추구하고 있다. 동일한 건축 요소들이 끊임없이 반복되는 방식은 이후에 나타나는 바로크 궁전에서 흔히 볼 수 있다.

베르사유 궁전 거울의 방

궁전의 내부는 바로크식의 화려함으로 장식되었다. 특히 궁전 2층 중앙부 전체를 차지하고 있는 〈거울의 방〉은 유럽 궁전의 호화스러운 방의 표본이라고 할 수 있다. 길이 75m, 폭 10m, 높이 12m의 이 방은 왕실의 결혼식이나 행사, 외국사신 접견 등 중요한 의식을 치르는 장소로 이용되던 곳이다. 방은 17개의 대형 창문과 이에 대응해 반대편 벽에 설치된 17개의 대형 거울로 구성되어 있다. 이 대형 거울들은 수백 개의 거울을 이어붙여 만든 것이다. 천장은 샤를 르 브룅 Charies le Brun(1619-90)의 프레스코화와 금박으로 장식되었다. 〈거울의 방〉이 주는 메시지는 화려함에만 있지 않다. 진정한 메시지는 이 방이 아무리 화려하고 아름답다고 하나 빛이 없으면 무용지물일 뿐이라는 것이다. 태양이 없는 자연은 의미가 없듯이 '태양왕' 루이 14세가 없는 프랑스는 존재하지 않는다는 사실을 만천하에 알리고자 한 것이었다.

〈베르사유 궁전〉은 거대한 규모, 장엄한 외관, 화려하고 호사스런 내부 장식 등에서 바로크 양식을 대표한다. 그러나 바로크 양식의 건축은 정원을 통해 완성된다고 할 수 있다. 〈베르사유 궁전〉 역시 공사비의 1/3이 정원에 물을 공급하기 위한 배관공사에 사용되었을 정도로 정원건축에 심혈을 기울였다. 화려하고 호사스런 궁전 건물뿐만 아니라, 기하학적으로 잘 다듬어진 광활한 정원과 호수 등이 적절히 배치됨으로써 궁전과 주변 환경이 완벽하게 통합되었다.

이 궁전의 정원은 이른바 '프랑스식' 바로크 정원을 대표한다. 르네상스 정원이 외부에서 볼 때 닫혀진 형태라면, 바로크 정원은 풍경 속으로 넓게 확장되어 무한한 것을 향한 바로크적 충동을 보여준다. 〈베르사유 궁전〉 역시 본관 쪽에서 바라본 조망은 중앙의 연못을 지나 풍경 속으로 무한히 확장된다. 거대한 정원은 넓고 곧게 뻗은 길들에 의해 분할되고, 균일하게 다듬어진 나무울타리와 활엽수, 작은 숲과 운하, 잔디밭과 분수 등이 여러 조각 작품들과 어우러져 다양한 변화를 만들어낸다. 태양신 아폴론 분수를 비롯한 많은 조각들은 '태양왕' 루이 14세를 찬미하기 위한 장치들이다. 또한 정원은 자로 잰 듯한 기하학적 구성을 보여주는데, 절대왕권의 절대주의 정신은 궁전 자체 보다 정원의 기하학적 규칙성에서 더 두드러진다. 왕권을 과시하고 절대주의를 합리화하기 위한 시도는 궁전 건물뿐만 아니라 자연마저도 기하학적 규칙성으로 탈바꿈시키고 있다. 자연마저도 절대적인 왕 앞에 굴복시킨다는 의미를 담고 있다.

〈베르사유 궁전〉은 그 시대의 다른 나라들에도 많은 영향을 미친다. 오스트리아와 남부 독일의 여러 공국들을 비롯한 유럽의 많은 나라들이 모두 나름대로의 '베르사유'를 갖고자 했고, 서로 인상적이고 화려

베르사유 궁전 정원

쇤부룬 궁전 / 뷔르츠부르크 궁전

한 건물을 짓고자 경쟁하면서 바로크가 꽃을 피우게 된다. 오스트리아 빈의 〈쇤부른 궁전〉(1695-1749)이나 독일 뷔르츠부르크의 〈뷔르츠부르크 궁전〉(1720-50) 등이 모두 〈베르사유 궁전〉을 모델로 한 것이다.

일 제수 성당

로마의 〈일 제수 성당〉(1575-84년경)은 바로크 양식의 출발을 알리는 중요한 건축이다. 이 성당은 반종교개혁의 선봉에 섰던 '예수회'의 총 본부가 위치한 곳이다. 예수회는 1540년 성 이냐시오 데 로욜라가 파리에서 창설한 가톨릭 수도회이다. 이 수도회는 종교개혁으로 인한 가톨릭의 위기를 맞아 교회의 혁신을 주장하는 한편 반종교개혁의 선봉에서 적극적으로 활동하였다. 〈일 제수 성당〉은 예수회의 반종교개혁의 이상을 건축학적으로나 예술적으로 정점에 올려놓은 것으로 평가된다.

일 제수 성당

〈일 제수 성당〉은 미켈란젤로가 시작해 비뇰라 Giacomo Barozzi da Vignola(1507-73)가 이어받아 완성했다. 비뇰라는 후기 메너리즘을 거쳐 바로크 건축의 문을 연 건축가이다. 정면 파사드는 포르타 Giacomo della Porta(1540

년경-1602)가 설계한 것이다. 포르타는 미켈란젤로와 비뇰라의 제자로 두 스승이 완성하지 못한 작품을 맡아 완공했다. 이 성당은 강력한 정서적 체험을 중시했던 반종교개혁의 정신을 건축적으로 구현함으로써 17세기 가톨릭은 물론 서양의 교회건축 전반에 커다란 영향을 미치게 된다.

일 제수 성당 파사드

〈일 제수 성당〉의 바로크적 특징은 포르타가 설계한 정면 파사드에서 잘 드러난다. 이 성당의 바로크적 특징은 르네상스 건축을 대표하는 〈산 안드레아 대성당〉과 비교해 보면 더욱 분명해진다.

바로크 건축의 첫 번째 특징은 역동적이라는 것이다. 〈산 안드레아 대성당〉의 정면 파사드는 평면적이고 밋밋한 느낌이 드는 반면,

산 안드레아 대성당 / 일 제수 성당

〈일 제수 성당〉의 파사드는 이중으로 된 쌍 기둥들이 강한 액센트를 부여함으로써 르네상스 양식과는 전혀 다른 리듬감을 만들어낸다. 이러한 양식은 완전히 새로운 방식의 설계라기보다는 고전주의 양식의 여러 요소들을 비고전적인 방식으로 배열한 것으로, 이를 통해 극적인 효과를 만들어내고 있다. 이러한 극적인 효과는 빛에 의해 극대화된다. 살짝 옆에서 보면 벽기둥들이 만들어내는 섬세한 음영의 차이가 리듬감과 함께 짜임새 있는 균형감을 만들어낸다.

바로크 건축의 두 번째 특징은 중심을 향한 집중과 통합이다. 〈일 제수 성당〉의 파사드는 기둥이 모두 이중으로 되어 있어 전체 구조를 보다 호화롭고 다채롭게 보이도록 했지만, 모든 구성요소가 중앙부를 중심으로 하나의 전체로 통합되고 있다. 중앙부는 오더의 위계를 이용해 강조되었다. 파사드에는 반원형 벽기둥과 사각 벽기둥이 같이 쓰이고 있는데, 고전 건축에서는 반원형 벽기둥이 사각 벽기둥보다

일 제수 성당 / 산타 수잔나 성당

위계가 높은 어휘이다. 따라서 중앙 출입구 양쪽에 반원형 벽기둥을 사용한 것은 중앙부를 강조한다는 의미를 갖는다. 성당의 중앙부에 초점을 맞추기 위해 중앙 출입구를 반원형 벽기둥으로 강조해 돌출시키고, 장식도 중앙으로 갈수록 크게 강화함으로써 중앙 출입구를 중심으로 모든 부분들이 세심하게 배치되어 하나의 전체적인 형태로 융합되어 있다. 이러한 특징은 마데르노 Carlo Maderno(1556-1629)가 설계한 로마의 〈산타 수잔나 성당〉(1593-1603)에서 더욱 분명해진다. 〈산타 수잔나 성당〉은 초기 바로크의 완성이라 불리는 성당이다. 중앙의 출입구를 강조한 것은 출입구가 성스러운 곳으로 들어가는 입구라는 점에서 세속의 세계와 성스러운 세계를 구분함으로써 가톨릭교회의 건재함을 과시하고 신앙의 열정을 불러일으키기 위한 목적이었다.

바로크 건축의 또 다른 특징은 조형적 예술성이 표현된 것이다. 〈일 제수 성당〉의 2층 양옆의 소용돌이 모양의 장식이 좋은 예이다. 중랑이 측랑보다 높은 실내 구성을 파사드에 반영하기 위해 소용돌

산타 마리아 노벨라 성당 / 일 제수 성당

이 문양을 조각해서 막은 것이다. 일종의 장식이라 할 수 있는데, 이런 장식은 알베르티가 설계한 피렌체의 〈산타 마리아 노벨라 성당〉(1458-71)에서 이미 사용된 것이었다. 그러나 알베르티가 기하문양을 이용한 추상장식으로 처리한 반면, 여기서는 조형적 예술성이 강화되었다. 소용돌이 모양의 장식은 시각적으로 1-2층을 연결해 융합시켜주고 있기 때문에 바로크 시대에 애호되었다. 소용돌이 문양뿐 아니라 창틀과 박공, 조각 등 건물 전반에 걸쳐 조형적 예술성이 나타나고 있다. 이는 돌에 대한 기본 태도가 르네상스 때 축조에 충실했던 것에서 벗어나 조형적이고 탄력적으로 응용하는 쪽으로 바뀌었다는 것을 말해준다. 포르타가 완공한 파사드는 이후 바로크 교회에서 가장 많이 사용되는 표준형이 된다.

일 제수 성당 구조

반종교개혁의 영향으로 가톨릭교회에서는 신도들을 배려한 새로운 교회유형이 요구되었다. 교회공간 속에서 성직자와 신도들이 하나의 공동체를 이루고 있다는 생각이 들도록 하는 것이 새로운 교회건축의 목표였다. 이를 위해 되도록 많은 신도들이 미사에 참여할 수 있도록 넓은 공간을 제공하면서 교회 안에 있는 누구도 소외됨이 없이 각자의 자리에서 제단을 훤히 바라볼 수 있어야 했다. 따라서 내부 공간은 넓고, 시야를 가로막는 장애물이 없이 툭 트인 공간이 이상적인 것으로 생각되었다.

비놀라는 〈일 제수 성당〉에서 가톨릭의 부활과 예수회의 등장에 따른 새로운 교회건축 유형을 창출하였다. 이 성당은 특별히 새로운 것은 없지만, 종교개혁 이후 개신교의 영향으로 유행한 중앙집중식에서 탈피해 라틴십자형태의 평면을 되살린 것이 핵심이다. 한편으로는 그리스도의 십자가 수난을 상기시키고 새로운 예배방식에 따른 것이지만, 다른 한편으로는 무엇보다도 '트리엔트 공의회'에서 중앙집중식에 부정적인 입장을 취한 것이 큰 영향을 미쳤다. 성당의 전체 구성은 익랑이 거의 없는 3랑식 바실리카이다. 평면도를 보면 〈산 안드레아 대성당〉에서는 측랑 자리에 예배당을 만들고 측랑의 축선을 막아 선형 구성을 약화시키고 있다. 반면 〈일 제수 성당〉에서는 측랑 자리의 예배당 벽을 뚫어 측랑 쪽의 선형 축을 되살리고 있다. 그러나 〈산 안드레아 대성당〉처럼 측랑 자리에 예배당이 있기 때문에 사실상 중랑만 있는 단랑식이라고 할 수 있다. 사실상

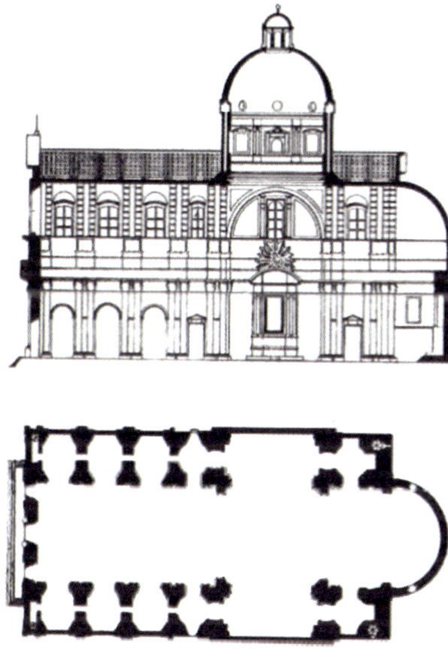

일 제수 성당 구조

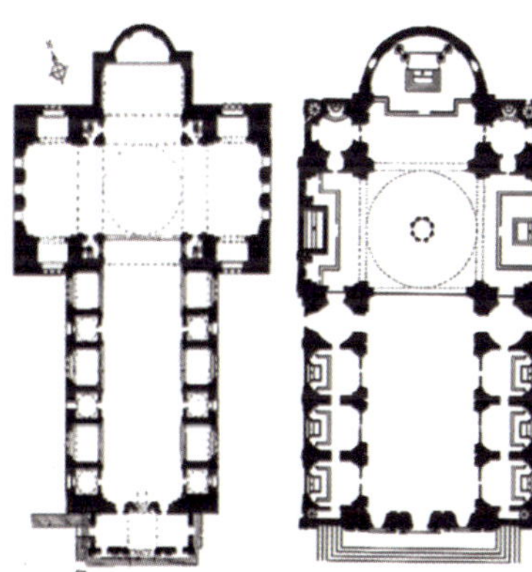

산 안드레아 / 일 제수

단랑식으로 만든 것은 반종교개혁 과정에서 제단과 설교의 중요성이 강조되었고, 이를 위해서는 툭 트인 단일 공간이 필요했기 때문이다. 예수회 수도사들이 목재 평천장을 선호했지만, 원통형 궁륭으로 만든 것도 설교 시 음성이 잘 전달되기 때문이었다.

실내 공간의 골격은 벽체구조이다. 그러나 천장의 채광을 강조해 중랑벽 위쪽에 창문을 냄으로써 바실리카에서 비롯된 가톨릭교회 건축의 상징성을 되살렸다. 중랑의 측면에서 들어오는 은은한 빛과 교차부 돔에서 들어오는 풍부한 빛의 효과로 인해 전체적으로 화려하면서도 신비로운 분위기를 자아낸다.

일 제수 성당 내부

〈일 제수 성당〉의 내부는 가난과 겸손을 중시하는 예수회의 강령에 따라 애초에는 회반죽으로 검소하게 처리되었다. 현재의 장식은 비뇰라 사후 17세기 후반에 덧붙여진 것이다. 천장화는 가울리 Giovanni B. Gaulli (1639-1709)가 제작한 것으로 '천상의 지배자이신 그리스도'를 그리고 있다. 천장

일 제수 성당 내부

은 프레스코화를 그려 넣고 조각과 석고세공으로 장식되었는데, 착시효과로 인해 어디까지가 건축인지, 어디까지가 그림이고 조각인지 구분하기 어려울 정도로 경계가 불분명하기 때문에 건축과 회화, 조각이 어우러진 총체 예술작품의 성격을 띠게 된다. 이로써 천장화는 웅대하면서도 운동감 넘치는 장관을 연출하고 있다. 이러한 천장화는 바로크 미술에서 연극적 효과와 시각적 체험이 얼마나 중요한지, 그리고 당시 교회가 이러한 바로크 미술을 얼마나 적극적으로 활용했는지를 보여주는 좋은 예라고 할 수 있다.

일 제수 성당 천장화

일 제수 성당 천장화 부분

바로크 성당들의 내부는 환영을 일으키는 화려한 실내장식으로 관람자를 압도한다. 그러나 조금만 가까이에서 보면 그것들이 대부분 진짜가 아니라는 것을 알 수 있다. 번쩍이는 금속 장식은 금으로 도금된 것이고, 현란한 조각들은 석고나 목재 조각에 채색한 것들이다. 심지어 대리석처럼 보이지만 도색된 장식판자인 경우도 많다. 이것들은 어느 정도 거리를 두고 보았을 때 착시효과로 인해 마치 진짜처럼 보이게 되고, 철저한 계산에 따른 조명 효과로 인해 입체적인 공간감이 살아나게 된다. 따라서 바로크 건축에서는 무엇보다 조명이 중요시되었고, 성당의 방향을 정할 때 동서축을 유지하는 전통을 따르기보다 햇빛의 방향이 최우선으로 고려되었다.

성 베드로 대성당

〈성 베드로 대성당〉(1506-1667)은 가톨릭교회를 상징하는 가장 중요한 성당이자 최고의 성당이다. 이 성당은 초대 교황으로 간주되는 베드로의 무덤 위에 지어진 성당이고, 교황은 베드로의 정통 후계자

로마의 4대 성전(왼쪽 위에서부터 시계방향으로 라테라노 / 성 베드로 / 성 바울 / 산타 마리아 마조레 대성당)

이자 모든 주교 가운데 가장 으뜸가는 주교라고 여겨지기 때문이다. 그러나 일반적으로 생각하는 것과는 달리 이 성당이 로마 최고 우위의 성당은 아니다. 〈성 베드로 대성당〉은 〈산 조반니 인 라테라노 대성당〉, 〈산타 마리아 마조레 대성당〉, 〈성 바울 대성당〉과 더불어 로마의 4대 성전('대성전' 또는 '대 바실리카'라고 부른다. 여기서 '바실리카'는 교황의 특전을 받은 교회라는 의미이다) 가운데 하나이다. 그 중 로마에서 최고 우위를 차지하고 있는 성당은 로마 교구의 주교좌성당인 〈산 조반니 인 라테라노 대성당〉이다. 줄여서 〈라테르노 대성당〉이라 부른다. 로마교구의 교구장이 바로 교황이기 때문이다.

〈성 베드로 대성당〉은 로마의 〈구 성 베드로 대성당〉 자리에 새로 신축한 성당이다. 중세 말 〈구 성 베드로 대성당〉은 이민족의 잦은 약탈과 약 70년에 걸친 교황의 아비뇽 유수(1309-77) 이후 관리가 소홀해 지면서 거의 피폐된 상태였다. 이에 1503년 교황 율리우스 2세가 피렌체의 건축가 상갈로의 줄리아노 Giuliano da Sangallo(1445-1516)에게 성전의 재건축 계획을 세우도록 했고, 브라만테 Donato Bramante(1444-1514)의 설계에 따라 재건축 사업이 시작되었다. 이 성당은 전성기 르네상스 시대에 시

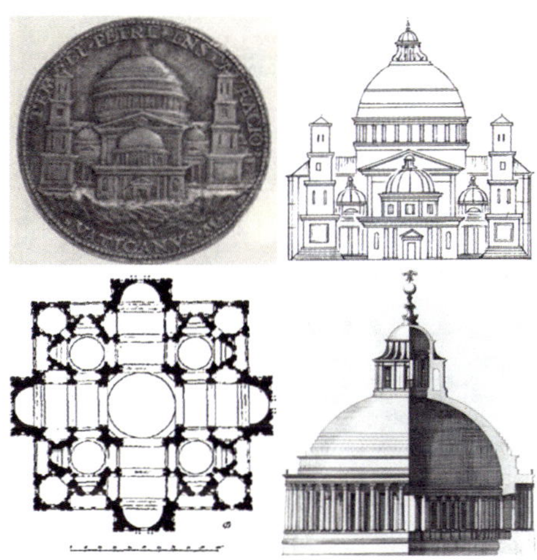
성 베드로 대성당 안, 브라만테, 1506

작되어 바로크 시대에 완성되었기 때문에 시대의 변천에 따라 교회 건축이 어떻게 변화되었는지를 보여주는 좋은 예이기도 하다.

전성기 르네상스 건축가들은 건축을 하나의 예술작품으로 만들고자 하였다. 그들은 건물의 쓰임새와 상관없이 완벽한 비례와 균형의 아름다움, 조화 그 자체가 만들어내는 장대함을 중시하였기 때문에 중앙집중식이 가장 이상적이라고 생각했다. 전성기 르네상스를 대표하는 건축가 브라만테 역시 마찬가지였다. 그가 1506년 〈성 베드로 대성당〉의 재건축을 맡게 되었을 때 중앙집중식 성당을 구상한 것으로 보인다. 당시 만들어진 메달이나 스케치를 보면, 거대한 그리스십자형 홀 중심에 사방으로 대칭적인 건물을 배치하고 있다. 그러나 브라만테의 계획은 종교개혁의 발발로 실현되지

성 베드로 대성당 평면도(브라만테 / 미켈란젤로 / 마데르노)

못했다.

〈성 베드로 대성당〉은 브라만테 이후 완공되기까지 여러 명의 건축가를 거치게 된다. 150년 동안 무려 14명의 건축가와 20명의 교황을 거쳐야 했다. 브라만테는 그리스십자형의 중앙집중식으로 설계했고, 그의 사후 여러 건축가가 바뀌면서 그때마다 설계안이 변경되었다. 그 과정에서 1547년 70대에 접어든 미켈란젤로가 성당건축을 억지로 떠맡게 된다. 그는 브라만테의 원래 설계안이 가진 본질적 가치를 인식했고, 브라만테의 설계를 기본으로 구조를 단순화하고 중앙의 돔을 강조하고자 하였다. 미켈란젤로 사후에는 포르타를 거쳐 마데르노가 성당 건축을 이어받았다. 1602년 성당건축의 총책임자가 된 마데르노는 미켈란젤로의 설계를 바탕으로 라틴십자형의 바실리카식 교회로 변경하였다.

성 베드로 대성당 구조

현재의 〈성 베드로 대성당〉의 모습은 대부분 미켈란젤로의 기본계획을 따른 것이라 할 수 있다. 마데르노가 성당 건축을 이어받았을 때는 미켈란젤로가 설계한 돔을 비롯해 그리스십자 형태의 중앙집중식 건물이 대부분 그 형태를 갖추고 있었다. 마데르노는 1607년 교황청 '건축위원회'의 결정에 따라 미켈란젤로의 건축에서 중랑부분을 확장하게 된다. 건축위원회가 중랑을 확장하기로 결정한 데에는 성당 안에 많은 신도를 수용하는 문제와 행렬의식을 중시하는

성 베드로 대성당 구조

가톨릭 의식 때문이었다. 그 외에도 트리엔트 공의회에서는 교회 디자인에 대한 새로운 규칙을 정했는데, 축이 있는 선형을 선호한 반면 중앙집중식에 대해서는 부정적 입장을 취했다. 당시 개신교 측에서는 가톨릭교회와 구분하기 위해 중앙집중식을 선호하였는데, 이 때문에 가톨릭에서는 그리스십자형의 중앙집중식을 이단시하고, 라틴십자형을 진정한 기독교의 상징으로 보는 경향이 많았다. 아마도 이것이 설계변경에 결정적인 영향을 미쳤을 것으로 추정된다.

그러나 성당 건물이 일부 완성된 상태에서 거기에 맞추어 설계를 변경해야 했기 때문에 어려움이 많았다. 마데르노는 미켈란젤로의 안을 바탕으로 〈구 성 베드로 대성당〉의 원형을 살려 중랑 부분을 길게 확장했고, 그 결과 오늘날의 라틴십자형태의 바실리카식 교회가 되었다. 정면 파사드는 당시 유행하던 바로크식으로 마무리 되었다.

성 베드로 대성당 돔

〈성 베드로 대성당〉의 웅장한 돔은 미켈란젤로가 설계하였다. 그가 돔 아래의 드럼 부분을 완성한 상태에서 1564년 세상을 떠나자, 포르타가 이어받아 1590년 완성하였다. 미켈란젤로의 돔은 브라만테 안의 반구형과 달리 장반구형이다. 돔은 직경 42m에 이중각 구조로 〈피렌체 대성당〉의 돔에서 영향을 받은 것이다. 구조적으로는 16개의 돌출 늑재가 돔의 무게를 지탱하면서 16쌍의 코린트식 원주로 이어져 무게를 분산시킨다. 아래쪽에서 보면 쌍 기둥이 만들어내는 강렬한 힘이 늑재를 타고 올라가 꼭대기 정탑까지 치솟는 느낌이 든다.

돔은 표면에 난 창문에서 보듯이 조형적 아름다움도 있지만, 반구형이 아닌 장반구형으로 만들어 우뚝 치솟는 느낌을 강조하고 있다. 지상에서 정탑까지의 높이는 140m이다. 미켈란젤로는 중앙에 우뚝

성 베드로 대성당 돔

성 베드로 대성당 돔 내부

솟은 돔을 통해 가톨릭의 힘을 드러내보이고자 하였다. 돔 내부 둘레에는 "너는 베드로이다. 나는 이 반석 위에 내 교회를 세우겠다. 나는 너에게 하늘나라의 열쇠를 주겠다."고 하는 마태복음의 글귀가 새겨져 있다.

성 베드로 대성당 정면

〈성 베드로 대성당〉의 정면 파사드는 1612년 마데르노가 완성한 것이다. 마데르노는 포르타가 〈일 제수 성당〉에서 제시한 파사드 모티브를 받아들여 〈산타 수잔나 성당〉에서 바로크 교회의 표준형으로 정착시켰다. 〈성 베드로 대성당〉 파사드 역시 〈일 제수 성당〉과 〈산타 수잔나 성당〉을 따르고 있지만, 이 성당들에 비해 바로크 특유의 긴장과 활력은 떨어진다. 마데르노는 미켈란젤로의 돔을 가리지 않기 위해 정면 파사드의 높이를 낮추었다. 또한 마데르노의 당초 안에 따르면 성당의 원래 모습은 가로 길이가 더 짧았는데, 교황의 요구에 따라 양옆에 종탑을 덧붙임으로써 원래의 비례와 달리 옆으로 더 길어졌다. 이 바람에 바로크 특유의 집중성이 약화되었다. 양 쪽의 종탑은 공사 중 구조상

성 베드로 대성당

의 문제가 발생해 높이를 낮춰 마무리 되었다. 바로크 성당에서는 사각 벽기둥과 반원형 벽기둥의 섬세한 음영 차이가 만들어내는 리듬감과 짜임새 있는 균형감이 중요한데, 반원형 벽기둥이 중앙에 너무 많이 배치되어 전면이 북적거리는 느낌이 들기도 한다.

미켈란젤로는 돔이 중심이 되는 건축을 의도했고, 마데르노 또한 돔을 가리지 않기 위해 노력했지만, 가까이에서 보면 돔이 제대로 보이지 않는다. 성당 구조가 라틴십자형으로 바뀌면서 중랑이 확장되는 바람에 정면 파사드가 돔을 가려버리기 때문이다. 따라서 우뚝 솟은 돔을 통해 가톨릭의 위대한 힘을 보여주고자 했던 미켈란젤로의 건축 의도는 약화되었다고 할 수 있다.

성 베드로 대성당 내부

〈성 베드로 대성당〉의 내부는 〈일 제수 성당〉의 모습과 유사하게 보인다. 천장은 원통형 궁륭을 사용했고, 중랑벽은 미켈란젤로의 기존 작업과 조화를 이루며 한 쌍의 거대한 벽기둥으로 처리되었는데, 사실상 벽체구조이다. 미켈란젤로의 그리스십자형 평면에는 베이가 하나만 있었지만, 마데르노에 의해 세 개로 확장되었다. 마데르노는 미켈란젤로의 베이와는 면적이 조금 차이가 나게 함으로써 두 건축 작업이 서로 조화를 이루도록 하였다. 이로써 성당 내부는 수용 인원 6만 명, 제단 50개, 기둥 500개, 조각상 450개가 있는 거대한 규모가 되었다. 중랑과 내진 사이의 칸막이는 설치되지 않았다. 중세 때에는 성직자의 공간과 신도들의 공간을 엄격히 구분하기 위해 중랑과 내진 사이에 칸막이를 설치했으나 트리엔트 공의회의 결의에 따

성 베드로 대성당 내부

라 칸막이를 없앰으로써 신도들이 제단에 더욱 가까이 접근할 수 있게 되었다.

양쪽 측랑에는 각각 두 곳의 작은 예배당과 그보다 더 큰 직사각형의 예배당, 성체 예배당과 성가대석 예배당을 두고 있다. 이 예배당들은 대리석과 치장 벽토, 조각과 모자이크 등으로 장식되어 있지만, 예전에 비해 단순화되었다. 과거에는 개인 예배당들이 부를 과시하기 위해 다양하고 화려하게 꾸며졌지만, 이제 단순화되고 획일화되었다.

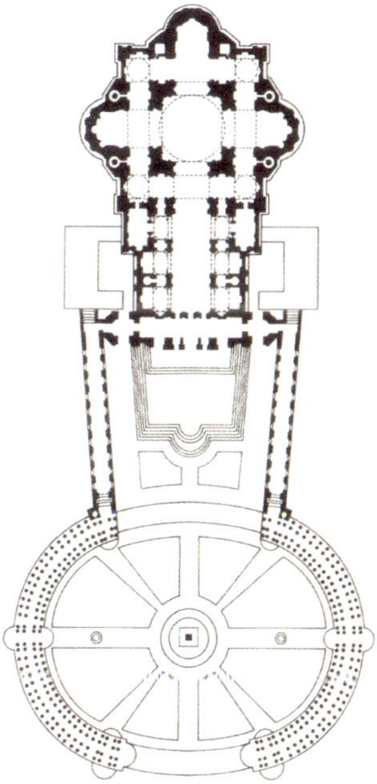

성 베드로 대성당 평면도

성 베드로 대광장

〈성 베드로 대성당〉 앞 광장은 조각가이자 건축가인 베르니니가 설계해 12년 만에 완공하였다. 베르니니는 오랜 세월 계속된 〈성 베드로 대성당〉 건축을 최종적으로 마무리한 사람이다. '성 베드로 대광장'은 2개의 광장으로 이루어져 있다. 성당 바로 앞쪽의 작은 광장이 '레테 광장'이고, 타원형의 큰 광장이 '오브리쿠아 광장'이다. 광장은 전체적으로 완만하게 경사지도록 설계되었는데, 이는 성당을 좀 더 부각시키는 효과와 함께 성당 앞에서 거행되는 종교의식이 잘 보이도록 하기 위한 것이었다. '레테 광장'은 대성당 정면 파사드와 광장 건축과의 비례관계를 고려해 사다리꼴 형태를 취하고 있다. 넓은 파사드를 좁게 보이게 만들고, 미켈란젤로의 돔을 강조하는 효과가 있다.

타원형의 큰 광장인 '오브리쿠아 광장'은 타원과 거대한 기둥이 핵심 아이디어였다. 장경 195m, 단경 140m의 타원을 옆으로 배치한 안정적인 고전적 분위기를 연출한다. 타원형은 바로크를 대표하는 도형이라는 상징성을 갖는다. 광장에서 미사가 거행될 때 공간적 효율성을 높이기 위한 기능적 측면도 고려되었다. 어느 곳에서 보든 제단이나 교황의 발코니가 잘 보이도록 하기 위함인데, 사각형으로 할 경우 구석이 생겨 공간의 효율성이 떨어진다. 타원형

성 베드로 대성당 대광장

광장에는 거대한 기둥들이 4열로 늘어서 회랑을 이루며 광장을 에워싸고 있다. 길게 이어지는 거대한 기둥 숲과 밖으로 보이는 넓은 광장이 어우러져 기독교 제국의 위용을 잘 드러내고 있다. 열주 회랑 위에는 142개 성인상이 설치되었다. 광장 중앙에 있는 오벨리스크는 37년 로마의 칼리귤라 황제가 전승기념물로 이집트에서 가져온 것이다. 이를 대성당 앞에 세움으로써 오벨리스크는 다시 힘과 승리의 상징이 되었으며, 새롭게 태어난 가톨릭교회의 승리의 징표가 되었다.

대광장은 마치 〈구 베드로 대성당〉의 본당 앞에 있던 중정을 연상시킨다. 〈구 성 베드로 대성당〉의 중정은 회랑으로 둘러싸인 직사각형 형태인 반면, 이곳 대광장은 베드로의 순교지를 상징하듯이 열쇠구멍 형태로 설계되었다. 타원형의 회랑이 마치 팔을 벌려 성당으로 들어오는 순례자를 맞이하는 것처럼 보이기도 한다. 오벨리스크 왼쪽과 오른쪽에는 분수대가 설치되어 광장의 전체적인 조화에 기여하고 있다. 분수대는 바로크 광장에서 거의 필수적으로 등장하는 소재이기도 하지만, 〈구 성 베드로 대성당〉의 중정에도 우물이 있었다는 점에서 또 다른 의미를 생각해 볼 수 있다. 성당에서 중정의 우물은 하느님의 성전에 들어가기 전 심신을 깨끗이 씻는다는 상징적인 의미가 있었는데, 이곳 대광장의 분수대 또한 이런 종교적 의미를 갖는다고 할 수 있다. 실제로 반세기 전까지만 해도 대성당의 순례자들은 분수대의 물을 손으로 떠서 머리 위에 뿌린 후 대성당 안으로 들어갔다고 한다.

산 카를로 알레 콰트로 폰타네 성당

바로크 건축의 특징을 더욱 잘 보여주는 성당이 보로미니 Francesco Borromini(1599-1667)가 설계한 로마의 〈산 카를로 알레 콰트로 폰타네 성당〉(1638-67)이다. 보로미니는 베르니니와 쌍벽을 이뤘던 건축가로 마데르노에게서 건축을 배웠다. 보로미니와 베르니니는 전성기 바로크를 이끈 라이벌 관계였다. 두 사람은 〈성 베드로 대성당〉 공사 현장에서 만났는데, 베르니니는 제도권에서 성공한 건축가였지만, 당시 보로미니는 까다로운 성격 탓에 후원자를 찾기 어려운 형편이었다. 두 사람의 건축관도 전혀 달랐다. 베르니니가 정통 고전주의를 고수했다면, 보로미니는 자유로운 비정형주의 건축을 추구했다. 두 사람은 서로를 의식하고 경쟁하는 가운데 바로크 건축을 발전시켰다. 로마 퀴리날레 거리 남쪽에 나란히 자리 잡고 베르니니의 〈산 안드레아 알 퀴리날레 성당〉(1658-70)과 보로미니의 〈산 카를로 알레 콰트로 폰타네 성당〉은 각각 베르니니와 보로미니의 재능을 비교하며 감상할 수 있는 대표적인 교회

산 카를로 성당

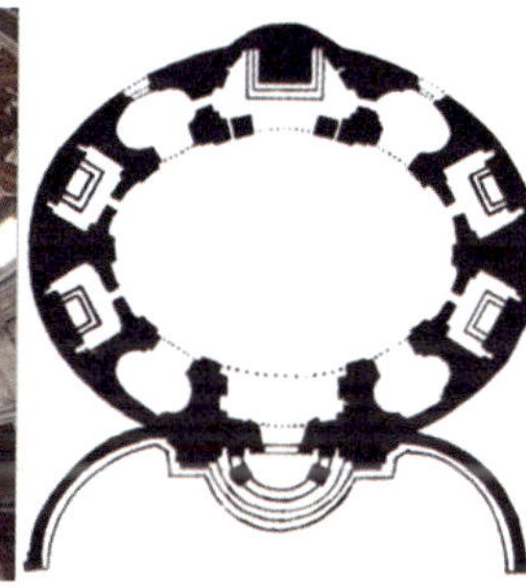

산 안드레아 성당, 베르니니

건축이다.

〈산 카를로 알레 콰트로 폰타네 성당〉은 보로미니가 건축가로 독립하면서 지은 첫 번째 작품으로, 바로크 건축의 걸작으로 평가받는다. 성당 이름이 너무 길기 때문에 줄여서 '산 카를리노'라 불린다. 이 성당은 특이하게도 정면이 둘이다. 분수대가 있는 한쪽은 위에 바로크 특유의 작은 탑이 있고, 성당 입구가 있는 다른 한쪽은 강하게 돌출된 입체적 기둥과 굽이치는 곡선으로 이루어져 있다.

〈산 카를로 성당〉은 모퉁이의 분수대들로 유명한 콰트로 폰타네 교차로에 위치해 있다. 이 때문에 교차로에 접한 정면 쪽에는 길 건너 다른 건물들과 맞추어 분수대가 설치되어 있다. 이 분수대에는 바다의 신 넵튠(포세이돈, 여기서는 아르노 강을 상징한다)이 비스듬히 앉아 있는 모습으로 장식되어 있는데, 로마의 많은 분수대에는 넵튠이 단골 소재로 등장한다.

산 카를로 성당 파사드

산 카를로 성당 파사드

〈산 카를로 성당〉은 규모는 작지만 바로크 건축의 특성이 잘 구현된 성당이다. 정면 파사드는 강한 직선과 부드러운 곡선이 연출하는 상호작용에 초점을 맞추고 있다. 기둥들은 한편으로는 비례의 척도로 쓰이고, 또 한편으로는 수직적인 분할 기능을 담당한다. 1층의 큰 기둥 네 개는 2층의 큰 기둥 네 개와 짝을 이루고 있는데, 이 기둥들은 오목하고 볼록하게 두 부분으로 나뉜 파사드 표면을 시각적으로 분리시키는 역할을 한다. 기둥 위의 엔테블러쳐는 수평적인 분할 기능을 담당하는 한편 파사드 표면을 따라 부드럽게 휘어지면서 역동성을 강조한다. 맨 위쪽 엔테블러쳐 부분은 돌림띠가 파사드 표면에서 훨씬 돌출되어 파사드의 요철 형태를 더욱 두드러지게 한다. 요철이 만들어내는 강한 명암 대비는 활기찬 율동감을 배가시킨다. 파사드는 마치 부드러운 막처럼 굽이치면서 진동하는 것처럼 느껴진다. 1층 출입구 위쪽의 감실은 두 개의 천사 날개가 마주치는 듯한 모습으로 장식되었고, 위층은 비대칭적으로 배치된 천사들이 떠받치고 있는 타원형 '메달리온 Medallion'으로 장식되었다. 이는 보로미니의 건축을 이어받은 그의 조카 베르나르도 보로미니 Bernardo Castelli Boromini(1643-1709)의 작품으로 알려져 있다. 〈산 카를로 성당〉은 기본구성에서 〈산타 수잔나 성당〉을 따르고 있지만 정면 파사드를 요철 형태로 만들어 생동감을 부여하고 있다. 보로미니의 건축은 고전적인 요소들을 탄력 있게 배치함으로써 자유분방하면서도 전체적으로는 통일감을 유지하도록 하는 것이 특징이다.

산 카를로 성당 구조 / 내부

보로미니는 브루넬레스키 이후 건드릴 수 없는 것으로 여겨지던 건축의 규범을 무시하고, 르네상스의 공간개념에 혁명적인 변화를

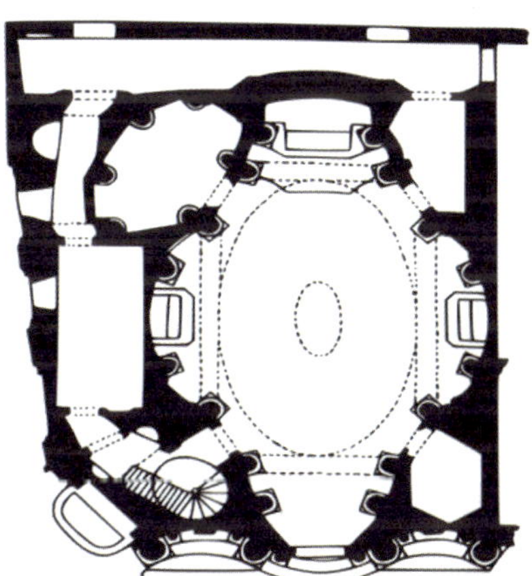

산 카를로 성당 구조

가져왔다. 그는 건축이 인체의 모방이라는 생각이나 자연을 모범으로 삼는 건축관을 비판하면서 규칙을 벗어난 역동적인 건축을 추구하였다. 〈산 카를로 성당〉은 이러한 보로미니의 건축관을 잘 보여준다. 1634년 보로미니가 맡은 건축 공사는 여러 문제점으로 인해 대단히 힘든 작업이 되었다. 약 1,000제곱미터의 모퉁이 땅에 수도원과 도서관, 수사들의 공간, 교회 등을 같이 지어야 했기 때문이었다. 보로미니는 모퉁이의 자투리땅까지도 효율적으로 이용해 설계하였다. 그 결과 복잡한 기하학적 구조를 바탕으로 여러 개의 공간이 역동적으로 결합된 특이한 모습이 되었다. 그 중심은 타원형의 돔을 가진 성당이다. 성당의 평면은 얼핏 보면 타원형처럼 보이지만, 좀 더 자세히 보면 중앙집중식 평면을 변형한 것, 또는 그리스 십자형 평면이 타원형 모양으로 늘어난 것이라 할 수 있다.

산 카를로 성당 내부

성당은 좁은 공간을 넓게 보이도록 내부 전체를 흰색으로 처리하였다. 내부 공간은 강하게 돌출된 기둥들로 분절되어 있고, 타원형 평면을 따라 엔테블러처가 에워싸고 있다. 천장은 타원과 원이 번갈아 사용되면서 위로 솟구치고 있는데, 위쪽의 돔은 타원형이다. 돔 안쪽에는 십자형, 육각형, 팔각형의 우물반자 문양의 장식이 서로 조합되어 있는데, 이는 이슬람 모스크의 영향을 받은 것이다. 문양은 정상부로 올라갈수록 점점 작아져서 하늘을 향한 초점으로 작용하는데, 이는 투시도 효과를 이용한 착시효과를 의도한 것이다. 이 때문에 천장 공간이 실제보다 더 깊고 높아 보인다. 돔 중앙은 위쪽 정탑으로 이어지는데, 이곳으로부터 밝은 빛이 들어온다.

산 카를로 성당 구조 / 정탑

5. 엠마오에서의 식사 / 안트베르펜 대성당 제단화

카라바조

카라바조 Caravaggio(1573-1610)는 바로크 회화의 창시자로 간주된다. 카라바조의 본명은 미켈란젤로 메르시 Michelangelo Merisi였으나 고향 이름을 따 '카라바조'라고 하였다. 카라바조는 이탈리아 북부 베르가모 근교의 작은 마을이다. 카라바조 예술의 특징은 무엇보다 진실과 자연스러움이었다. 그는 균형과 절제 같은 고전적 규범이나 이상적인 아름다움에 강하게 반발하면서, 추하든 아름답든 있는 그대로의 자연을 충실하게 묘사하는 비타협적 사실주의를 추구하였다. 종교화에서도 이러한 입장을 견지하면서 기존의 화가들처럼 성인들을 이상화하지 않고 동시대 서민들의 실생활의 관점에서 사실적으로 그리고자 하였다. 사실 예수의 제자들은 대부분 당시 하층계급에 속하는 사람들이었다. 이 때문에 카라바조는 사도들을 묘사할 때 이에 걸맞은 모델을 현실에서 찾았고, 이를 있는 그대

카라바조, 레오니 Ottavio Leoni, 1621-25

로 충실하게 재현하고자 하였다. 카라바조 이전에는 성스러운 주제를 하층계급의 생활 모습으로 묘사한다는 것은 생각할 수도 없었다는 점에서 그의 그림은 논란의 대상이 되었다.

엠마오에서의 식사

카라바조 미술의 특징은 '연극적 사실주의'라는 말에서 잘 나타난다. 그는 가장 극적인 순간을 매우 사실적으로 그리고 있다. 〈엠마오에서의 식사〉(1601)는 부활하신 예수가 엠마오의 한 여인숙에서 제자들과 저녁식사를 하던 중 뒤늦게 그가 예수라는 사실을 알게 된 제자들이 깜짝 놀라는 모습을 담고 있다. 예수가 십자가에 매달려 처형된 후 두 제자는 상심 속에 엠마오로 가던 중 웬 나그네와 동행하

엠마오에서의 식사

게 된다. 마을에 도착해 여인숙에 들어가 식사를 하려던 중 나그네가 음식에 축복을 하는데, 바로 그 순간 제자들은 그가 누구인지 알아보고 깜짝 놀란다. 예수가 '다른 모습'이긴 했지만, 최후의 만찬 때 했던 것처럼 음식을 축복하고 있었던 것이다. 카라바조가 이 작품에서 묘사하고 있는 것은 바로 그 극적인 순간이다.

아무 것도 없는 텅 빈 배경에 화면 가득 인물을 클로즈업해 그린 것은 그만큼 인물 한 사람 한 사람에게 집중하도록 하기 위한 것이다. 여기에서 예수는 기존의 이상화된 모습과 달리 수염도 없고, 머리는 흐트러져 있으며, 볼살이 통통한 30대 젊은이의 모습으로 그려졌다. 예수는 그림의 중앙에 식사의 주빈처럼 앉아 손을 들어 음식을 축복하고 있는데, 이는 가톨릭의 성찬 의식 때 사제가 행하는 것과 같은 모습이다. 앉아 있는 두 명의 제자들과 서서 시중을 드는 여인숙 주인의 모습에도 종교화에서 으레 등장하는 성스러움은 보이지 않는다. 제자들은 남루한 행색에 크고 과장된 몸짓으로 예수의 부활에 믿을 수 없다는 듯 소스라치게 놀라고 있지만, 그간의 사정을 알 리 없는 여인숙 주인은 덤덤한 표정으로 지켜보고 있다. 그의 평온한 모습과 두 제자의 흥분된 모습이 대조를 이루면서 극적 효과를 더해준다.

식탁 위에 놓인 정물들은 이 작품의 메시지를 강조해 준다. 빵과 포도주는 기독교 의식에서 그리스도의 몸과 피를 상징한다. 신자들은 성체성사를 통해 그리스도와 일체가 됨을 암시한다. 썩은 사과와 색이 변한 벌어진 무화과는 인류의 원죄를 뜻하고, 석류는 부활을 통해 죄악을 극복한 그리스도의 승리를 상징한다. 정물들에 대한 정밀묘사에서 보듯이 카라바조는 정물화의 대가이기도 했다.

카라바조의 작품은 마치 연극의 한 장면을 보는 것처럼 관람자를 그림 속의 사건으로 끌어들인다. 특히 강한 빛을 무대 장치처럼 이용함으로써 사건의 극적 분위기를 한층 고조시키고 감정적인 효과를 불러일으킨다. 〈엠마오에서의 식사〉에서도 일련의 조명을 비추는 것처럼 빛을 표현하고 있다. 가운데 예수의 얼굴은 집중 조명을 받은 듯 밝게 빛나고 있지만, 머리 뒤에는 밝은 후광 대신 검은 그림자가 짙게 드리워져 있다. 검은 그림자는 제자의 배신과 십자가의 고난 등 예수가 겪은 어려움을 암시하는 반면, 예수의 얼굴로 쏟아지는 강한 빛은 구원을 이야기한다. 왼쪽 제자의 팔꿈치를 보면 찢어진 겉옷 사이로 옅은 색의 속옷이 드러나도록 했는데, 이 부분이 어두운 겉옷과 대조를 이루면서 그림 밖에서 비쳐주는 듯한 밝은 조명을 느끼게 한다. 빛은 밖으로부터 들어와 예수를 비추고, 다시 예수로부터 바깥쪽으로 퍼져 나간다. 이 때문에 밝은 빛이 충만하면서도 깊고 어두운 그림자가 화면을 풍성하게 해준다. 이와 같은 극적인 빛의 조성을 '키아로스쿠로 Chiaroscuro'라고 하는데, 이는 빛을 의미하는 이탈리아어 '키아로 Chiaro'와 어둠을 의미하는 '오스쿠로 Oscuro'가 합성된 말이다.

엠마오에서의 식사 부분

카라바조는 또한 그림 속 대상이 화면으로부터 돌출되는 듯한 느낌을 주는 입체적 표현 솜씨로 유명했다. 〈엠마오에서의 식사〉에서도 그러한 기법의 예를 찾아볼 수 있다. 오른쪽의 제자는 깜짝 놀라서 두 팔을 벌리고 있는데, 이러한 극적인 몸짓은 십자가 처형을 상징한다. 그가 벌린 팔은 원근법의 적용으로 단축되어 보이지만, 공간의 깊이를 만들어내면서 손이 화면 밖으로 튀어나올 듯 묘사되었다. 그의 가슴에 달린 조개껍질은 순례자의 상징이다. 이 제자는 예수가 부활한 후 다메섹(다마스쿠스) 도상에서 그를 처음 본 사도 바울로 추측된다. 왼쪽의 제자는 놀라서 의자를 뒤로 밀치고 있는데, 극적인 명암 대조를 통해 의자를 잡은 손의 팔꿈치가 화면 밖으로 튀어나올 것 같은 느낌을 준다. 그는 누가복음 24장 18절에 나오는 글레오파로 추측된다. 과일이 담긴 바구니는 식탁 가장자리에 아슬아슬하게 놓여 있는데, 이 또한 입체적 표현기법의 정수를 보여준다.

엠마오에서의 식사 부분

이 작품에서 카라바조는 영적인 신비를 시각적으로 실감나게 표현하기 위해 배경을 어둡고 단조롭게 처리하고, 인물들을 전경에 배치해 강한 빛을 통해 집중적인 조명을 가하고 있다. 주제의 핵심요소를 압도적으로 강조함으로써 전체적인 통일성을 도모하는데, 하나의 중심점을 향한 전체적인 결집을 추구하는 것은 바로크적 특징이기도 하다. 카라바조는 순간의 동작을 정확하게 포착하고 효과적인 빛과 극적인 명암대비를 통해 관람자들에게 심리적으로 강한 인상을 주고자 하였다. 관람자는 단순한 관찰자가 아니라 눈앞에 펼쳐지는 극적인 사건의 목격자로서 중요한 역할을 하게 된다. 그림에서 식탁 앞쪽이 비어 있는 것은 관람자에게 극적인 사건에 함께 참여하도록 권하는 의미라고 해석할 수 있다.

카라바조가 미술계에 준 충격은 너무도 강렬했다. 그러나 이후 미술사에서 곧 잊혀졌다가 19세기 말에 와서야 재평가되었다. 미켈란젤로 이후 최고의 화가라는 평가와 함께 "카라바조 이후 새로운 회화가 시작되었다, 그와 더불어 근대회화가 시작되었다, 그가 없었다면 회화는 전혀 다른 방향으로 발전했을 것이다."라는 찬사를 받았다.

성 바울의 개종

〈성 바울의 개종〉(1600-01)은 바리세인이었던 사울이 기독교인 바울로 개종하게 된 유명한 이야기를 다루고 있다. 사도행전 제9장에 의하면 사울은 기독교인들을 박해하러 다메섹(다마스쿠스)으로 가던 중 눈부신 빛에 순간적으로 눈이 멀어 말에서 떨어진다. 그 때 "네가 어찌하여 나를 박해하느냐"하는 예수의 음성을 듣게 된다. 그후 그는 크게 회심하고 기독교로 개종하는 한편 예수의 부활과 복음을 전파하는 데에 앞장서게 된다. 카라바조의 이 작품을 같은 주제의 미켈란젤로 작품과 비교해보면 카라바조 예술의 특징을 잘 알 수 있다.

성 바울의 개종

미켈란젤로의 〈사울의 개종〉(1542-45)은 바티칸의 '성 바울 예배당'에 그려진 프레스코화이다. '성 바울 예배당'은 교황이 사적으로 미사를 봉헌하는 공간으로, 매년 수백만 명 이상의 관광객들이 오가는 '시스티나 예배당'과 달리 일반인에게는 개방되지 않는 공간이다. 미켈란젤로는 1542년 교황 바오로 3세의 요청에 따라 예배당 내에 두개의 벽화를 그리기 시작해 8년에 걸쳐 벽화를 완성했다. 당시 그의 나이 75세로, 〈사울의 개종〉은 그의 마지막 프레스코화가 되었다.

사울의 개종

미켈란젤로의 〈사울의 개종〉은 같은 주제를 다루었던 그간의 작품들과 마찬가지로 사울이 개종하게 된 사건을 전체적으로 설명하듯 묘사하고 있다. 반면 카라바조의 〈성 바울의 개종〉은 사울이 말에서 떨어져 나뒹구는 장면에 초점을 맞추고 있다. 미켈란젤로의 작품이 장편 서사시처럼 장대하게 묘사된 반면, 카라바조는 세부적인 것을 생략해 버리고 연극의 한 장면처럼 극적인 순간을 포착해 묘사하고 있다. 여기서 바울은 마치 화면 밖으로 빠져나올 듯 바닥에 내동댕이쳐진 채 팔을 내 뻗고 있다. 미켈란젤로의 작품이 밋밋하게까지 느껴지는 반면, 카라바조의 작품은 급격한 원근법적 표현을 통해 바울이 받았을 엄청난 충격을 강렬하게 표현하고 있다. 강렬한 명암법을 사용해 감정적인 효과를 극대화하고 있는데, 특히 배경을 검게 처리하고 인물들을 전경에 내세워 한쪽으로부터 강한 빛을 받게 함으로써 관람자의 시선을 사로잡는다. 여기서 빛은 형태를 돋보이게 하는 기능도 하지만, 신의 의지를 구현하는 상징적 의미를 지니기도 한다. 화면을 가득 채우고 있는 말이 깜짝 놀라서 들어 올린 앞발은 어쩔 줄 모르는 바울의 모습과 대조를 이루며 그가 받은 충격을 배가시킨다. 그러나 이러한 극적인 상황에도 불구하고 칠흑 같은 어둠 속에 신의 뜻을 받아들이는 바울의 모습에서 깊은 정적감이 느껴진다.

체라시 예배당

〈성 바울의 개종〉은 로마의 〈산타 마리아 델 포폴로 성당〉 내에 설치된 체라시 가문의 예배당에 그려진 작품이다. 이 예배당의 가운데 제단 뒤쪽 중앙에는 당시 카라바조의 라이벌이었던 카라치 Annibale Carracci(1560-1609)의 작품 〈성모의 승천〉(1601)이 걸려 있다. 제단 좌우의 그림이 카라바조의 작품이다. 카라치의 작품은 카라바조의 작품들과 대조적이다. 카라치는 르네상스의 고전주의에 기초한 조화로운 아름다움을 추구하였다. 그의 작품은 색채가 화려하고 격렬한 동작을 취하고 있는 인물들로 인해 생동감있게 구성되었다. 반면 카라바조 작품들은 색채가 약하고, 더 차분한 느낌으로 그려졌다. 카라바조의 작품들은 중앙의 카라치의 작품을 더욱 돋보이게 만든다.

체라시 예배당

카라바조의 〈성 베드로의 십자가 처형〉(1600-01)은 〈성 바울의 개종〉과 한 쌍으로 그려졌으나 체라시 주교가 마음에 들지 않는다고 거절했던 작품으로 알려져 있다. 그 후 분실된 원본을 친구인 스파다 Lionello Spada(1576-1622)가 모사한 것으로 여겨진다. 베드로는 로마에서 선교활동을 하다 체포되었는데, 스

성 베드로의 십자가 처형

승인 예수와 같은 방법으로 처형되는 것을 거부하고 십자가에 거꾸로 매달려 죽기를 자청한 것으로 전해진다. 이 작품에서 베드로는 평범하고 고통 받는 무력한 노인으로 그려진 반면, 십자가를 일으키려고 애쓰는 형리들의 모습이 역동적으로 묘사되었다. 예배당 바깥에서 비스듬한 시점에서 보면 구성이 더 효과적이다.

베드로와 바울은 기독교의 두 기둥으로 간주된다. 베드로는 예수 때부터 수제자로 인정되었고, 오늘날까지도 로마의 교황은 베드로의 후계자로 간주될 정도로 가톨릭교회에서 절대적 지위를 차지하고 있다. 바울은 직접 제자는 아니고 예수가 죽은 뒤에 사도들과 합류했지만 오늘날의 기독교를 만든 장본인이라 할 수 있다. 신약성서의 1/4이 바울의 편지로 이루어져 있고, '사도행전'은 주로 바울의 행적을 다루고 있다는 점에서 가톨릭과 개신교를 막론하고 기독교 내에서 바울이 차지하는 위치를 가늠해 볼 수 있다.

카라바조의 작품들은 이상적인 종교적 이미지를 선호하던 당시 종교계의 반발을 일으키기도 했지만, 사실은 교회의 요구와도 잘 들어맞는 그림이었다. 가톨릭교회는 개신교의 엄격함에 맞서 신도들의 마음을 사로잡고 가톨릭의 우세를 확실히 할 수 있는 그림을 요구했는데, 카라바조의 그림은 이러한 교회의 요구와도 잘 들어맞았다. 그의 그림들은 종교적 신비란 의식적인 사고를 통해서가 아니라 모든 사람이 공감할 수 있는 직감을 통해 계시되는 것이라는 사실을 감동적으로 표현하고 있다. 극적인 효과를 연출함으로써 강한 감동을 주는 그의 사실주의는 사실 반종교개혁을 이룩한 가톨릭교회의 새로운 신앙과 일치하는 것이었다. 삶의 진실을 직시하는 카라바조의 사실주의는 그가 개발한 극적인 명암법(키아로스쿠로)과 함께 곧 유럽 전역으로 퍼져 나갔고, 후대의 많은 화가들에게 결정적인 영향을 미치게 된다.

루벤스

바로크 미술은 로마에서 시작되어 유럽 각지로 전파되어 나갔고, 그 결과 그동안 남부와 북부 유럽으로 갈라져 있던 양식상의 차이를 뛰어넘어 국제적인 조류로 발전하였다. 이러한 발전에 누구보다도 기여한 인물이 플랑드르(오늘날 북부 벨기에) 출신의 화가 루벤스 Pieter Paul Rubens(1577-1640)였다. 루벤스는 1600년부터 8년 동안 이탈리아에 머물면서 이탈리아의 미술을 연구하였고, 플랑드르로 돌아와서는 안트베르펜에 대규모 공방을 차리고 분업화된 시스템 하에 수많은 작품을 제작하였다. 최근 남아있는 작품을 토대로 통계를 내보니 평균 20일에 한 작품을 완성했다고 한다. 대부분 인물을 중심으로 마무리만 직접 했다고 하지만 대형작품이기 때문에 상당한 시간이 소요되었을 것으로 추정된다.

루벤스 자화상, 1623

루벤스는 인문학적 소양이 높고 여러 언어에 능숙했기 때문에 외교사절로 활약하면서 전 유럽에 자신의 작품을 전파했다. 당시에는 각국이 절대왕정을 중심으로 미술사업을 대대적으로 벌이던 때라 루벤스는 각국을 방문해 조언도 하고 그림도 그렸다. 유럽이 가톨릭 진영과 개신교 진영으로 나뉘어 대립하게 되자 네덜란드의 남부 플랑드르 지방은 가톨릭 쪽(당시는 스페인의 지배를 받고 있었다)에 남아 있었던 반면, 북부는 개신교 쪽에 가담하였다. 루벤스는 주로 가톨릭 진영인 플랑드르, 스페인, 프랑스 등을 중심으로 활약하였다.

루벤스는 눈에 보이는 모든 것을 가능한 한 충실하게 그리려고 노력하는 플랑드르 화풍과 이탈리아에서 습득한 새로운 미술의 다양한 요소들을 완벽히 소화함으로써 자신만의 고유한 미술세계를 창조하였다. 특히 거대한 화면 속에서 전체적인 효과를 높이기 위해 빛과 색채를 구사하는 데에 뛰어난 기량을 발휘하였다.

안트베르펜 대성당 제단화

안트베르펜 대성당 내부

루벤스는 초기부터 성서를 주제로 한 종교화를 많이 그렸고, 안트베르펜에서만 22점의 제단화를 그렸다. 그 중에서도 현재 〈안트베르펜 대성당〉에 있는 세 폭 제단화 〈십자가를 세움〉(1609-10)과 〈십자가에서 내림〉(1612-14)은 그의 대표적인 종교화이다. 〈십자가를 세움〉은 원래 〈성 발부르하 성당〉에 있던 것이고, 〈십자가에서 내림〉은 부속 회당 제대에 있던 것이었다. 현재는 모두 〈안트베르펜 대성당〉 의 양쪽 익랑에 걸려있다.

십자가를 세움

〈십자가를 세움〉은 세 폭 제단화로 중앙 패널에는 예수가 못박힌 십자가를 들어 올리는 장면이 묘사되어 있고, 왼쪽 날개에는 성모와 사도 요한과 함께 여러 여인들과 아이들의 모습이, 오른쪽 날개에는 말을 탄 로마군 장교와 죄수들의 모습이 그려져 있다. 이 제단화가 처음 공개되었을 때 플랑드르 시민들은 놀라움을 금치 못했다. 이전

제단화, 십자가를 세움

까지 보았던 북유럽의 제단화와 달리 우선 크기 면에서 관람자를 압도했기 때문이다. 이 제단화는 루벤스가 1608년 이탈리아에서 돌아와 최초로 그린 것으로, 이탈리아 미술의 영향이 강하게 나타나고 있다. 미켈란젤로의 인체 묘사, 티치아노의 선명한 색채, 카라바조의 극적인 빛이 넓은 화면과 어우러져 압도적인 효과를 발휘한다. 이 제단화로 인해 루벤스는 플랑드르를 대표하는 화가로 공식 데뷔한다.

제단화에서 가장 주목되는 것은 중앙 페널의 십자가를 세우는 장면이다. 중앙 페널은 불안정한 대각선 구도가 역동성을 부여한다. 화면에서 대각선 구도를 따라 배치된 예수의 몸은 가장 밝은 빛을 받으며 관람자의 시선을 집중시킨다. 이와 같이 주인공에게 강한 조명을 적용시키고 그 주변은 비교적 어둡게 처리하는 방식은 카라바조의 명암법을 받아들인 것이다. 십자가를 세우려고 애쓰는 병사들의 긴장된 근육과 다양한 동작은 미켈란젤로가 그린 〈시스

십자가를 세움

티나 예배당〉 천장화의 영향을 강하게 보여준다. 병사들의 격렬한 동작에서 분출되는 강렬한 힘은 마치 병사들이 화면 밖으로까지 튀어나올 것 같은 느낌이 들게 한다.

한편 화면 곳곳에는 플랑드르의 사실주의적 묘사 전통이 나타나고 있다. 나뭇잎의 세밀한 묘사, 군인이 입고 있는 갑옷의 반짝이는 표면효과, 털복숭이 개의 세부묘사 등에서는 반 아이크 Jan van Eyck(1395년경-1441)로부터 이어지는 플랑드르적 전통을 이어받고 있다. 세심하게 묘사된 다양한 요소들이 역동적인 구성으로 조직됨으로써 그림 속의 상황이 마치 실제로 일어나고 있는 것처럼 느껴진다.

십자가에 매달린 예수는 고통 속에 신음하는 일반적인 모습과는 사뭇 다르게 묘사되었다. 여기서 예수는 육체적 고통을 감내하며 간절한 시선으로 하늘을 쳐다보고 있다. 기존의 그림에서는 대부분 예수가 십자가에 매달려 죽은 모습이나 눈을 감은 채 고통스러워하는 모습이었던 반면, 여기서는 영웅적인 모습으로 형상화됨으로써 십자가의 승리를 강조하고 있다. 다른 한편 신의 뜻에 따르겠다는 예수의 간절한 눈빛은 보는 이의 마음을 파고들면서 어떠한 고통 속에서도 신을 향한 믿음을 버리지 않겠다는 다짐을 하게 한다. 당시 플랑드르는 반종교개혁이 가장 활발하게 일어났던 스페인의 영향권에 있던 지역이라는 점에서 이 작품은 강렬한 효과를 통해 가톨릭의 위대함을 알리고 신자들의 신앙심에 직접 호소하고자 하는 예수회의 적극적인 선교 방식을 반영했다고 할 수 있다.

십자가를 내림

제단화, 십자가에서 내림

〈십자가에서 내림〉은 〈십자가를 세움〉과 짝을 이루는 작품이다. 이 제단화 역시 세폭 제단화로 중앙 패널에는 예수의 시신이 십자가에서 내려지는 장면이 그려져 있고, 왼쪽 날개에는 예수를 잉태한 마리아가 세례 요한을 잉태한 사촌 엘리자베스를 방문하는 장면이, 오른쪽 날개에는 마리아와 요셉이 아기 예수를 성전에 바치는 모습이 그려져 있다. 세 패널에 묘사된 장면은 언뜻 보아 연결고리가 없는 것 같

제단화, 십자가에서 내림, 닫혔을 때 모습

지만 도상학적으로 서로 관련된다. 제단화의 날개 바깥쪽에는 이 제단화를 주문한 화승총 사수 조합의 수호성인 성 크리스토퍼가 등장하는데, 크리스토퍼는 그리스어로 '그리스도를 품은 자'를 뜻한다. 제단화의 날개를 열었을 때 중앙의 '십자가에서 내림', 왼쪽의 '방문', 오른쪽의 '성전에서의 그리스도 봉헌', 이 세 장면은 모두 예수의 육체가 떠받쳐지거나 뱃속에 들어 있는 상태에서 일어난 사건을 묘사하고 있다.

이 제단화 역시 가장 주목되는 부분은 십자가에서 예수의 시신을 내리는 중앙 패널이다. 이 중앙 패널 역시 밝은 빛을 받아 밝게 빛나는 예수의 시신을 중심으로 대각선 구도를 하고 있다. 사지를 늘어뜨린 예수의 시신이 화면 전체에 걸쳐 있고, 유일하게 움직임이 없는 이 시신을 중심으로 모든 움직임이 집중되고 있다. 이 작품에서도 극적인 빛의 사용과 인간적인 사실주의에서 카라바조의 영향을 읽을 수 있고, 인물의 근육질적 묘사에서 미켈란젤로의 영향을 볼 수 있다.

십자가에서 내림

이 작품은 무엇보다 실감나는 묘사가 돋보인다. 작품은 황혼녘을 배경으로 하고 있는데, 이는 날이 저물자 요셉이라는 부자가

빌라도 총독에게 청해 시신을 내렸다는 마가복음(15:43-45)의 내용을 바탕으로 하고 있다. 많은 사람이 조심스럽게 예수의 시신을 십자가에서 내리고 있는데, 특히 붉은 옷을 입은 사도 요한이 예수의 시신을 힘겹게 받고 있는 모습이 인상적이다. 그리고 오른쪽 맨 위의 일꾼은 한손으로는 예수의 팔을 잡고 다른 한손으로는 십자가를 짚으면서 시신을 쌀 천을 입으로 문 채 안간힘을 다하고 있는데, 이러한 모습은 종교화에서 상당히 파격적인 것이다. 당시 성서의 인물들은 표현에 제약을 받았지만, 일꾼 같은 별로 중요하지 않은 인물의 경우 비교적 자유롭게 그릴 수 있었다는 것을 알 수 있다. 오른쪽 아래에는 대야 안에 가시관과 피가 담겨 있고, 그 옆에 '나자렛의 예수, 유대인의 왕'이라고 쓴 팻말과 신 포도주에 적신 해면도 보인다. 이 해면은 예수께서 목이 마르다고 하자 창끝에 꿰어 입에 대주었던 것이다.

루벤스는 바로크 형식이라는 큰 틀을 벗어나지 않으면서 대중적인 호소력과 철저한 사실주의적 모습을 종교화에 담고자 하였다. 그의 작품에는 종교적 감성과 관능적 기쁨까지도 수용하는 일종의 가톨릭적 휴머니즘이 배어 있으며, 에너지로 충만한 낙관적인 정신성을 담고 있다. 어떤 작가의 종교화가 그 사람의 신앙심을 말해주는 것은 아니지만, 루벤스의 종교화에서는 그의 진지한 신앙심마저 느껴질 정도로 호소력이 강하다.

레우키포스 딸들의 납치

루벤스는 고대 신화를 소재로 한 그림도 많이 제작하였다. 〈레우키포스 딸들의 납치〉(1617)는 백조로 변한 제우스와 레다 사이에서 난 쌍둥이 아들 카스토르와 폴리데케우스가 메세네의 왕 레우키포스의 두 딸을 납치해 아내로 삼았다는 신화를 소재로 하고 있다. 최근에는 두 남자가 쌍둥이처럼 보이지 않는다는 점에서 작품 제목을 '사비니 여인의 납치'로 바꾸어야 한다는 주장도 대두되었다. 그러나 제목이 어찌되었든 사실 이 작품은 '폭력'의 이미지에 큐피트를 등장시켜 '사랑'이라는 주제와 연결시켰다는 점에서 오늘날 다룰 수 있는 바람직한 주제는 아니다. 이 작품은 주제 자체보다도 인상적인 구성과 풍부한 화법이 두드러진다는 점에서 주목된다.

레우키포스 딸들의 납치

이 작품은 등장인물이 많지 않지만 굉장히 복잡하게 느껴진다. 사실 이 그림에서 가만히 서있는 형체는 아무 것도 없다고 할 정도로 모든 형태들이 살아 움직이고 있는 것처럼 보인다. X자 비슷한 자유분방한 구도를 취하면서 모든 대상들이 유기적으로 연결되어 있다. 각 인물의 얼굴 방향이 각기 다르지만 서로 연결되고, 인물들이 아래에서 위로 상승하며 연결된다. 또한 여러 가지 대조와 풍부한 색채를 통해 역동적인 힘을 부여한다. 남성적인 것과 여성적인 것이 대조를 이루고, 사람이나 동물 모두 정면과 측면이 대조를 이루는가 하면 남성과 여성의 피부색이 대조를 이루고 있고, 말들의 색 또한 대조를 이루면서 격렬하게 요동치는 힘의 흐름을 창출하고 있다. 여러 군상이 만들어내는 역동적인 형태를 통해 강렬한 힘을 전달하는 방식은 〈라오콘 군상〉 같은 후기 그리스 시대 조각의 영향을 받은 것이라 할 수 있다.

삼미신, 루벤스, 1636

작품의 중심에는 풍만하고 육감적인 여성들의 누드가 자리하고 있다. 이들은 각기 포즈를 앞뒤로 취하면서 서로 대조를 이루고 있는데, 이는 마치 한 사람의 육체를 앞뒤로 다 보여주는 듯한 효과를 나타낸다. 이러한 묘사방식은 르네상스 이래 '삼미신'이라는 주제 아래 여인들의 벗은 모습을 묘사할 때 즐겨 사용하는 방식이었다. 끌려가지 않기 위해 발버둥치는 여성들의 부드러운 육체는 남성들의 구릿빛 근육과 대비되면서 관능적인 매력을 발산한다. 오늘날의 기준으로 보면 지나치게 풍만하게 보일 수 있지만, 이를 통해 우리는 바로크 시대 남성들의 미학적 이상을 엿볼 수 있다. 루벤스는 당시 플랑드르 사람들을 모델로 건강한 관능미를 추구하고 있다.

이 작품을 현대인의 시각에서 보면, 주변의 고요한 풍경을 빼곤 모든 것이 과하다고 할 정도로 요란하다. 남자들은 지나치게 근육질이고, 여자들은 지나치게 풍만하다. 화면은 지나치게 빛나고, 색채는 피곤할 정도로 화려하다. 모든 것이 실물보다 크고, 현실보다 강력하다. 그러나 바로 이러한 건강하고 낙천적인 분위기로 인해 루벤스의 작품은 가톨릭교회와 절대왕정의 호응을 얻었고, 주문이 쇄도할 수 있었다.

루벤스의 작품은 소묘와 채색을 하나로 통합하고 있으며, 섬세한 빛의 효과와 색채를 통해 강렬하면서도 현실감 있고 살아 숨 쉬는 생명감을 느끼게 한다. 생동감 있는 묘사는 신화의 세계가 마치 현실에서 일어나고 있는 것처럼 보이게 만든다. 배경의 풍경은 베네치아 미술, 특히 티치아노의 영향을 받은 것이다. 자연과 초자연, 현실과 환상을 조화시키는 그의 작품은 전성기 바로크 회화의 성격과 양식을 결정짓는 중요한 기준이 되었다.

르네상스와 바로크

미술사에서 바로크 양식을 정립하는데 결정적인 역할을 한 사람은 스위스 미술사가 뵐플린이었다. 그는 『미술사의 기초개념』(1915)에서 시대에 따른 지각방식에 주목하고, 르네상스 예술과 바로크 예술 사이에서 보편적인 대립적 양식 개념을 추출했다. 그는 '모든 예술가는 자기가 속하는 시대의 특정한 시각적 가능성에 묶여 있다'는 전제 하에 16세기 예술과 17세기 예술을 각각 하나의 양식 단위로 설정한다. 그리고 이 두 시기에 나타나는 세계를 보는 '지각방식'의 변화에 따라 선적인 것과 회화적인 것, 평면과 깊이, 닫힌 형식과 열린 형식, 다원성과 통일성, 명료성과 불명료성 등 다섯 가지 개념쌍을 도입한다. 그리고 이 개념쌍을 통해 르네상스 양식과 바로크 양식의 차이를 설명하고 있다. 뵐플린은 건축과 조각을 포함한 미술 전반의 예를 들어 그 차이를 설명하고 있지만, 여기서는 회화를 중심으로 적절한 그림을 선택해 간단하게 살펴보기로 한다.

톨레도의 엘레노아와 그의 아들 / 마르가르타 공주

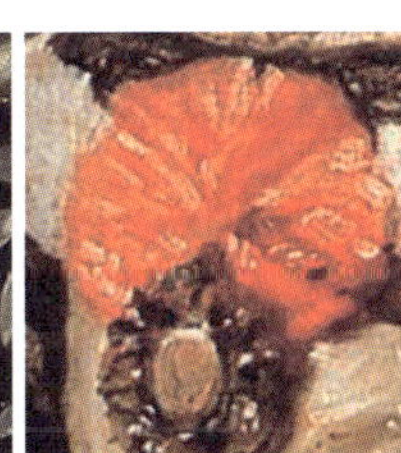

브론치노 / 벨라스케스 부분

첫째, '선적인 것과 회화적인 것'의 차이이다. 르네상스 회화는 대상의 3차원적 조형성을 중시하고 대상의 윤곽을 강조하기 때문에 선이 분명하다. 반면 바로크 회화는 더 이상 윤곽선에 주의를 집중하지 않고 명암이나 색채를 통해 대상을 드러낸다. 따라서 바로크 회화는 대상들의 형태 간 구분이 명료하지 않고, 묘사 방식 또한 정교하지 않다. 브론치노Agnolo Bronzino(1503-72)의 〈톨레도의 엘레노아와 그의 아들〉(1545)에서는 의상의 묘사가 하나하나 매우 정교하다. 그러나 벨라스케스의 〈마르가르타 공주〉(1656)에서는 멀리 떨어져 보면 정교하게 묘사된 것처럼 보이지만, 가까이 보면 색을 대충 칠한 것처럼 보인다. 예를 들어 브론치노의 구슬 장식은 구슬 하나하나가 또렷하게 묘사된 반면, 벨라스케스의 브로치 장식은 뚜렷한 윤곽 없이 물감을 짓이기듯 처리하고 있다. 따라서 대상의 이미지는 화폭 위에서가 아니라 관람자의 눈에 의해서 비로소 완성된다.

어부의 기적(라파엘로 / 반 다이크)

둘째, '평면과 깊이'의 차이이다. 르네상스 회화는 원근법 등을 사용하고 있음에도 불구하고 화면 속의 대상들이 가지런하게 배열되어 있다는 느낌을 받게 한다. 반면 바로크 회화에는 사선적인 구도, 원근의 강조, 색채의 변화와 명암, 빛의 효과 등을 통해 관람자의 시선을 훨씬 깊숙한 세계로 안내한다. 라파엘로의 〈어부의 기적〉(1515)은 두 척의 배가 동일한 깊이에 배치되어 거의 일직선상에 놓여 있는 것처럼 보인다. 반면 같은 주제를 다룬 반 다이크 Anthony van Dyck(1599-1641)의 〈어부의 기적〉(1621)에서는 두 척의 배가 앞뒤로 배치되어 있는데, 앞쪽의 배는 뒤쪽의 배에 비해 훨씬 크게 묘사되어 원근감이 확실하게 드러나고 있다. 또한 화면 전경에는 그물을 올리는 인물들을 배치함으로써 전체적으로 앞뒤의 두 배와 함께 세 겹의 층을 이루며 깊이감을 형성하고 있다.

셋째, '닫힌 형식과 열린 형식'의 차이이다. 르네상스 회화는 수평이나 수직의 대비, 엄격한 좌우 대칭과 같은 구도로 인해 화면 자체가 완결된 느낌이 든다. 반면 바로크 회화에서는 기하학적 엄격함이 완화되어 있기 때문에 우연한 한 순간을 포착한 듯한 인상을 주

십자가 책형 / 십자가를 세움

고, 화면 전체가 어딘지 열려있는 느낌이 든다. 라파엘로의 〈십자가 책형〉(1502-03)에서는 화면이 수직과 수평으로 나뉘어 있고, 십자가에 매달린 예수를 중심으로 완벽한 대칭구조를 이루고 있다. 따라서 모든 것이 정지된 것 같은 영원성이 느껴진다. 그러나 루벤스의 〈십자가를 세움〉에서는 화면이 십자가에 매달린 예수의 몸을 따라 대각선 구도를 하고 있어 역동적인 느낌이 든다. 또한 일꾼들의 모습이 화면 안에 전체 다 묘사되지 않고 잘려있는가 하면, 일꾼들이 화면의 틀을 벗어나 밖으로 튕겨나갈 것 같은 느낌이 들 정도로 열린 형식을 취하고 있다.

넷째, '다원성과 통일성'의 차이이다. 르네상스 회화에서는 인물이나 사물이 각자 뚜렷한 형태와 색을 통해 자신의 독립성을 주장한다. 반면 바로크 회화에서는 각각의 요소가 독립적이기보다는 하나의 통일성, 즉 전체적인 효과 속에 녹아들어간다. 라파엘로의 〈십자

십자가에서 내려오는 그리스도 / 십자가에서 내림

가에서 내려오는 그리스도〉(1507)에서는 인물들이 각각 또렷하게 묘사되어 자기 독립성을 가지고 있다. 이러한 다원성에 질서를 부여하는 것은 대칭적인 구도이다. 그러나 루벤스의 〈십자가에서 내림〉에서는 인물들 하나하나를 또렷하게 묘사하기 보다는 전체적 통일성, 즉 하나의 전체적인 효과가 강조된다. 화면에 통일성을 부여하는데 결정적 역할을 하는 것이 빛이다. 다양한 인물들에도 불구하고 밝은 조명효과를 통해 모든 것이 그리스도의 시신에 집중되고 있다.

다섯째, '명료성과 불명료성'의 차이이다. 르네상스 회화는 형태를 완벽하게 드러내고 색채 또한 분명하게 처리한다. 반면 바로크 회화는 형태를 완벽하게 드러내기 보다는 과감히 생략하거나 모호하게 처리한다. 색채 또한 불명료하게 처리함으로써 관람자에게 새로운 여운을 남긴다. 라파엘로의 〈성 가족〉(1507)에서는 인물들의 윤곽이 뚜렷하고, 형태가 명확하게 묘사되어 있다. 그러나 렘브란트의 집단 초상화 〈포목상조합의 이사들〉(1662)에서는 인물들의 윤곽선이 어둠에 묻혀버리기 때문에 형태가 완벽하지 않고 자세 또한 분명하지 않

성 가족 / 포목상조합의 이사들

다. 렘브란트 작품에서는 강한 명암의 대비를 통해 빛이 비치는 부분은 분명하게 묘사되지만, 빛이 미치지 못한 부분은 어둡게 처리함으로써 형태가 불분명해진다. 관람자가 알아서 추측할 수 있는 것은 굳이 그리지 않고 과감하게 생략해 버리기 때문이다.

뵐플린은 내용보다는 형식의 측면에서 르네상스와 바로크 양식의 차이를 설명하고 있다. 뵐플린 이전에는 재료나 기술 같은 물질적 조건, 또는 정신이나 사상 등의 관념적 조건으로 양식의 변화를 설명하고자 하였다. 이전의 미술사가들이 양식의 근원을 예술 외부에서 찾고자 했다면, 뵐플린은 양식의 근원을 예술 내부, 즉 예술작품 자체에서 찾고자 했다는 점에서 그의 접근 방식은 예술사 논의의 형식주의적 입장을 대표한다고 할 수 있다. 뵐플린의 양식구분은 지나치게 도식적이라는 점에서 비판의 대상이 되기도 하지만, 양식사 논의에서 중요한 위치를 차지하고 있다.

이 책은 '유럽문화의 이해'라는 과목의 강의 노트에 기반을 두고 있다.
어눌한 강의에도 불구하고 매번 강의실을 가득 메워준 학생들에게 감사드린다.

김홍섭

전남대학교와 성균관대학교에서 독어독문학을 전공하였고, 현재 전남대학교 인문대학 독일언어문학과 교수로 재직하고 있다.
독일문학은 물론 유럽의 문화와 예술, 미술사 등에 각별한 관심을 갖고 연구와 강의를 하고 있다.
'교육 우수상', '탁월한 강의상' 등을 여러 차례 수상하였다.

저서로는
『새롭게 읽는 유럽 미술사』(2003),
『독일 미술사』(2004),
『미술로 읽는 독일문화』(2012),
『독일문학 깊이 읽기』(2018) 등이 있다.

미술로 읽는 유럽문화

헬레니즘과 헤브라이즘의 변주

초판 1쇄 발행 _ 2020년 9월 15일

저　　자 · 김 홍 섭
발행인 · 정 현 걸
발　　행 · 신 아 사
인　　쇄 · 한승인쇄
주　　소 · 서울특별시 은평구 통일로 59길 4 2층(122-826)
전　　화 · (02) 382-6411 팩스 · (02) 382-6401
홈페이지 · www.shinasa.co.kr
E-mail · shinasa@daum.net
출판등록 · 1956년 1월 5일(제9-52호)

ISBN: 978-89-8396-663-6(93210)

정가 20,000원